Pierre Legendre

LECONS II L'EMPIRE DE LA VÉRITÉ

Introduction aux espaces dogmatiques industriels

第Ⅱ講

真理の帝国

産業的ドグマ空間入門

ピエール・ルジャンドル

西谷修｜橋本一径＝訳

人文書院

『真理の帝国』への導入

西谷　修

フランスの法制史家ピエール・ルジャンドルの著書の邦訳もこれで四冊目になる。「ドグマ人類学」といういかにも受けのよくない名を、自分の学問的営為に冠するこの反骨の法学者の仕事の全般については、文末に挙げた既刊邦訳書の解説やその他の紹介に譲るとして、ここでは、本書の理解に必要なかぎりでの解説を付けさせていただく。

パリ第一大学で中世法制史を講じていたピエール・ルジャンドルは、一九七八年以来、高等研究実習院（École pratique des hautes études）の宗教学部門教授を兼任し（一九九八年退任）、「西洋キリスト教規範空間」を対象とする研究指導を行うようになった。そしてそこで始めた講義をもとに、文字どおり『講義（*Leçon*）』の名を冠した一連の著作が発表されるようになる。この講義を通して切り開かれた新たな人類学的射程をもつ研究領野を、彼はやがて「ドグマ人類学」と呼ぶようになるが、本書はそのドグマ人類学『講義』シリーズの「第Ⅱ講」にあたっている。ただし、「第Ⅱ講」とされてはいるが、実はこれが最初に出版された巻であって、『講義』シリーズの刊行プランが予告されたのもこの本によってである（最初のプランは全六巻だったが、後に八巻に再編され、現在までに七巻と二つの補巻が刊行されている)。その意味では、事実上この本が「ドグマ人類学」という新たな学の開始を告げた著作だと言ってもよい。

もちろんそれは突然始まったものではなく、そこに至るまでには長い道程があった。一九三〇年生まれで、ローマ・カノン法をめぐる独特の研究(十一、十二世紀における「ローマ法ルネサンス」を、言語や権力と伝統との関係、政治と科学の関係などに着目して論じたもの)で一九五七年に学位を得ると同時に、パリ第一大学でローマ法および法制史を講じるようになったルジャンドルは、六〇年代初めから数年間、主として国際機関の専門職員としてアフリカ諸国の開発支援事業に携わり、その後大学に戻って、フランス国家の権力機構である官僚制の研究に打ち込み、この分野での研究史を画する『官僚制の歴史』(一九六八年)をまとめあげた。その間、彼は精神分析への関与を深め、権力や政治的なものの成り立ちとその働きの考察に無意識の欲望の観点を必須のものとして導入し、従来の問題設定の大胆な刷新を企てるようになった。そこで次第にテーマ化されたのが、古くからありながら近代の知の構えによって抑圧され、したがっていまも確実に働いていながら誤認されている「ドグマ的なもの」の領域だった。

七〇年代以降に彼は、『検閲官への愛――ドグマ的秩序試論』(一九七四年)、『権力を享有する――愛国的官僚制について』(一九七六年)、『他者たらんとする情熱――ダンス考』(一九七八年)、『テクストから漏れる詩的なことば――産業的コミュニケーション講義』(一九八二年)などの著作を通して、権力と愛、国家と制度性を支えるエクリチュール、身体の制度化、産業システムのうちに働くテクストと欲望の関係、などに関する理論的考察を深め、高等研究実習院という新たな活動の場を得たのを機に、その知的冒険をもはや法システムや制度性の歴史的研究にとどまらない、新たな「人類学」として構想するようになった。

そこで提起される「ドグマ人類学」とは、一言で言えば、人間を「話す種」として捉え、その「種」の再生産を

「ドグマ的なもの」を軸に研究する学問だということになろうか。「人類学」と言うからには、「人間」のさまざまなヴァリエーションが考えられているわけだが、その差異をこの学問は「ドグマ的」構成によるものと考える。また、「話す種の再生産」という問題設定には、人間が生物学的次元（身体）と言語的ないしは象徴的次元（ことばとイメージ）に相渉るものであることが想定されており、同時に個々の人間の主体化と社会性とが世代的に引き継がれてゆくということが想定されている。そして、その双方の結節を支えているのが、さまざまなレベルでの制度性であり規範システムなのだが、その中核を支えているのが「ドグマ的なもの」だということである。

　このような問題設定のうちにドグマ人類学の関心の広がりが示されている。ここで言う「ドグマ的なもの」とは、ことばで生存を組織する人間という「種」が、言語やイメージを通して自己と世界との関係を組織する際、規範的に働くそのような象徴的システムに個々の主体を定位する仕組のことである。端的に言えばそれは、言語とそれによるコミュニケーションを可能にする機制であり、この生き物の社会化を可能にする規範システムを支えるメカニズムに関わるものである。さらに言うなら、言語なき世界に言語を重ね、そのスクリーンを通して生きる「人間」なるものを可能にするからくり、生存の無根拠性を人間的な根拠へと転じ、人間を依拠すべき「理性」へと導く（「狂気」から救い出す）力業を演じるものの謂である。

　ただしドグマ人類学は、従来の細分化した学問分野にもうひとつ付け加わるような新しい領域的学ではない。むしろそのような細分化に向かう近代以降の知の基本的傾向に逆らって、それを歴史的かつ構造的に相対化しようとするモチーフを秘めている。その意図は何よりまず「ドグマ」という古い用語をあえて持ち出すところに現れている。この語が一般に受けが悪いのは、近代の知そのものがほかでもない「ドグマからの解放」を標榜して作り出されてきたという事情によっている。「ドグマ」なるものが、疑いを差し挟むことを許されず、そのまま呑み込むべき「真理」として、権威によって押しつけられてきたとするなら、そのような「ドグマ」を自由な精神を拘束するものとみなして、まず懐疑から出発し、何ものにも囚われずいかなる権威の拘束をも否認して、合理的かつ客観的な認識を目指すというのが近代の知の基本的な姿勢だった。したがってそのような知は、みずからがいかなる「ドグマ」からも自由だと思い込んでいるわけだが、ルジャンドルはそこに姿を変えた宗教的かつ政治的なドグマが働いており、普遍を自認する合理主義や科学主義、さらにはそれに支えられた産業システムの全体が、実はひとつのドグマ的体系として、もっとはっきり言うなら「宗教」として機能しているとみなすのだ。

「人類学」とは言っても、ルジャンドルの仕事は人類一般や人類の多様性を記述し論じようとするものではない。もちろん、「話す種」の生存を可能にする構造的条件を原理的に論じはするが、その原理論が引き出されるのも、西洋における規範システムの歴史的展開の批判的検証からである。西洋的伝統から生まれた規範システムは、知の体制やさまざまな制度的組織の練り上げを通して、ニュートラルで普遍的なものとして世界に適用されるようになった（それを「真理の支配＝帝国」と呼ぶ）。けれどもその普遍性を前提にして「人間」を考えるのではなく、普遍的な通用力を主張するとはどういうことなのか、それはどのような特質に基づいて可能になったのかを問い、西洋的規範システムの特性とその限界を問うのがルジャンドルの仕事である。その意味でこれは、通常の人類学的知のベクトルを逆転させ、「西洋的人間」を人類のひとつのヴァリエーションとして検討する、西洋なるものを対象とした人類学だと言うことができる。

『講義』シリーズの最初に刊行され、「ドグマ性研究」の劈頭に置かれたこの本は何を扱っているのか。それは「緒言」と「日本語版への序」に簡潔に尽くされているが、問題設定そのものがきわめて独特なうえに著者一流の言い回しもあって、それだけではつかみ所のない呪文のように響く恐れなしとは言えない。多少の導入が必要とされる所以である。

だいいち、この本は古いことを扱っているのか新しいことを扱っているのか、一見したところそれがわからない。実はこの本は、現在世界に広まり、それぞれの社会の「開発」や「発展」の必須の前提として導入されている〈産業システム〉を扱っている。歴史的に言えば西洋で作り出されたこのシステムは、やがて世界に輸出され、各地の社会をみずからの要請によって改編してきた。非西洋的な世界にとってはこのシステムを取り入れて社会を再編することが、「文明世界」に参入する要件だともみなされてきた。現在そのシステムは、近年急速に展開した情報化によって変容を被っているとはいえ、情報システムの形成自体が産業的に組織されている以上、〈産業システム〉は相変わらず世界の、とりわけ「文明」世界の組織化のベースであり続けており、いわゆる「グローバル化」の機軸を担っているとさえ言える。

その意味では、この本が扱っているのはきわめて現代的な現象なのだが、記述が一見そうと見えないのは、〈産業システム〉が「文明」（とそれを支える知）にとって自明の所与として扱われるのではなく（それが社会学や経済学のアプローチだ）、それを成り立たせている制度的基盤、あるいは著者の表現で言うなら「地層」が掘り起こされ、古い「遺構」が問われているからである。

ここで、「産業」という語について誤解のないようにしておこう。そのためには、近代の日本語を特殊な言語環境としている翻訳の問題に立ち止らなければならない。「産業」とは“industry”の訳語だが、“industry”にはもうひとつ「工業」という訳語がある。これは“industry”に二つの異なる語義があるということではない。“industry”は基本的にはひとつのことを指しているのだが、この語によって表現される事象の社会的昇格と、それに伴うこの語の一般化という歴史的事情によって、語の使い方に二つの水準が生じ、それが日本語では「工業」と「産業」という違う語で訳し分けられているということだ。

たとえば経済学や社会学では、農業や漁業を「第一次産業」、工業を「第二次産業」として区別する習慣がある。

ただ、これは古いことではなく、"industry"がいわゆる産業革命（the Industrial Revolution）を経て人間の生存を支える活動（近代にはこれが「生産」と呼ばれる）の基本的モードとなり、それ以降、以前からあった農耕や漁撈を逆にそのモデルから捉え直すようになったことの反映である。だが、"agriculture（農耕）"はもともと"industry（工業＝産業）"などではなく、"industry"は"agriculture"とは根本的に違う編成の生産活動として登場してきたのである。簡単に言って、"agriculture"は人間を土地に定住させ、自然に依存してその生成物を収穫する作業だが、"industry"はその語源的意味が示すように、人間の創意や工夫を前面に出した言い方で、それが指し示す活動は、人間を自然に対する依存から脱却させるものとみなされてきた。"industry"は原料こそ自然から抽き出すが、そこから人間の意図に適う人工的なものを作り出すわけで、この活動においては人間の意図が自然を支配しようとしている。だから、人間の生存に関わる基本的活動が、"agriculture"から"industry"に転換されることによって、人間の自律性は高まったとみなされ、それがいわゆる「近代」の社会編成の大きな指標にもなってきた。つまり"industry"の到来とともに、世界はもはや神の「創造（creation）」のたまもの（恵み）ではなく、人間の「生産（production）」によって作り出されるものと考えられるようになったのである。そしてヨーロッパの十九世紀以降、"industry"は単に農耕と区別されたひとつの活動ではなく、人間の「文明的活動」一般を代表する観念となり、それが一般概念となって（「産業」の訳語が当てられる）、やがてあらゆる「生産活動」はその下位区分として扱われるようになったのである。だからいまでは"agriculture"も「産業」、つまり"industry"の一部門とみなされるだけでなく、そうみなされることによって「農耕」から「農業」へと変化し、実際に「産業＝工業化」してゆくことになった（その結果いまでは多くの野菜がビルの何階かで水耕システムで「製造」されている）。

もちろん、時代が進んで現在では「ポスト産業社会」といった規定をする向きもある。けれどもその指標とされるのは、富の生産における製造業の比重の低下といった産業構造の変化や、それに伴う文化的活動の重視、そしてそこに重なった社会の情報化などであり、それは「産業」の終焉を意味するどころか、逆にそれまで「生産部門」とはみなされなかった分野までが「産業化」されるようになった事態を指している。言いかえれば、いまやあらゆる活動領域は「産業」的体制に包摂され、「産業」でなければ有意義な活動とはみなされず、「ポスト産業」どころか「産業」はむしろ全面化しつつある。そうしてこのシステムの採用は、「文明世界」やグローバル秩序への参入の必須の要件として求められている。

このことからも明らかなように、「産業」とは無反省に使える一般概念なのではなく、ある歴史的な負荷を帯びた、それも西洋世界の近代意識と結びついた、複合的な事象を指す概念なのである。この「産業」を支えるシステムは、人間を自然への依存から「解放」し、より「自由」にするものとみなされるが、それだけでなく、このシステムそれ自体がどこにでも適用可能な抽象的装置とみなされ、十九世紀から二十世紀の西洋諸国の世界支配の進展とともに、「文明化」の推進力として世界中のいたるところに輸出されてきた。ただ、このシステムは単なる「生産」の仕組であるだけでなく、その稼動に向けて社会生活を全般的に組織する規範体系をも含んでいる。全世界に輸出されたのはその総体であり、その結果出来上がったのが今日「グローバル化」の語られる世界なのである。

ルジャンドルが相手にしているのは、このような産業化によって均されてゆく現代の世界である。産業システムは、宗教的な拘束を脱却した世俗の領域で、科学的知見をもとに、更新される技術を駆使して生産活動を展開してゆく、合理主義的でニュートラルな、それゆえに世界に共通に採用されるべきシステムだとみなされている。けれどもルジャンドルは、このシステムそのものがそれ自体の規範体系を伴っており、それが実はひとつの「宗教」として機能しているのだという。言いかえればそれは、人間という種の社会的再生産を支えるひとつのモードなのだ。だとしたら、それには別のモードもあるはずなのだが、そうしたものは基本的に一社会の信条体系のようなものを形成しており、それを西洋的観念は「宗教」というタームで概括して、その「宗教」から自由だとみなされた産業システムを、他のすべてに置き換わるべき「普遍的」様態として活用させようとしているということだ。だからこそそれは、他のモードに取って代わろうとするとき、一社会の再生産システム（主体の再生産を担う規範システム）を崩壊させることになり、それに対する抵抗は避けがたく「宗教戦争」の様相を帯びるというのである。

この本が出版されたのが一九八二年だということにも留意しておきたい。西洋世界がイラン・イスラーム革命（一九七九年）に震撼され、その余韻のまだ冷めないころである。ルジャンドルは六〇年代にアフリカ諸国（たいていはイスラーム化した国々）で働いていたとき、近代化のためにコーラン学校を閉鎖するという西側国際機関の指導方針に異を唱え、「そんなことをしてもイスラームは戻ってくる、それも刀を手にして」と主張したという。その指摘が現実となったのがイランのイスラーム革命だった。それ以来イスラーム世界では政治化した原理主義が台頭し、やがてそれが凋落する共産主義勢力に代わって西側（西洋）世界のもっとも大きな脅威と名指されることになる。S・ハンチントンの論文によって「文明の衝突」（一九九三年）が話題になるのは、この本が出てから十年ほど後のことだが、現在に至る西洋とイスラーム世界との対立の根本的要因を、ルジャンドルはすでにこの本で深く論じている。

ところで、この本のタイトル「真理の帝国」とは何を意味するのか。

ここで「帝国」と訳した“empire”はもちろんラテン語の“imperium”から来ている。これはもともとは「命令」とか「支配」を意味する語で、「ローマによる支配（imperium romani）」が広域支配形態の歴史的かつ理念的なモデルとなったことから、西洋では軍事的統合による広域支配圏を“imperium”の語で言い表すようになり、それが日本語では「帝国」と訳されている。この歴史的事情のために、西洋的伝統においては、“empire-imperium”は「ローマの支配（ローマ帝国）」と分かちがたく結びついている。だからここで「真理の帝国（l'empire de la vérité）」

と言うとき、それは字義どおりには「真理の（による）支配」を意味するが、さらにその「支配」がローマ的であることも含意されている。ただし、付け加えておかねばならないのは、この場合「ローマ」は単なる歴史上のローマではなく、中世にキリスト教世界に甦った「ローマ」、ローマ法の復興を通してキリスト教世界に浸透することになった「ローマ」であり、それはカトリック（普遍的＝世界的）の理念と不可分になっているということだ。

ルジャンドルはこの「真理の支配」について、他所で「ローマ法と一体化したキリスト教精神に付着し、真理に関する権利を地球全体に行使することで、他者という他者、あらゆる他者を誤謬から引き離し、それによって改宗しようとすること」だと要約している（『西洋が西洋について見ないでいること』）。つまり「真理の支配」とは、まず「真理」なるものを疑いえないものとして設定し、ついで「何が真理か」を決定する権利を打ち立てて、さらにその「真理の権利」を普遍的なものとして世界に通用させ、そのことで他者たちの世界理解の枠組を「誤謬」として排除してゆく、そのような体制のことである。

「帝国」とはただ単に軍事的に世界を支配することではない。みずからにとっての「真理」を世界の真理として受け入れさせ、世界の見方（見え方）を変え、あるいは世界を書き換え、そのようにして世界を改造すること、そのような作用が「帝国的支配（empire）」を支えているのである。世界の西洋化は、ただ単に軍事技術の優位によってではなく、また西洋の編み出した知や制度のあり方が普遍的だったからでもなく、まさにみずからを普遍として通用させる世界改造の戦略を西洋が編み出し、それを武器に非西洋的世界の改造に乗り出したから可能になったのである。そのことを要約するのが「真理の支配＝帝国」という表現であり、その場合「真理」なるものが、「世界をわがものとし、そこに〝キリスト教徒すべての浄福と栄光〟をゆきわたらせようとするもの」のことだとするなら、それ自体がきわめてローマ・キリスト教的であって、この世界改造は深く「宗教的」だということになる。

世界の西洋化がそのようにして「真理の帝国」を作り出したとすれば、その「真理」はニュートラルなものではなく根本的に「ドグマ的」である、ということを示すのがこの本の趣旨である。

本書の「予備的考察」では、のっけから〈真理〉、〈組織〉、〈ドグマ〉そして〈主体なきテクスト〉といったタームがもつれ合って出てくる。これらのタームの絡みは唐突なようにもみえるが、ここで論じられているのは〈ドグマ的なもの〉と〈真理〉のあり方、そしてその社会との関係である。ただし、〈真理〉はここでは哲学的あるいは認識論的に論じられるのではない。むしろ〈真理〉とはどのような働きなのか、それは人間の社会でどのように機能するのかが問われている。

〈真理〉とは、それだけで孤高に存在するものではなく、それを受け入れる〈組織〉（偶然の集まりではない人間の集団、社会）のなかで〈真〉とみなされ、そのようなものとして価値と権威をもって通用する。そしてそのような〈真理〉は、証明することで確かめられるような命題ではなく、むしろ証明を受けつけず、あらゆる他の命題がそれを準拠として有意味性を得るような支えとして働き、その流通によって権威そのものを運搬する。それはいわばひとつの「決定」であり、そうであることによって、証明なしにみずからを〈真理〉として表明する。それは「何か適っているとみえるもの」、いわゆる「公理」として通用するものであり、「社会的な自明の理、敬われ配慮されるべき命題、権威の諸効果を設定する命題」である。言いかえれば、このような〈真理〉は基本的に〈ドグマ的〉、つまり外的な手続による証明を受けつけず、それ自体が疑いえぬものとして権威をもち、それによってひとつの社会に規範的通用力を発揮するものなのである。

だから〈真理〉が問われるとき、同時に〈ドグマ的なもの〉が問われている。問題は、いわゆる認識の対象としての真理、あるいは科学的真理のことではない。そうではなく、ある社会（組織体）において、権威として、準拠として、政治的かつ規範的（法的）に通用する〈真理〉のことだ。とはいえそれは、いわゆる科学的真理とまったく無縁のものというわけではない。たとえば現代の社会では、「科学的に見ればこうだ……」と言えば論議に決着がつく。つまり科学が〈真理〉を保持しているとみなされ、科学的言説が〈真理の言説〉（何が真理かを語り、かつ真理として通用する言説）として通用しているということだ。かつてはそうではなかった。ヨーロッパの近代以前には、〈真理の言説〉は神学によって担われていた。世界は神の創造になるものであったし、神の摂理がすべてを律するとみなされおり、それは疑うべからざる〈真理〉だった。だが、宗教的権威が威力を失い、合理主義が浸透して自然科学が発達するにつれ、神学に代わって科学が〈真理の言説〉の座を占めるようになった。そしていまではあらゆることに科学が引合いに出され、〈真理〉は科学が供給するものとみなされている（自然の研究だけでなく、人間や社会についての考察も、〈真〉を主張するためにはいまでは「科学」の装いをこらさなければならない）。善悪や価値判断でさえ、たとえば「費用対効果」の統計学に解消されてしまっている。科学は純然たる「自然の合理的探求」に携わっているのではなく、その前にあらゆる言説が口を閉ざすべき権威として機能し、規範的効果をいたるところに及ぼしているのである。俗に科学が「真理の探求」を務めとすると言われることと、それが〈真理の言説〉として通用するということとは実は別のことなのだ。そしてここで問題にされ、考察されているのは、政治的かつ規範的に働く機能としての〈真理〉のことである。

この〈真理〉は〈神〉に似ている。〈神〉はあらゆる問いの果てに、そこから先はないものとして与えられる絶対的明証であるからだ。〈真理〉が〈神〉に似ているというより、〈真理〉なるものの発明が〈神〉の座の世俗化を可能にしたのだと言ってもよい。つまり、それによって神学とは別の〈真理の言説〉が可能になったからだ。この分離をルジャンドルは、十一、十二世紀における「ローマ法の復興」によって引き起こされたローマ・カノン法体系の形成、およびそれによる「神学と法学との分離」に見ている。これによって、「なぜ」という問いに導かれる〈根拠〉の言説と、「いかに」という問いの導く方法や手続の言説とが分離され、〈根拠〉の言説の現実的効果が棚上げされると同時に、神の権威と切り離された形式としての〈真理〉が、現世における知の〈権威〉を担ってその規範力を支えるようになる。この〈真理〉は裁きの準拠にもなるが、同時にそれ自体が裁判の手続によって支えられている。つまりそれは、しかるべき手続で証明されることによって〈真理〉となるが、そうした手続によって支えられるかぎりは〈真理〉としての効力をもつことになる。

こうして〈真理〉の法的組立が生まれ、国家や法的人格の観念が整備され、神の創造という理念に頼らない世俗的世界の組織化が可能になる。そこでは〈創造〉に代わって〈生産〉が人間世界の活動を語る基本タームとなり、単なる権威や力による支配ではなく、〈生産〉のための社会や組織の〈経営管理〉が統治の課題となる。そしてそれを〈効率〉という原理が統率する。このようにして形成されるのが〈産業システム〉だというのである。

言いかえれば〈産業システム〉は、いわゆる〈世俗性〉の組織原理でもあり、〈根拠〉の言説と切り離されて、どこにでも移植することのできるものになっている。けれども産業社会といえども、それが「種の再生産」を担う文化的構成であるとするなら、ドグマ的構築と無縁ではいられない。たとえば大文字の〈他者〉との関係をどう演出するかといった課題を、この社会もまた抱えているからだ。ところが〈産業システム〉は、そうした問題を抑圧することで成立し、合理主義と効率を原理とした透明なシステムであることを標榜することで、みずからを見誤ってきた。その見ない部分、「影の部分」を、その歴史的・構造的地層に遡って掘り起こそうというのがこの本の課題なのである。

本書の構成は、一見捉えどころがないようでいて、実は周到に組み立てられている。産業システムが「自分について見ないでいる」部分に踏み込むことは、そのまま人間と社会との〈ドグマ的構成〉に触れることでもある。したがって本書の記述は、産業システムの地層探求がそのまま〈ドグマ的機能〉の概説でもあるような形になっている。

全体は二部に分かれているが、第Ⅰ部では、産業システムのうちに隠されたドグマ的機能の役割が記述される。ドグマ的機能とは、人間が言語を通して社会的に生きる存在であることを可能にする基本的機能だが、それは知的に把握されるというよりは、まずは美的な体験のうちに現れる。主体や理性の構築に関わるこの部分は、殺人や性的欲望がどう代謝されるかという人類学的役割に深く関わっており、この種の問題を産業社会もまた逃れることはできない。そしていわゆる社会と個人との関係が一般に考えられているような対抗関係にあるのではなく、ドグマ的機能によってまさに分節されながら作り出されるといったことが、産業社会でもまた課題であることが示される。その第一章を受けて第二章では、「主体の秩序から政治の秩序への移行」が論じられるが、これは分離して結びつけるという言語の役割が、主体を構成する契機であると同時に、主体と社会を分節しながら組み込み、それによって主体を政治的秩序へと導くことが論じられる。

第Ⅱ部では、このような〈産業システム〉を可能にした西洋における規範的組立の定礎が、キリスト教とローマ法との合体によって成ったことが扱われ、それによって形成されたローマ・カノン法が〈民法〉の体系を〈文明〉として生み出したこと、言いかえれば、神聖化されたローマ法が、世俗的な〈真理〉の法的組立として、現代の〈マネージメント〉のやり方に至るまで反復されていることが論じられる。そして「埋もれたローマ法の歴史」そのものが、西洋的伝統に立つ社会の規範的組成を、「もうひとつの聖書」として支えていることが示唆されている。

そのようなことを念頭に、もう一度「目次」を通覧していただきたい。そうすると、ここで論じられていることが、グローバリゼーションの語られる現代世界にとって喫緊の問題を、きわめて根本的な形で扱っていることが理解されるだろう。

ルジャンドルは〈産業システム〉をそれ自体のドグマ的構成をもつ〈文化〉として扱うと言う。そのとき、この普遍的とみなされたシステムは、みずからが装う〈世俗性〉によって〈宗教〉と呼ばれるものと同等の仕組をもつことが明らかになる。だから彼はそれを〈産業教〉と呼ぶのである。したがっていわゆる西洋文明の世界化が引き起こす軋轢は、避けがたく宗教戦争の色合いを帯びることになる。われわれはそのことのドラスティックな現れを、すでに四半世紀以来目の当たりにしているのである。

〈帝国〉的支配の動力はもちろん軍事力だが、それだけでは〈帝国〉の目指す〈平和〉は成立しないし、持続することはできない。持続的な〈帝国＝支配〉は何よりまず〈真理の支配〉として実現される。西洋的〈真理〉の支配、それこそが現在、世界のいたるところで、不穏な雲をたなびかせながら日々進行している事態なのである。ルジャンドルは、「ドグマ的現象を研究するのは、全地球的な産業化の人類学的帰結を見極めるためである」と言う。これは「民法」の文明を受け入れた世界のあらゆる場所での共通の課題だと言えるだろう。

*

この本の翻訳出版にも不本意なほどの時間がかかっている。これも『第Ⅷ講・ロルティ伍長の犯罪』と同じように、何人かの有為の学生たちとの講読を経て、まず橋本一径が訳稿を作り、それに西谷が手を入れて橋本が仕上げるという手順をとった。けれども西谷の多忙のために作業が遅れ、そのうえに二〇〇三年のルジャンドルの来日もあって『ドグマ人類学総説』の翻訳を先行させたため、本書の仕上げはさらに遅れることになった。出版予告を次々に延期し、お待たせした読者の方々と、迷惑をおかけした人文書院の方々にお詫びするとともに、長期の作業を支えて編集を進めていただいた松井純氏に感謝の意を表したい。

世界の様相が急転回する時代に、あまりに悠長な作業になってしまったが、その急転回によってますます「反時代的」になるこの本は、その「反時代性」のゆえにますます重要になっているように思われる。

なお、ルジャンドルの仕事全般については、既刊の『第Ⅷ講・ロルティ伍長の犯罪――〈父〉を論じる』（人文書院、一九九八年）、『ドグマ人類学総説――西洋のドグマ的諸問題』（平凡社、二〇〇三年）の解説、および拙論「ピエール・ルジャンドルとドグマ人類学」（『現代思想』二〇〇三年九月号）などを参照していただければ幸いである。またルジャンドルの日本講演集『西洋が西洋について見ないでいること』（以文社、二〇〇四年）は、著者自身によるドグマ人類学の格好の導入になっている。あわせて参照されたい。

日本語版への序

グローバル化した産業世界といえども、人間の世界であることに変わりはない。つまり人間にとって法をなすものに従属しているということだ。

本書はわたしの『講義』シリーズのなかで最初に刊行されたものである。タイトルがすでに、ここでの考察が〔人間という〕種の統治における真理の制度的組立に向けられることを示している。西洋的伝統に属する諸社会が根絶やしにした、より正確に言えば抑圧してきた本質的な何かがある領域の、地均しをすることが主眼だ。その何かとはすなわち、儀礼的・神話的思考への忠実さであり、「ドグマ的」という誤解された古い語によって要約されるような、もっとも晦冥《かいめい》な人間の条件への忠実さである。

現代の西洋的規範の練り上げは征服の運動をたどっているが、近代におけるこの運動の起源は、ラテン中世に「世界全体を造り変える（reformatio totius orbis）」ために構築された規範システムの登場と時を同じくしている。今日、自由主義的プロパガンダに支えられているこの規範の練り上げは、それでも超近代文明を地球全体の西洋化の完成として構想していることに変わりはない。経済第一主義、人権思想、広汎な科学化とはしたがって、言説による支配のキリスト教的形態――後に世俗化した形態――を引き継いでいるということだ。

この点で西洋文化は、世界（普遍）帝国という自己自身の理想――歴史的内実は変わっても、原理的には不変の理想――との絆を、知ってか知らずかさらけ出してしまっている。とはいえまた西洋文化は、その規範的手法の展開を通して、みずからが他の諸文化――それらもまた同じように戦略的能力を備えている――のうちのひとつでしかないことをも露呈させており、そのため解釈者の目からすれば、西洋文化とは〈テクスト〉という人類学的な実質をなすものであって、それ以上でも以下でもないということになる。〈テクスト〉、それは制定された真理の言説を書きかつ無限に書き改めていく定めにある大規模なドグマ的構築であり、ことばを賦与された種における統治という理念そのものがこの言説から始まるのである。

本書で示すのは、ドグマ的機能の一般的考察に向けての、最初の理論的な道しるべである。「なぜ法が？」という、あらゆる文明がみずからの糧としてきた中心的な問いを基礎づけることが、ここに展開された考察の引き受ける役目である。〈理性〉の主体的・社会的な組立《モンタージュ》の要となるこの問いが、地球を分かち合う規範性の諸体制を統御していることは容易に見て取れる。因果性との関係の演出――語る動物の条件と切り離せない「なぜ？」の演出――とはいつも、生の制定に、つまり諸々のイメージの系譜や、われわれを物から隔てる言葉のスクリーン、そして人間を真理の道へと導く言説の裏づけに関わるものだからだ。

本書が読者に提起する考察の過程には、西洋を諸文化のなかの文化として特権化しているものは何か、という避けがたい考究も含まれている。グローバル化という今日のコンテクストにおいては、普遍的な構造経験のなかでヨーロッパ型の規範性に固有のものとみなしうる歴史的要素を、その限界を見極めるためにも突きとめる必要がある。ヨーロッパ的伝統は、人間と世界に迫るために、みずからに固有の神話的・宗教的な手続、つまり特別な象徴的実践を作り上げた。科学的・技術的な征服は人類のいたるところで意味をめぐる問題と結びついており、またこの問題は科学的・技術的に与えられるものではないということは、いとも簡単に忘れられてしまう。だからこそ事実と証拠を扱う科学に、そして産業的権力に到達するために、ヨーロッパがたどった固有の道のりを考察することが必要となる。

西洋文化に固有のスタイルは、後になってなされた合理化によって覆い隠されているが、何よりもまずキリスト教が塗り固めたローマ法という土台の上に成り立っている。つまり歴史的には、わたしが「中世解釈者革命」と呼ぶもの（十二―十三世紀の神学と法学の分離の諸効果）が築いた基礎の上に立っている。時を経て積み重なった「なぜ法が？」の言説やシナリオの堆積を出発点とする、この現在性の地質学を顧みないならば、西洋人は自分が何者であるのかを理解できないし、非西洋人にとっては、西洋が担いでまわる合理主義に普遍性があるのだという誤解を広める元ともなるだろう。

したがってこの『講義』の進行上前景を占めるのは、人間の生成における意味の製造所かつ貯蔵庫たる制度の組《モンタ》立《ージュ》である。話す動物を文明化する〈テクスト〉が根づく諸々のドグマ的空間は、ヨーロッパの伝統では宗教的と形容される様態で、神話的・儀礼的に構築されている。ドグマ性とは本来演劇的なものであり、そのことの帰結をわれわれは学ばなければならない。ここヨーロッパで作り出された、「宗教（la religion）」や「国家（l'État）」などの古い概念――社会科学が濫用している用語――は使い古されてしまった。それらは効果的なフィクションとしてのみずからの役目、西洋の巨大な規範的構築物における騙し絵としての役目を、すでに終えてしまったかにみえる。だが、今後それらはどんな意味をもつのだろうか。そしてとりわけ、諸文化の世界的な再編を勘案するとき、それらはどんな意味をもつのだろうか。

現在の情勢は新たなパースペクティヴを切り開いている。人間にとって何が法をなすのかをあらためて考え、諸々の〈テクスト〉の生を支えているそれぞれの伝統の地下を探り、諸文化を差異化しているモニュメント群を分析することこそが重要である。これらのモニュメントのおかげで生存し自己を再生産してきた人類は、あちこちに枝分かれして種としての一体性を証言してもいる。だがこの方向に問いかけを進めるためには、知的足場を洗い直すことが必要である。つまり大陸間の古い政治関係に支えられた、時代遅れの問いの立て方とは縁を切る能力が必要なのだ。

最後に映画について述べることにしよう。わたしは黒澤明のことを思い浮かべている。彼はシェイクスピアとドストエフスキーのなかに、国境を超えたひとつの人類の証人たる資質を認めた。日本映画が達成したことを、理論的考察もまた果たしうるよう努力し、自由な道を切り開かなければならない。ヨーロッパに非ヨーロッパ的なまなざしを向け、西洋の新世代を蝕む順応主義に背を向ける慧眼な解釈者たちが、来るべき世界にとって必要な批判活動に乗り出してくれることを願ってやまない。

シリーズの初巻として一九八三年に出版されたこの『第Ⅱ講』は、長大な企ての開始を告げるものだった。それは無意識の発見の重みを背負ったまなざしで制度的側面に目を向けようというものである。規範的現象を扱おうとするときに、無意識の発見を考慮に入れることがようやくできるようになったのだ。『第Ⅱ講』はこの生まれつつあるまなざしを駆使して、文化の骨組を揺さぶる隠された意味を明るみに出す第一歩を印している。その後のわたしの著作は、この意味に十全な人類学的射程を与えることに捧げられている。

ここに訳出された版には、オリジナル版に細かい修正や説明をわたしの判断で付け加えてある。本書はソルボンヌでのわたしの授業に馴染みの、語りのスタイルをそのままにしてある。炯眼な読者ならばお気づきであろう、その暗中模索ぶりは、これ以前の仕事ですでに提示してあった目標に基づいたこの企図が、まだ歩み始めたばかりであったことの証左でもある。いまではこの企図は現代的な問いへと開かれた新たな領域を輪郭づけるに至っている。それがドグマ人類学である。

西谷修教授には心からの謝意を捧げる。力強い精神に満ち、ヨーロッパ世界の知性を備えた彼のテクスト註釈のセンスが、わたしの著作の最初の日本語訳を可能にした。それにわたしはこの労役のために彼のもとに集った協力者たちに負う恩義も忘れるわけにはいくまい。とりわけ本書に関しては若い学究橋本一径君の尽力に感謝する。

真理の帝国＊目次

第Ⅱ講・真理の帝国　産業的ドグマ空間入門

PIERRE LEGENDRE
Leçons II
L'EMPIRE DE LA VÉRITÉ
Introduction aux espaces dogmatiques industriels

This book is published in Japan
by arrangement with Librairie Arthème Fayard, Paris,
through le Bureau des Copyrights Français, Tokyo.

見出された呻きに、
クリストス・カプラロスの極限のことばに

緒言

巻頭ではまず、わたしの意図を詳らかにし、慣例に従って本書の旗色を告げておくべきだろう。予告はすでに献辞のうちにある。

わたしの講義の核心にはつねにギリシアという参照項がある。それは郷愁を含んだ縁のためばかりではなく、目下のところフランスではまったく受け入れられていない一研究の散在する断片が、ギリシアに依拠することにより、わたしの業績とでも呼ぶべきもののうちでひとつにまとまるからだ。クリストス・カプラロス[1]の彫刻が、わたしには不足している教育的配慮の埋合せをしてくれることだろう。表紙の作品《アフリカの叫び》は、アテネを臨む海に面した、ローマとコンスタンチノープルを結ぶ交通の要所、アイギナにある彼の自宅で写真に収められたものである。人間を閉じ込めているものについて問うなら、それら由緒あるものの混じり合った、われわれがギリシアと名づけるまさにその場所で、滅びた——滅びたとはいえ超近代的な——世界（普遍）帝国の残骸に囲まれてするに越したことはあるまい。草稿を刊行することへの一抹の躊躇いを取り払うことができたのも、カプラロスその人と、彼のラディカルな発言や激励のおかげである。

わたしの研究はあるひとつの企図——言うまでもなく人類学的なものだ——を目指しており、講義の紹介文ではそれを「言葉にしがたい問いをめぐる対話」だとしてある。つまりそれは諸々の組織における効率のステイタスを研究しようということであり、このステイタスはドグマ学的論理と不可分のものなのだ。わたし独得の語法を使うなら、それは次のような煽動的な表現となる。「〈産業教〉の尻尾をつかもうではないか」。しかし周囲に余計な誤解を招く恐れもあるので、この発言に見合った議論の展開を待つことにして、こうした見出しはひとまず差し控えておきたい。

真理の帝国、それが文字どおりにも法的にもここで争われることである。「文字どおりに」というのは、真理概念のもつ多様な要請に答えるためであり、「法的に」というのは、今日の世界において産業が切札として使っているのは制度的なカードであることをまず告げておくためである。これらのカードは、ローマ帝国の真理をひけらかしている。

このような争点は、超近代の社会諸領域についての見かけだけは科学的なわれわれの表象を混乱に陥れ、少なからぬ学派を苛立たせるものとなることだろう。わたしはいかなる理論も打ち立てはしない。ただ単にわたしは、注目に値するものでありながら諸科学の細分化の名のもとにいささかわかりにくくなっているいくつかの事柄を見直し、二、三の問題を、普段それが扱われる分野から移し換えようとしているにすぎない。わたしは棚卸しを引き受けたまでのことであり、説明癖——多くの講義でひけらかされている腹黒い情熱——ほど、わたしの関心から遠いものはない。

誰かがわたしのことを人類学のブニュエルだと言ったが、上出来ではないか。わたしはそれを讃辞として受けとめている。より控えめに言うなら、わたしは科学——合理主義的な茶番の虜になったある種の科学——を愛していない学者だということにでもなろうか。わたしが専ら関心を寄せるのは、制度という名で示される「両世界の間」、つまりは優れた詩と恐怖の詰まった一種の裂け目であり、幸福と殺戮のために互いに紐で結わえられたさまざまな人生の堆積である。古代ローマ以来これらの紐には、愛の組立《モンタージュ》(structura caritatis)という、ほかでもないドグマ学的知の生み出した呼称があてがわれてきた。このアウグスティヌスの所見に留意されたい。だがこれらの類まれな知もいまや骨抜きにされて、蒼白な産業システム学者たち――ユーモアも才覚もない笑うべき科学の理論家――にとっての鼻つまみものとなってしまった。目下のところ隆盛をきわめているのは科学主義である。こうした状況にあって、いかにして〈産業人類学〉を記述しようというのだろうか。ドグマ的機能――つまりかの有名な「構造」の問題――は、現代の組織の諸現象とは何の関係もないつもりでいる学識研究の渦のなかに溶けてなくなってしまったと、少なくとも信じられているというのに。学識とはいまや、われわれが何者であるのかを忘れさせてくれるものとしてしか、必要とされていないのである。

だからこそ、わたしはドグマ的機能についての研究を行う。この研究が産業システムについての最低限の理解に達するための必要条件となるまで、わたしはそれを仔細に検討してみるつもりだ。最低限の理解とはつまり、産業――ここではそれは人類の再生産のための歴史的な支えのことである――をめぐる諸々の争点の大きさに見合うほどの理解だ。

以上が本書の議論を始めるにあたっての要点である。わたしの企図につきものの困難に尻込みしなかった幾人かの人々の励ましを受けたこの『講義』シリーズの刊行は、わたしにとっては推敲の好機ともなった。手を入れ説明を加え、いくつかの即興的な部分を見直しつつ、だが言説の筋道や時として野蛮《バルバロイ》なそのスタイルを崩すことなく、テクストを整理した。またこの版には、高等研究実習院の宗教学部門でのわたしの講義と直接関係する、目下進行中の仕事の要素も付け加わっている。

言いかえれば、ここでの実践とは、科学的考察の領域から不当にも引き離された産業システムの諸問題を、総合を気どらず明るみに出すことである。問題が根本的なものであることに気づいてもらえるのを願ってやまない。

予備考察

何かわれわれを震え上がらせるものでもあるのだろうか。諸々の定義に支配されて生き、科学をひっくり返して、それをもっとも不可解だがまたそれなしには生きられない「知るまいとする意志」の大義に役立てようとする、この情熱を見ると。科学や科学主義に育まれた、超近代的な経営管理のテクノロジーのブーム（通俗的な用語を使ってみた）のさなかで、わたしはあえて次のような問いを提起してみたい。産業システムとは何なのか？

答えはこうだ。それについてわれわれは何を知っていよう。断片的な思考、アカデミックな定式化、歯の浮くような教説、あるいは無関心ですら、ここでは用が足せる。言説を飾り立てたり、強固な理論を気どったり、借り物の言葉を弄することならいつでもできる。だが根本のところでは、われわれは何ひとつ知ってはいないのだ。

産業システムとは、何よりもまず感じ取られるものである。

人類は産業をひとつの帰結として、歴史における思考や言語のさまざまな偶然からの帰結として引き受けなければならない。産業とは、われわれがより知的に――つまりもう少し自由に――問い質さないままにたとえばローマ・キリスト教的文化と呼びもしている、それ自体偶発的なあるコンテクストのなかで、生の偶発的発展と結びついた進化の一事実なのである。

産業システムは科学的に管理されて——少なくともそう信じられて——おり、それが何なのかを知るという問題がわれわれを揺るがせたことはない。だが、やはりこれは動揺してしかるべき問いなのだ。これまでに言われてきたことは、たとえハイデガーのものであっても、矮小な観念のスペシャリストたちの狭い世界すら微動だにさせなかった。管理のスペシャリストたちの傭兵軍団がいるのだ。産業とは、ある宗教的な科学の名において人類を管理する戦闘システムなのである。

ここでの観点からして、このシステムをわれわれは感じ取ることしかできないのだとすると、謎を揺さぶってみる必要があるだろう。次の二つのエピソードについて一考されたい。

一九八二年、イランではスイス製のからくり腕時計を買うことができた。文字盤をある角度から見ると、イマーム・ホメイニの顔が現れるのだ。しかもこの時計の秒針は血の滴を象っている。

二つ目のエピソード。広告代理店ロバート&パートナーズの一九八二年の顧客向けキャッチ・フレーズは、「貴方の製品を、〈正真正銘のスター（Vérité Vedette Vérifée）〉に」（広告業界の週刊誌『ストラテジー』三四五号）である。

イランの腕時計は、近年カトリックの司祭やブルジョワたちに何万個も売られている豪華な「茨の冠のキリスト半身像」文鎮よりも珍奇というわけではない。〈正真正銘のスター〉理論（原文ママ）は、教皇のイヴェントについてのヴァチカンの教義並には、人目に訴える根拠をもっており、この会社は「折紙つき（vérifée）」という言葉をこう定義しているのだ。「折紙つき、それはスペクタクル全体が〈真実〉に奉仕していることを確かめるため」。

こうしたエピソードを理論化しようとすれば、それをもみ消すことに、つまり問題を雲散霧消させることになる。市場理論は、われわれが人間の再生産という争点を、経済戦略に絡めて語る際の粉飾したやり方の一部になっている。これらの争点や「別の場面」——経済とその権力的ステイタスを通じての支配や搾取、慈善を可能にしているのはその場面だ——を知らずに済ますことは、思考と言語の無意識的構成や、政治の正統性を基礎づけるエロティシズム、国際関係が不断に統合しなければならない殺人的な対峙の次元から、目を逸らそうとすることである。別の場面——わたしはフロイトの言葉を用いている——というきわめて複雑な問題を吟味しようとしない現代人類学など、この先永らえることはないだろう。

ここでは無意識も問題になっている以上、詩的な問題も同時に提起されている。西洋で大衆はどんなふうに言説によって虐殺されているかご存知だろうか。冷静に虐殺されているのである。いわゆる人文科学・社会科学は、人類を冷静に扱うのだ。自己管理や遠隔操作による管理を約束された市民社会を統御する諸々のテクストは、古来からの流れに従って、詩的な参照項を徐々に、しかし体系的に根絶している。詩的なものとはすべて、語りえぬものを証言している。であるがゆえにそれは、文化的な保護組織のうちに追いやられ、抑圧され、管理されているのである。産業システムが継承したのは『普遍法論（*Tractatus Universi Juris*）』[1]であり、『雲笈七籤』[2]ではない。ローマ・カノン法——これからわたしが語るのはそれについてだ——の変姿たるヨーロッパ的な法集成と、わたしの友人のK・シペール[3]が刊行しようとしている中国の道教の論集とを比べてみれば、その違いを感じることだろう。感じる、ということを強調しておきたい。ことば少なに考えることを学んでほしいのだ。

われわれの課題は、社会的に明白な事柄を、それらが現行の科学的数量化からはかけ離れて見出される地点で研究することである。人文科学や社会科学は、人間的・社会的な祝祭の遺骸——語りえぬものを述べる役目を担った儀礼的言説の遺骸——の上に構築されている。ところで数量化の破綻する地点とは、諸々のテクストのうちにこそ見出せるのだ。これらのテクストはその形式にかかわらず（科学的であろうとなかろうと）、社会統治を采配するためのあらゆるメッセージが生産される際に必ず通過する、寓話的空間に属している。われわれが社会的なものと名づけるもののドグマ的な通路、権力が表明されるためのあらゆる操作が合流や逆流を繰り返す通路は、これらのテクストによって構築されているのである。基本的なドグマ性の定義とはこれ以外にありえない。

今日の広告は、こうした操作が、〈真理〉を表象するという意味をもつことをみごとに把握している。ロバート&パートナーズ社の定式を再び取り上げてみよう。「本物、なぜなら胸を打つのは本物だけだから」。続けて、「スター、なぜなら本物はスペクタクルであるときにもっとも胸を打つから」。広告はそれと知らずに、西洋のスコラ学的摩可不思議の術中に落ちている。広告がわれわれに売りつけているのは古典的な法律第一主義（juridisme）なのだ。われわれは構造の再生産を目の当たりにしている。

ドグマ的機能とは、それぞれの社会で〈真理〉を運搬し、権力を巧みに扱ってそれに真理を語り述べさせる機能である。人間的事象のこの段階では、権力は真理を語ることしかできない。言いかえれば、われわれは不条理に足を突っ込んでいるのだが、その不条理の後には社会統御が続くのだから、これはもっとも建設的な不条理である。あたかも権力が実在するかのようにし、それが口のついた身体であるかのようにするのがドグマ性なのである。そしてこのようなフィクションを足がかりにドグマ性は、権力という存在が語るのは、真理を述べるというただひとつの望まれる効果を生み出すためであるかのようにするのだ。幻覚を一般化し、それを維持して欠陥を修繕するためのこうした仕事は、どんな組織システムでも、どんな制度の末端においてでも作動している。というのも合法性とはどこでも、単なる元手として機能するのではなく、真理を演劇的に再生産する役目を担った言説として機能するのだから。それゆえに合法性には美学がつきものなのである。ドグマ的機能とは、整備の行き届いた様式的なものなのだ。

合法性と述べたが、この語はここでは本質的である。それは国家とドラキュラとの違いを告げている。これはまた後で取り上げるが、われわれが寓話と怪物たちの領域に立ち入っていることは承知しておいてほしい。そしてリヴァイアサンとドラキュラとは、同じ怪物ではないということもだ。

最後に強調しておきたいのは、管理経営的・社会的な諸科学の根底には、人種差別――誤認されているがゆえに根絶しがたい人種差別——が書き込まれているということである。血の滴を象った秒針をもつ腕時計のエピソードのことを考えてほしい。しかしそれと一緒に、クリスチャンの雑貨屋のエレガントな女性用品である、キリストの十字架のことも考えてみてほしい。合法性は、誤認を通した社会的コミュニケーションをその機能の前提としている。産業システムは正当化も経ぬままに、人類の再生産システムとして、つまり布告済みの〈真理〉の上に立って、ひたすら幅を利かせて発展していく。ただし、われわれはこの〈真理〉を知らず、それは知られぬままに機能しているのだ。産業の拡大について再考してみれば、われわれは純粋状態の誤認をひとつ見つけることができる。第三世界と呼ばれる地域に即席の工場を売りつけることは、即席の思想をも売りつけることなのだ。つまり運営の技術や使用法だけではなく、それなしでは西洋に技術も思想もなかったであろうような、幻想の骨組をも売りつけることなのである。いわゆる第三世界に選択の余地はない。第三世界はすべてを受け入れなければ、後は消え去るまでである。つまりみずからの誤認のシステムを別のものに置き換えて産業化しなければならないのだ。経営のスペシャリストたちはこの戦闘的争点をすっかり隠してしまっているが、彼らはそこに自分自身の神話的基礎があることを認めなければなるまい。

第一章　真理の問題は組織においてどのように現れるのか？

わたしのここでの観点は次のようなものである。諸々の組織システムが、何か適っているとみえるものを操ることで、拡大したり生き延びたりしているということを、事実として確認するという観点だ。

この何か適っているとみえるものを、どう名づけたらよいのだろうか。わたしはそれに *ἀξίωμα*（*axioma*）というギリシア語を用いるが、axiome〔公理、自明の理〕の語源であるこの語は、狭義の数学的言語に押し込めておくべきではない。公理（axiome）という語が指し示すのは、社会的な自明の理、敬われ配慮されるべき命題――われわれが尊厳（dignité）と呼ぶものの琴線に触れる諸効果を設定する命題――である。*Ἀξίωμα*（*axioma*）とそのラテン語の同義語 dignitas は、ひとつの準拠――原簿〔母体〕とでも呼べるような準拠――を形成しており、それに基づいてわれわれは、政治的かつ法的な意味での真（vrai）という概念を了解しているのである。次のように言えば、われわれはこの概念にいっそう近づくことになる。疑念の余地なき命題と、滅びることなき機能という、二つの理念が衝突してできたのがこの概念だ。スコラ法学者たちは、権威は死なず（dignitas non moritur）[2] という印象的な格言を有していたが、これは次のように翻訳することもできるだろう。公理は死なず。

法的なものを数学的なものと比べてみても、何か適っているとみえるものについてのコメントは、まったく同じである。真理を設定し、決定するのが公理であり、それはみずからの証明を自分自身のうちに含む命題によってなされるが、このような自己証明する原理にあてはまるギリシア語が、*αὐταπόδεικτον*（*autapodeikton*）という形容詞である。その後の論理的な操作とは、根底の真理、絶対主義的真理を運営すること、つまりこの公理によって構築された真の空間——そこではいわば真理が神格化されている——に、すべてを結びつけることである。

　諸々の組織システムは、ある神格化した真理を端緒としている。法律第一主義すなわち公理の論理を扱う学問が、この真理を采配し運営して、語り欲望する人間主体にそれを刻印するという役目を果たす。こうした人間主体により構成されているのが、各々の組織システムにおける再生産に取り込まれた人類である。このような法的操作との関係で定義されるシステム全体を、制度的集合と呼ぼう。「法的（juridique）」という、西洋的術語のうちに典拠のある用語については、人類学的な照準——そこでは〈科学〉の言説が社会的な〈理性＝理由〉の言説の位置を占め、他の文化についてならわれわれが「神話」もしくは「ドグマ」という政治的に排斥された語で呼ぶようなものとは、対立するかに装われている——を通して、歴史的につきとめることが可能だ。

　そうであるならわれわれは、機能としての真理を相手にしよう。それは自己証明する真理であり、公理という資格で、わたしが不可避の準拠と呼ぶものの不朽の論理的場所を構築する。だがなぜ不可避なのか。なぜならわれわれは、われ知らず、また望むと望むまいと、真理を述べる〈テクスト〉の生きた症候であるからだ。無意識のうちに、われわれは文化という衣装を着て生きているのである。

　平凡にはなったが人をたじろがせるだけの威力はある、この文化という言葉について補足しておこう。講義のなかでわたしは文化（culture）という語を、ヨーロッパで法学者たちが用いていたような文字どおりの意味で用いる。『グラティアヌス教令集』——われわれの法的近代《モデルニテ》をヨーロッパ中世においてすでに告げている集成——に見出せる、以下の根本的なテクストを思い起こさねばならない。すなわち事例二六、設問二、第九法文（C. 26, q. 2, c. 9）

の、「cultura は野蛮と訳されるべきだ」である。文化とは、他者たち、非キリスト教徒たちの野蛮のことなのである。抑圧されてきたこの意味、つまり羞恥に結びつけられた意味を今日復権させることで、ここでのわたしの研究方針が目指しているのは、困難を極める諸問題の研究に有害なある種の人種差別的思い込みを取り除くことであると同時に、西洋の法律第一主義(3)についての納得できる研究——産業テクノロジーの高まりとも渡り合えるような研究——を、遅ればせながら開始することである。

公理に宿る真理とは、産業の場合でもやはり、無意識であるがゆえに真理の法に従属する人間主体たちにとっての真理なのである。

したがってわれわれが記念碑的な真理に直面するためには、野蛮な法律第一主義の復権が必要である。こうした発言がいわゆる人文科学や社会科学——科学的に制御される世界の花形——の方面で快く思われないことも念頭に置いておかねばならない。言いかえれば、わたしの仕事が共感を呼ばないことだけは確かなのである。それでもわたしは自説を曲げることはしない。自己証明する真理の法的な組立《モンタージュ》を蔑ろにすれば、コーラン抜きでムスリム世界に近づいたり、トーラーに触れずにユダヤ性を扱ったりする思い上がりと同じような結果を、拡大中の産業システムにも引き起こしてしまうのである。

法律第一主義が重要だというのはごく単純な理由からである。つまり、無意識もまた法律家だからであり、あらゆる人間の一生とは、公理がけっして崩壊しないことの悲痛な証明にすぎないからだ。真理はわれわれを捕えて離さない。本当の真実を知るためであれば、われわれはいつまでも走り続けることができる。それゆえここでわたしが追究するのは、われわれをこの走路に駆り立てる諸々の組立《モンタージュ》であり、結局そこで問題となるのは、人間たちが社会的・政治的な諸目標に向かって実際に走るよう仕向ける社会的なものである。言いかえれば、問題となるのは、権威の原理を作用させている諸々の組立《モンタージュ》なのだが、その権威の原理こそ、保証つきの真理を設定する公理の言説なのである。

したがってわれわれはここで言説とことば《パロール》に送り返される。精神分析は、諸々の組立《モンタージュ》の作用を理解するのに役立つであろうか？　もちろんだ。ただしそれはフロイトやラカン、あるいはいくらか創造性に欠ける他の面々を人間悟性の立法者扱いしたり、理論を実体化したり、諸々の観察を征服的な註解と取り違えたりしてはならないという厳しい条件つきでのことだが。読み手であるわれわれが気恥かしくなるような多くの著作や記事——おそらく気晴らしにでも書かれたのであろう——は、われわれを主体とする文化——政治的なことばとの衝突による神託のことばの瓦解が特徴的な文化——についての疑問を封じ込めるためのものであるらしい。神託のことばの瓦解というこの重大な事態——それをわたしは〈息をする法（Lex animata）〉の法的な組立《モンタージュ》に関連させて、詳しく述べるつもりである——は、まさに分析家と彼らの社会的な生産物との制度的な位置を危ぶめる事態だというのに、精神分析の文献では相手にもされていないのである。精神分析を西洋の歴史的・哲学的展望における真理の言説として位置づけようとした、フランスにおけるM・フーコーの（多くの者により不当にもアカデミックだとされている）試みがいかに興味深いものであるとはいえ、この種の努力に必要なのはもっと別の、とりわけことばをめぐる西洋的な問題設定という方向性である。こうした研究がしかるべき時になされないなら、権威の原理を定礎するための神話的な操作という観点から、産業的文化が人類史にどのように位置づけられるのかがわからず、精神分析は小細工やリサイクル技術の仲間入りをするだけになるだろう。

次のことを思い起こしてほしい。被分析者のことば《パロール》が真理であることの保証は、そのことばを言表すること自体であり、そのときことばはメッセージの主観的エコノミーにおいて、大文字の〈他者〉[4]の論理的な場所へと差し向けられている。同じく次のことも思い起こしてほしい。上記のようなきわめて複雑な命題には、それを主体の生きた経験から取り出しても、理論を相対化するという効用は期待できる。それはこの命題によってわれわれが、精神分析からすれば理論もひとつの言説にすぎないという考えに導かれるからだ。あとは言ってみれば以下同様で、われわれはことばの真理との縁をけっして切ることはできないのだ。けれどもわれわれには本質的な問題がひとつ生じる。制度システムにおいては、問題となる言説は誰のものでもなく、いかなる主体の所有物でもない。それなのにことばやメッセージの大文字の〈他者〉について問うことなどできるのだろうか？

　そこで、きわめて重要なのが以下に列挙する点である。

――法的建造物、すなわち法システムという西洋的観念(5)――この用語はわたしにとって天佑とも言える著者メランヒトン(4)に由来するとされている――は、書くというわれわれの作法に関係していることを銘記しておこう。「書き物《エクリ》」という概念自体をわたしがどれほど重視しているかはおわかりだろう。われわれがそこに生まれる組立《モンタージュ》と切り離せないこの概念は、産業文化に君臨する公証人（notaire）や尚書（chancellerie）の諸実践とも深く結びついている。「書き物《エクリ》」という足枷に照らしてみなければ、産業も、近代の官僚制も、運営もマネージメントも、考えようがないのだ。あらゆる理論化の前に、とりわけ精神分析を持ち出してみたくなる理論化に先立って、まずはこの「書き物」の物質性を見定める必要がある。

――このシステムから諸々の骨組や小細工、典礼などが派生し、それらすべてがわれわれに〈偉大な身体（Grand Corps）〉を信じるよう促す。偉大な身体があるとすればそれは法の組立《モンタージュ》、法的な意味でのコーパス（corpus）である。それは巨大な〈自我〉として比喩的に表象されるもの、われわれが中世のスコラ学以来〈国家（État）〉と名づけてきたものであり、リヴァイアサンであってけっしてドラキュラではない。その区別は学ばなければならない。幻想の真理（ドラキュラ）(6)と象徴的なものの真理（リヴァイアサン）とはまったく異なる領域に属しているからだ。社会の運営とは、たとえば国家において真理を造形するためにある諸々のフィクションや象徴に事故でもないかぎり、ドラキュラ的にはならないのだ。

——自己証明する真理の公理には説明の手がかりがない。なぜならそれはあるひとつの決定から生じる秩序にも比される秩序のことだからだ。自己証明する真理はみずからを正当化する必要がなく、それぞれの組織システムの領域で、みずからの方法により、つまりドグマ性のもつ方法により、ただ言表され、宣言され、しつこく繰り返され、そして祝福されさえすればよい。こうした土台に立って、欲望する無意識の主体でありことば《パロール》の主体でもあるわれわれは、きわめてよく理解して説明などいらないのだ。ドグマ——そろそろこの用語を使うことにしよう——とは、見えるものなのである。どのようにしてか？ シニフィアンとエンブレムによってである。

例示しておこう。

〈発展〉、〈革命〉、〈神〉、〈階級闘争〉、〈共和国〉、トヨタの商標、これらが保証つきの真理を設定する公理の例である。ここで問題となるのは言葉‐思想（Wort-Denken）、つまり言葉の閃光のなかにある思考であり、このテーマをわたしは、われわれの敏感な点に踏み込むための手がかりとしてC・ヘンツェ[5]から借り受けた。敏感な点とは、休息時の思考というものに、われわれが結びついていることである。何を言わんとしているのだろうか？ われわれが真理を語る〈テクスト〉の生きた症候であることを言うために、糊つきの思考や粘着性の思考、エンブレム的思考などの、他の表現を用いていたこともあった。症候とは精神分析においては、生きた証拠、沈黙の雄弁、何ものにも勝る証言、つまり説明とはまったく別のもののことだ。だからわたしはそれを休息時の思考と呼ぶのである。プラトンの時代には、真理との死活的な関係というこの問題は、魂という糊や釘というものを想起することでかなり明瞭に理解できていた。これに倣って言えば、われわれは真理に糊づけされているのだ。法権利や、その他諸々のドグマ的言明の機能は、この粘着を端緒としている。問題なのはエンブレム的思考である。この点で、われわれはまた産業広告や政治的マーケティングの教えることをも取り上げなければならない。

——同じく真理への粘着という観点から、イメージの媒介的機能にも注意を向けておこう。どうしてここで媒介の話をするのか？　乱暴に答えればこうなる。真理との死活的な関係が狂ってしまうのを避けるためだ、と。おそらくご承知のように、キリスト教を介して偶像破壊をめぐる大論争にはまった西洋文化は、ひじょうに特殊なやり方（この問題はやがて論じる）で、〈イメージ〉と〈名前〉への愛を紡ぎ出したのだ。そこでの争点はきわめて殺人的である。なぜなら人間の生は、絶対的〈他者〉を造形するという問題で紛糾する想像的〈訴訟〉のなかに完全に浸りきっているからだ。つまり、もっとも恐るべきものとの関係を人間的なものとし、無意識の論理における主体の位置につくという問題である。〈イメージ〉と〈名前〉への愛とは血腥い事態であり、なぜそれが血を流れさせたのかをわたしはこれから示していくつもりだ。ここでは大文字Aの場所という概念を記憶するにとどめておこう。大文字Aの場所とはすなわち、罪責感と欲望を耐えられるものにするために、われわれができるかぎりの人間的な確かさを与えようと是が非でも試みる、大文字の〈他者〉の場所のことである。宗教——何であれ宗教的な組立《モンタージュ》——はここで、社会的に、つまり組織システムの水準で、人間たちが生というサイクルをまっとうするのを助けるという本質的な役目を果たしている。絶対的〈他者〉の場所はそのとき、メッセージのエコノミー——主体的かつ社会的な——におけるひとつの審級となる。この場所からそれ（ça）はわれわれを愛し、われわれを憎み、われわれを訴え、われわれを許し、〈運命（Ἀνάγκη）〉（*Anankè*）の言説によってわれわれを縛るのだ。われわれが問うてみなければならない言語の諸問題のなかには、イメージの諸問題も含まれる。なぜなら〈他者〉の審級は言語のため、そして言語によってこそ結実するからであり、この論理的な審級の理論化が、知的な常套句を述べることしかできなくても、詩《ポエジー》がそれに〈運命〉の審級あるいは過酷で魅惑的な〈真理〉の審級として語らせることで、その借りを返すのだ。納得してもらうために、アイスキュロスの表現を思い起こしておこう。「懇願者ゼウスの憎しみを敬う（*Ζηνὸς αἰδεῖσθαι κότον Ἱκτῆρος*〔*Zènos aidesthai koton' Iktèros*〕）」。この表現に向き合うことができれば、標識のあふれた経験主義のルートから一歩外れて、産業システムがドグマ的な練り上げに支えられたほかならぬ文化のひとつとして扱われるべきであるのも、理解してもらえるはずだ。

第二章　ドグマとは何か？
すべてを知ることとすべてを語ることの産業化について

とはいえやはり、公理は死ぬことがある。自己証明する真理は、われわれ一人ひとりとともに死ぬのだ。しかしこうした言い方は完全に正確とは言えない。

こんな言い方で、ドグマを参照しつつわれわれが扱っている知の法外な性質への導入としたい。われわれが足を踏み入れているのは、極端な厳密さのなかであるのと同時に、おおまかさのなか、つまり真実の逆でもないおおよその真実のなかでもあるのだ。わたしが死ぬのは真実だが、かといってそれでわたしの名前が消え去るとしたら大間違いである。

西洋の伝統では、名前をふせておくことや、正規の訴訟で名前を断罪する（記憶による有罪判決〔*damnatio memoriae*〕というローマの技法や、もっと最近ではスターリン批判などが思い出される）こと、また神聖な名前に置き換えることで名前を葬り去る（五世紀末以来の教皇の改名の慣習や、名前の主体が本人の希望による法的効果により民事上の死者になるという、修道院の手続を参照）こともできるが、名前を死なせる権力は誰ももっていない。主体が死ねば、その名前は故人の名前となる。同様にして、名前の前では誰もが平等であり、制度はここですべての人間――すなわち狂人そのもの――を名前の所有者とするため、つまり主体であるというステイタスにつかせるために機能する。死んでも完全には消滅しないとは、それこそ奇妙なことであり、われわれがドグマと呼ぶ手段によってのみ可能な仕組なのだ。

死んでも消滅しないというのはどのようにしてなのか、そしてそういう操作は社会統治にとってどんな意味をもつのか。死んで姿を消すのに名前は消えないということには、どんな効用があるのか。死者は再び姿を現すことはないのだろうか、舞台裏のどこかにいるのではないだろうか、姿を変えて別の名前で現れるのだろうか。名前は待機中の存在のようにいつまでもそこにあるのだろうか、等々。名前とは何か、つまり結局のところわれわれが身体と呼んでいるものとは何なのだろうか。これこそがドグマやドグマ的な知、およびドグマ性についての問いの最初の争点である。

したがって真理を制定する諸々の社会的組立《モンタージュ》についての研究の最初の発見とは、いわば失望なのである。つまり冷酷なまでに科学的な態度と、つかみ所のないものを相手にしなければならないという眩暈との、区別の仕方がわからないという不満は、解消されないまま残るのだ。いまでは法律第一主義という呪われた問題は諸科学の産業的秩序のなかに埋没している。法権利が何か従属的な技術にされてしまって、この問題も気楽に扱われ、情報科学によって抹消されようとしている——少なくともそう考えた者がいる——かのようだ。わたしに言わせれば、法権利の基盤とは愚鈍さであり、法学者には思考するなどという思い上がりはなく、ただ西洋で〈法〉と名づけられた、芸術にも似た一種の思考のエンブレムを保持するという役目があるだけである。

この組立《モンタージュ》の基礎である名前へと立ち返ろう。一見したところこれほど単純なものもない。だが少し踏み込んでみればすぐに奈落が顔を覗かせることだろう。社会的言説のドグマ的トリックは思想に動揺を与える。名前はそれを如実に体現している。

名前とは何か、という問いの解釈には複数の選択肢があり、それぞれ属する水準を異にしている。第一水準は、記入式の戸籍というわれわれの伝統に即したもので、名前は、法律家たちの言う個人的境遇に照らし合わせて管理され、契約や遺言などの法的生活の行為を通じて諸々の財の流通に巻き込まれる。これらはすべて系譜的事実というただ一本の糸に支えられており、それは書かれてある(c'est écrit)という官僚的な指定のなかで「某、……と……の子、……に死去」という簡明な表現に還元される。その後には古文書化の手続と、実在の歴史的証明の手続とが続く。第二水準は、社会的祝賀であり、それはたとえば行政的・政治的実践(名声、または選挙での名前の憎悪、あるいはある者のある役職への指名など)を通じて、多様な象徴的賭金を名前のなかに結晶化させる。第三水準は、地獄と天上にまつわる賭金の水準で、厳密に言って神話的なこの水準は、大文字Aの場所との出会いの水準であり、死ぬことのない名前はこの場所に書き込まれるのだが、われわれが亡霊たちに出会うのもまたこの場所である。

ここで再び、われわれが絶対的〈他者〉の問題——メッセージの無意識的エコノミーにおける論理的な問題——と死活的な関係にあるということが重要となる。これはジャック・ラカンの仕事を想起しつつ述べていることだが、彼の仕事は、制度の機能に関する方面でこそ続行されるべきであるのに、中断されたままになっている。その方面にわたしが強い興味を抱いているのは言うまでもない。そこでわたしの指示する方面における、すでに指摘した大きな困難を銘記しておこう。われわれが直面しているのは、主体なき言説なのである。社会組織は、どんな政治体制のもとにあろうと、万人にとっての〈唯一の主体〉を虚構的に想定している。ドグマ性とは、この〈唯一の主体〉を構成するノウハウのことだ。

補足しておこう。地獄と天上にまつわる賭金とはすなわち、諸々の宗教的な表明のことであり、西洋ではそれらの表明はヨーロッパ古典法のうちの〈悔悛〉の概念に基づく部分により生み出された。これらの賭金はきわめて重要なもので、実際〈理性〉原理を左右している。なぜならそこで問題となっているのは、ひとつの社会において、精神病への圧力を抑え、真実の上に法を立てることで社会的な信を定着させることだからだ。言いかえれば、ドグマ的なものは精神病の阻止を引き受けているのである。目下のところ行動主義のイデオロギーに縛られている社会科学の一般的観点から見てこのことがどれほど受け入れがたくても、やはり真実なのだ。

わたしの概略的な図式における第三水準は、この問題に直に関係している。どんな社会も名前という制度の言語的作用によって、精神病への自然な圧力を代謝している。社会は危険な通路を渡る人間主体の手を引いて、われわれが〈現実界〉、〈想像界〉と呼ぶ地点の道案内をし、向こう岸にまで送り届ける。変身《メタモルフォーズ》を知らない西洋文化にとっては、魂の飛翔という隠喩《メタファー》が頼りである。人間主体に対するこのドグマ的言説の野蛮な支配[7]のことを、絶対的〈他者〉の場所の管理と呼ぶことにしよう。それは件の主体が象徴界から正面きって生に参入するための管理だ。つまり現実のものではないこの〈他者〉が、つかみ所がなく論理的に到達不能なみずからの場所にとどまり、恐るべき主体の二重身である名前の亡霊という、〈現実界〉におけるシニフィアンのまがい物、すなわち亡霊あるいは他の幽霊のような何かにならないようにするための管理である。参照してほしいのは、不幸にも研究が十分に行き届いていない古典的文学である、イエズス会士デル・リオ[6]の作品や、その他数多くの幽霊に関する著作だ。これらのテクストは西洋における魔術の制圧の重要性を考察する手がかりとなるだろう。特にこの制圧の言説の位置は、産業文化において精神病を阻止する障害物の問題を設定するためにも重要である。

注意すべきは、この第三水準がどんなところでも機能し、宗教とのつながりを絶ち切った政治システム——そのシステムが自由主義的であれ専制的であれ——は、地獄と天上にまつわる賭金を発明し直そうと尽力するということである。フランスの中央集権主義のようなひじょうに強固な装置が、きわめて神話的な切札を駆使するのはこのためである。後ほど扱うソ連の場合には、同じく興味深い事例が別の手段によって生み出されている。

同様に注意すべきは、勝利を収めた行動主義が効果的な禁止を駆使して、われわれがこの第三水準を適切に観察するのを妨げているということである。われわれはあたかも今日の制度的レベルには名前の神話的審級など存在しないかのように振舞っている。精神分析は名前の主題を再評価することで、この社会的禁止――行動主義科学の展開を通して機能するために気づかれていない――を、部分的に失効させることができた。しかし精神分析もやはり、反法学的言説の無教養な支持者にみずから成り下がった分析家たちの失墜ぶりに自由を奪われて、フロイト以降この問題に実際に取り組むことはなかった。ラカンの勧めは何度かあったものの、本人が一度ならず口にしていたように、彼自身こうした企てに十分備えがあったわけではなかった。

名前という制度――そのなかの複数の水準は注意深く区別されねばならない――を迂回することでわれわれが想起したのは、人間のドグマ的な部分であり、それこそわたしがこの講義で取り組もうとしているものである。

この迂回によって、社会的なものと法的なものとは二つの別々の概念であることがすぐに見て取れる。緊密に結びついているとはいえ、社会的なものは法的なものではないのだ。いずれにせよここでわたしは、社会科学の機能の仕方に敬意を表さねばなるまい。法的なものの抑圧〔という社会科学の機能〕は少なくとも、法的なものが社会的なものにとり重要――抑圧がその証拠である――でこそあれ、それを社会的なものの顕示的要素と混同はできないことを証明している。法的なものは、いわば象徴的なものの波を起こすことで社会的なものをはみ出し、その波に乗って無意識的欲望の主体は、自分を他の言説と混同することなしに浮上できるのである。この根本的な問題については、ゴルディアスの結び目との関連であらためて立ち戻ることにする。

法的なものとは次のようなものだとみなすことにしよう。主体にとっての象徴的なもの、主体の社会との絆を確証するもの、そして象徴の創造性を導き入れて、大文字の〈他者〉の論理との関連で疎外を人間化するものを確実に伝達するものである、と。

先にわたしは、ドグマ的なものの社会的審級、すなわち主として法的なものそれ自体の審級は、第一に精神病への自然な圧力を阻止するためにあると指摘しておいた。それを理解するには、ラカンが導入した棄却〔排除〕

(forclusion) という語を厳密に受け取るのがよい。文字どおりの法的な解釈から遠ざかってしまう翻訳を、わたしは批判したことがある。ラプランシュとポンタリスの『精神分析用語辞典』によれば、「棄却」の項目はスペイン語では repudio (フランス語の répudiation 〔離縁、破棄〕の同義語) になっているが、これはスペインの民事訴訟用語に合わせて preclusión とされるべきである。今日ではフランス語の用語をそのまま移し換えようとする傾向が主流だが、このやり方も度が過ぎている。それではラカンの発明した新語だと思われるのがおちだからだ。これは無意識にとっての法的な争点が理解できていないことの好い例である。「棄却」とは、民事訴訟に由来する用語で、期日が過ぎて時効の時が来たことを意味するのである。

では次にそれがわれわれにどう関わるかを見ておこう。それを理解するためには、次のように問うてみるのがよいだろう。われわれは生まれつき狂っているのだろうか。もちろんだ、人間主体がみずからの欲望の神話的条件に入るための分離の作業が、〈法〉の空間のなかにタイミングよく――スポーツで言うような制限時間内に――入ることであるとすれば。棄却ということが意味するのは、無意識にとっての時間という観点から見れば、期日が守られず、主体の神話的〈重大訴訟〉が結審しなかったということである。言いかえれば、〈法〉の審級が機能せず、〈父の名の時間〉の役目が解かれてしまったのだ。臨床的観点から見てこの指摘が深刻であるのは、とりわけ時効の事後における不確定な転移の可能性の取扱いに関してである。時効の後で問題となる上訴とはどのようなものなのだろうか。

こうしてわれわれは名前という問題設定を介し主たる困難に直面することになる。すなわち原理からして謎めいたある言説の本質をなすいくつかの要素を、再構築するという困難である。諸々の制度システムが各々の人間のうちで何かを殺すために用いるのがこの言説であり、その結果各人はシステムの法に従って生き、またシステム自身も再生産される。こうした困難はドグマという概念をその根底から捉え直すことを余儀なくさせる。以下に列挙するのはそのための指摘である。

——「ドグマ」という語について、少なくともわれわれの用に供するため、よくある誤解をここで一掃しておく。この語は西方キリスト教の必要を満たすために導入されたのではない。キリスト教から派生した意味が、さまざまな政治的偶然を経て本来の意味とされてしまったのは、知的な慣習にすぎない。この語を侮蔑語にしてしまうことで、われわれは結果的に、客観的で厳密な、そのうえ——最高のメリットとして——ついに解放されて自由な、すべてを叩き壊さんとする思考の免状を、自分たちに授与しているのではないのか。諸々の拘束から解放された自己発生する思考というイデオロギーに関わり合う必要はない。それは観念の全能性の言説の再来にすぎない。勉学あるのみだ。

付け加えておけば、ドグマという、来歴もまたことのほか風変わりなこの奇妙な用語について問うのは、われわれが初めてではない。主にドイツ語でなされた優れた用語研究、たとえば『新約聖書神学辞典（*Theologisches Wörterbuch zum Neuen Testament*）』（一九三五年編纂。δόγμα〔*dogma*〕の項を参照）や、『古代・キリスト教百科事典（*Reallexikon für Antike und Christentum*）』（第四巻。一九五九年編纂。*Dogma II* の項を参照）、『神学基礎知識の手引（*Handbuch theologischer Grundbegriffe*）』（第一巻。一九六二年編纂。*Dogma* の項を参照）などを参照してみれば、この語の意味がひじょうに豊かな歴史をもつことを確認できるだろう。だが、主としてカトリックの反宗教改革側の神学者や十九世紀ヨーロッパの宗教史家たちの学識は、たとえばリッチュル[8]などによる解明の努力にもかかわらず、たしかに〔この語の〕一般的な表象をいまだに強く束縛している。事柄の決定的な解明はM・ヘルベルガーの研究——ひじょうに強力な考証である——を待たなければならなかった[9]。

δοκέω（*dokeō*）という動詞から派生した名詞 δόγμα（*dogma*）は、わたしの研究の土台とも言えるが、ひじょうに複雑で豊かな意味的準拠をなしている。言わせてもらえば、それはきわめてみごとな意味の場なのである。この語がわれわれに連想させるのは、見えるもの、現れるもの、それらしいもの、そう見させるもの――見せかけも含めて――である。夢や幻覚を語ったり、意見や、あるいはまた決定や票決を述べるために、この語は用いられるはずだ。時としてその意味は二つの側面から捉えられ、法的なものはしばしばその両面に言及し、またあらゆる権力はそれらを同時に動員する。その両面とはつまり、公理、原理または決議としての δόξα（*doxa*）の側面と、名誉、美化、装飾としての δόξα（*doxa*）の側面である（ラテン語に取り入れられた decus、decor、decet などを参照）。美学を欠いたドグマ学は――今日の警察的認識論者の単純きわまる言い草を除いては――存在しないのだ。

――「ドグマ」や「ドグマ性」は、西洋の歴史においては、伝統的に「医学」と「法解釈」という古典的な概念のもとに配分されてきた知を典拠としている。古代より医者と法学者が共有してきた広大な領域の真価を認めなければならない。現代的検閲の餌食となった今日の認識論は、この領域そのものを忘却してしまっている。わたしが抗議して止まないこの悪弊は、精神分析が明るみに出した争点に接近しすぎることへの、明言されない恐れに結びついている。このような慣行を絶つことはわれわれの義務である。

〈法〉の方法的秩序に肉薄することこそ重要である。〈法〉を大文字にしたのは、ここで言う法概念が、先に述べた野蛮という意味での文化の秩序と不可分の法外な性質をもつことを強調するためだ。野蛮なものは神話的言説により告知され、主体のレベルでは無意識の領分に入ってもいる。方法的（méthodique）秩序と述べたのは、われらが逃げ腰の認識論に逆らい、法権利と医学とがドグマ性の領域においては緊密な関係にあるのはなぜなのかを、ただちに理解してもらおうとしてのことである。

言語的な母胎であるギリシア語に再び力を借りるとしよう。μέθοδος（*methodos*）とは、紆余曲折のある術策、「……を探しに行く」こと（たとえば「花嫁を探しに行く」という表現も、この豊かな言葉の歴史に属する）、ある知を求めることを表す語である。動作の伝授、あるいは体系的な医学という意味を表す際には、δόγμα（*dogma*）の同義語になることにも注意しておこう。これらの短い指摘は、以下の未決の問いを、できるだけ唐突な形で登場させんがためである。すなわち「〈法〉の秩序はどこからやって来るのか?」という問いだ。ギリシア語の多様な意味がここで示しているのは、経路が多様であること、そしてこれらの知はつねに相対化されなければならないこと、これらは媒介する知だということである。医学は高度に科学的となりうるが、そのことは医学がドグマ的な争点の領域、つまり〈法〉の諸学の領域にとどまるのを妨げはしない。これによってわたしの問いはわかりやすいものとなる。「〈法〉の諸学とはどう定義できるのか?」わたしに言わせれば法の諸学とは、身体を動かすための学問のことである。というのも〈法〉の秩序は身体を通っているからだ。大ざっぱなものではあるが、この回答によってわれわれは、制度という概念の再検討にまで歩を進めることができる。制度という概念は、人体によって、あるいは人体と社会との象徴的結びつき――それは法的（語のきわめて一般的な意味での）な結びつきのことだ――によって支えられる秩序としての、ことば《パロール》の秩序を巻き込んで作用するのだ。われわれは心身相関論（psycho-somatisme）を問い直すことになるだろう。困難を極めるこの仕事への励ましとして、われわれは孤立無援ではないことを思い起こしておこう。ローマ法の歴史のなかの西洋的法律第一主義――温存しておきたいもうひとつの概念――を対象とする多くは地道な学究の努力は、フランスでは歯牙にもかけられていないが、今日では多くの実りをもたらしている。例として再度参照してほしいのは、まさしく〈ドグマ的なもの〉とわれわれが名づけるものについての、M・ヘルベルガーの瞠目すべき歴史的整理である。

――ドグマ的現象を研究するのは、世界的な産業化の人類学的帰結を見極めるためである。この点は強調しておきたい。これは権力の因果性にまつわる手ごわい諸問題である。それによってわれわれが直面することになるのは、諸々の組織における二重論理だ。一方にあるのは科学的・管理経営的な解釈や操作に委ねられた諸々のメッセージの論理であり、他方には主体の論理および無意識と社会との――本性上ドグマ的な――結びつきの論理があるということだ。たとえば法権利の「公」と「私」への分割――家庭の言説の位置が定まるのはこのおかげであり、諸々の制度によることば《パロール》の社会的な分配はこの分割なしにはありえない――のようなローマ法の大いなる謎の数々が、ここでは重要となる。

――あらゆるドグマ的なものは、人間と絶対的な知との関係を表明し、ことば《パロール》の社会的な由来となる審級――それを大文字の〈他者〉と呼ぼう――に、神話的な確かさを与える。社会システムはどれもこの問題に苦心している。手短に言えば、知っている「それ（ça）」のいる空間――そこでなら「それ」が絶対に知っている空間――の制定なしには、人間というものは組織されえない（わたしはたとえばナショナリズムによって統率されるような大規模な装置のことを言っている）。ボルニティウス[7]（十七世紀）の挿絵について考えてみよう（図版1）[10]。神の糸が君主の心をつなぎ、翼（おそらくそれは自ずから蘇生する神話上の鳥フェニックスの翼である）をもったその心は、無限に再生する権力の心である。それはエンブレム的かつ叙情的に表現された、政治的位相学のみごとな実例であり、大文字の〈他者〉の審級への人間的準拠の傑作をそこに見て取れるだろう。人体を詩的に参照することでこの審級に人間的な確かさを与えているドグマ的な作用にも、同様に注目しておこう。同じくボルニティウスの図版3[11]に読み取ることができるのは、〈謎〉の場所、すなわち「それ」――つまり権力と意味――がそこからやって来る場所の、定義そのものである。

　われわれが神話と呼ぶ膨大な練り上げの役割とはつまるところ、意味の合法性を保証する準拠の場を作り上げることである。これを理解するためには、幼児期の諸構成に立ち戻る必要がある。人間主体は、全能性との基礎的な関係を活用する象徴的埋合せの一撃を受けないかぎり、この幼児期の諸構成をあきらめることができない。ドグマ的なものとはまさに、この全能性との関係のアレンジのことである。それは絶対的な知を位置づけ、いわば言説の

Corda ferit verbo patulas resonante per aures,
Perq; oculos signis pectora fida movet.
EFFICAX DEUS. VERBO ET SIGNIS.
Durchs wortt vnd zaichen wirdt regiert
Die Kirch/ das sie Gotts krafft verspürt.

図版 1

図版 2

広告代理店ウォルター・トンプソンが宝石商フレッドのために作成した、題して「フレッド・フォース・10」というエレガントなポスター。天と地の間に伸びる、宝石をまとった女性の手の上に、太陽が載っているように見える。本書への掲載は禁じられた。蒙昧主義に蝕まれた拒絶である。スコラ学の用語では、権利の濫用という。ここに記す。

Cor Regis in manu Dei est,
Is flectit illò, quò velit.
REX REGUM REGES REGIT.
Der Menschen hertz in Gottes handt/
Wo Er hin wil/ dahin ers wandt.
図版 3

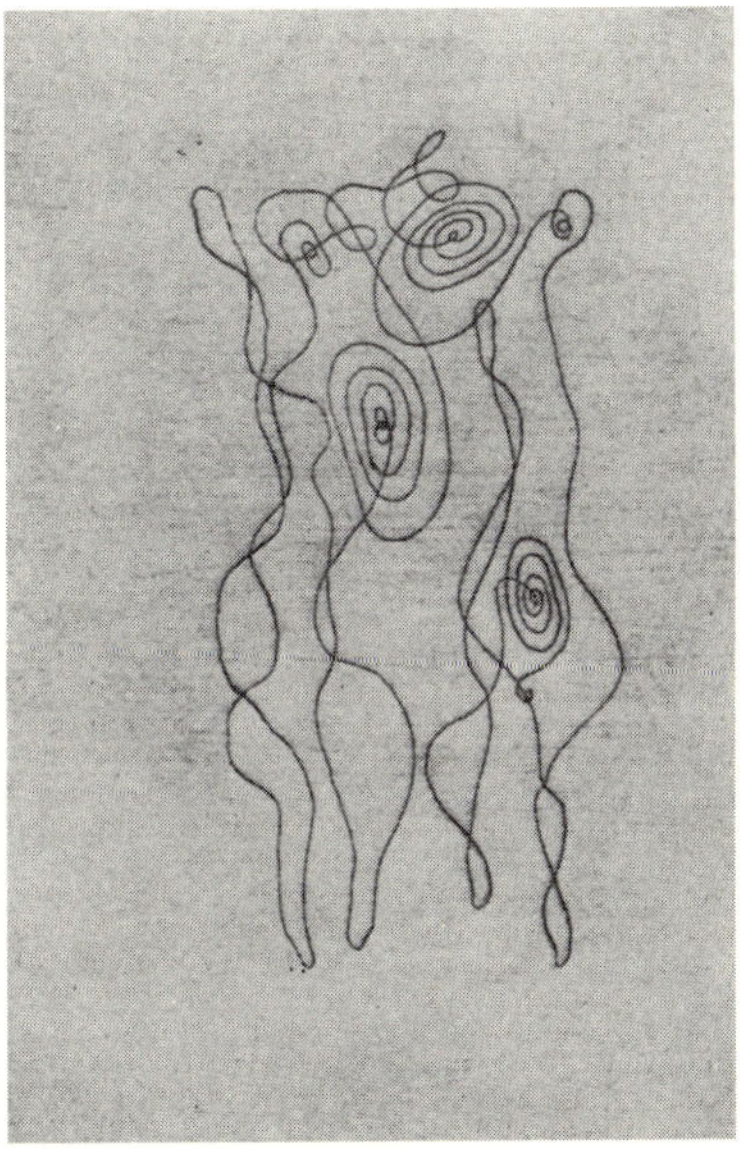
図版 4

境界――語りうるもの、言葉にできるものの境界――に触れるためのアレンジなのである。すべては知られすべて言われている。これこそまさに諸々の神話の述べていることであり、どの水準から神話にアプローチしようとそのことに変わりはない。ところがわれわれは科学的に運営される産業システムを生きている。つまり科学が神話の空間を追い落としたかのように運営されているということだ。これはいったいどういうことなのか。

きわめて人間的なことが起こっている。すべてを語ること（tout-dire）とすべてを知ること（tout-savoir）を神話外に制定しようというのが、諸々のマネージメント技術に支えられ、心理学・社会学を大動員する行動主義科学に裏打ちされた産業主義の思い上がりである。だがこうした思い上がりもひとつの言説として受け止めるべきだ。それも新しい産業的な神話記述の方法や、広告や政治によるマーケティングの術策、あるいは芸術――それは主体性にとって、また社会とわれわれとの結びつきのドグマ的作用に欠かせない叙情性にとっての避難所である――の横溢なしには、何の役にも立たないひとつの言説として。すべてを知ることとすべてを語ることとは、言ってみれば詩的にしか満足させることのできない思い上がりなのである。つまり科学的運営や超近代的プロパガンダは、ことばの論理により主として政治的かつ構造的にあてがわれる空間に身を置く番が来たということなのだ。一九八二年の宝石の広告を見てみるといい（図版2）[12]。市場が人間的に、つまりメッセージの想像的エコノミーにおける宛先の論理に従って機能するためには、天上という賭場、要するに奇跡が必要なのである。画家ジョゼフ・アルバース〔8〕が、《アンビヴァレントな諸形態》（図版4）[13]で表現するものにも注目しておきたい。芸術は科学主義の恒久的確信の言説を補完――あるいは反駁――する。なぜなら、躊躇いのなかを生きるわれわれには一貫性のなさが身についており、われわれの失望を絶えず美化する努力が欠かせないからだ。このことは美学を見ればよくわかる。われわれは形を築きたいという欲望の虜になっているのだ。

ドグマ学的な観点から、（一方に身体、他方に精神という）心身相関論の疑似的合理性を断念することを条件とすれば、形を築きたいという欲望について言うべきことには事欠くまい。ここでそれを並べ立てるようなことはしない。まなざしの統制と制度化、とわたしが呼ぶものの重要性を指摘しておくにとどめよう。エンブレム、そして一見脱神話化したわれわれの産業社会で以後われわれがその代用としているものすべては、われわれの疎外あるいはわれわれとイメージ――合法化されたイメージ――の絡み合いの、死活的重要性を理解する手がかりを与えてくれる。われわれはエンブレムを見るばかりではなく、イメージを合法化する手順を踏まえて、われわれ自身がエンブレムになるのだ。同じように注目しておきたいのは、政治家たちを取り巻くルポルタージュや図像的劇場の重要性である。考察の不足している点だが、それはE・カントロヴィチが西洋に関する聖なる狂気の研究で明らかにしたような、神話的深淵の入口なのだ。大物政治家の誰かと親しくなる機会があれば、彼らに自分自身のイメージを何部も増刷せずにはいられなくさせているある種の不安に驚かされるだろう。産業時代以前には、銅像や絵画が頼りだった。今日ではジャーナリストたちが頼みの綱であり、なかには映画監督に自分のことを、できれば即興の隠し撮りで撮影するよう頼み込む者までいる。こうした反応を揶揄すれば大きな間違いを犯すことになるだろう。わたしからすればこうした反応は、その言説の大仰さにもかかわらず、権力そのもののテクニック――太古以来のテクニック――と大いに関係しているのだ。

――ドグマ的なものを位置づけ、無意識の繊細な論理（大げさな精神分析理論家により時々表明され、そのときには言説の外に放り出される論理）に立ち向かう困難を和らげるために、ボルニティウスが音楽を定義して述べたエンブレム的定式（finitum poducit infinitum〔無限から作られた有限〕）や、近いところではJ・アルバースの以下の言葉を紹介しておこう。「科学では一足す一はいつも二だが、芸術では三にもそれ以上にもなる」。ドグマという問題設定に向いているのはこの芸術の数学のほうである。

第三章　ここでの基本概念、〈主体なきテクスト〉について

わたしの仕事ではこの概念が頻繁に用いられる。それで言わんとしているのは、あるひとつの組織システムにおける、社会的・歴史的につきとめられるような諸テクストの配置全体のことである。それは〈法〉の美的かつ知的な取扱いを争点とする再生産、つまりは、ある特定の一文化種を通じての人間種の再生産そのものの、支えとも効果ともみなすことができるテクスト群だ。

もう少し詳しく述べておこう。〈主体なきテクスト〉は、フロイトの『夢判断』を手本としつつ、厳密に主体の生産物と同等の扱いをしなければならない。ただしそれは「かのように」という観点、つまりあたかも主体がいるかのような観点からである。わたしが『夢判断』を引合いに出したことに注意してほしい。要するにある事象に直面するということだから、この参照は重要なのだ。強調しておくが、事象である。つまり社会や組織システムでも、夢を見たり、出来合い《プレ・タ・ポルテ》の症状や神経症的な神話を生み出したりするのだ。なぜなら制度とは、人間主体たち、言葉を話す病んだ欲望の主体たち、ラカンがまったく正当にも述べたような、言存在（parlêtre）たちに語りかけるものだからだ。わたしの講義の務めとは何よりもまず、「かのように」の重要性と、フィクションの役割を理解してもらうことだ。それは肉体も含めた人間の再生産に不可欠の役割なのだ。われわれが直面しているのは諸テクストの

組立《モンタージュ》なのである。

文書の産業的蓄積、文字の信仰、まれに見る文字とテクストの場である官僚制などについての、かつてわたしが提起した問いを、ここで再び取り上げるつもりはない。西洋におけるテクストという概念は、少なからず魔的なこのシニフィアンを対象とする膨大な研究が指摘するよりはるかに曖昧なものなのだ。たとえば、特に公証人の方面などで諸文書の真正性承認という法手続に何が含まれているのかを知るべきその要所で、諸々の法的産物がいかに軽々しく扱われているかを考えてもみよう。それにまた、精神分析がありながら、さらにはテクストや文書の記念碑的ステイタスや文字の古文書的永続性という――いわば生まれつきの――発想に縛られた単純化からは距離を置こうとする幾人かの努力にもかかわらず、社会科学や人文科学は次のような疑問をほとんど相手にすらしない。「空中に字を書くことはできるだろうか、子供がやるように」、「または中国の伝統に即して」と付け加えたほうがよいだろう。こんな疑問を提起するのも、文字と儚《はかな》さとの関係についてのわれわれの無頓着さを注意しようとしてのことである。

なぜここで儚さが出てくるのだろうか？　制度との関連でわれわれが関心を向けなければならない伝達とは、物体の伝達でもなければ、言説――この言説がメッセージの内容を意味するとして――の伝達でもないという考え方は、なかなか理解してもらえないからだ。歴史学の学究が得意とする諸事象――繰り返しておくが、事象である――が問題であるとはいえ、この伝達とは、歴史的ではあっても、内容の伝達ではない。われわれの関心は内容にあるわけではないのだ。厳密に言って伝達されるものはないのであり、それは〈無〉であるとすら言えよう。諸々の条件や環境、歴史的正当化などが姿を消して役に立たなくなったときにこそ、伝達はもっとも直接的にわれわれの関心の対象となる。重要なのは抜け殻や脱ぎ捨てられた衣であり、つまり内容ある言説としての真理ではなく、機能としての真理なのだ。

〈主体なきテクスト〉が意味するのは、制度の歴史が象徴的な伝達の論理すなわち主として法的な伝達に依存しているということである。問題となるのは〈法〉の組立《モンタージュ》であり、ある特定の文化内で種が種として再生産するためのものであるこの〈法〉の組立《モンタージュ》は、何らかのやり方でこの〈テクスト〉を色づけしている。歴史のなかには構造（建築に関わるラテン語の意味での）があり、したがって歴史の外部とも文化の外部ともみなせない産業システムのなかにも構造があるとすれば、それはつまり何ものかが凍結されており、われわれはこの凍結を考慮に入れなければならないということである。言いかえれば、諸々の力線や進化の枝分かれ（たとえば中世と近代の二つのスコラ学）、混淆や分岐点（たとえば産業化の効果によるもの）の認識は可能だが、逆らいがたい以下のものを取り除くことはできないということだ。つまりそれは西洋において産業的な法のメカニズムを、諸制度における〈理性〉原理とみなされるローマ法の歴史に結びつけている、論理的関係のことである。歴史の織物のなかからサンプルを採取して、ある歴史に固有の機能形態を培養することは可能だ。だがひとつの文化の伝播としての産業の伝播の論理を、連続するいくつかの段階の並置などに還元することはできないのである。

　では次の指摘に移ろう。

　――〈主体なきテクスト〉とは、以下の事実をわれわれが研究するのに役立つ操作概念である。すなわち、各組織システムはドグマ学的なトリックによってある言説を展開しており、この言説はシステム――われわれはそのなかでそれを信じている――の言説として機能するという事実だ。このテクストはどの主体のものでもない。国家とはこの観点から、たとえばホッブズがリヴァイアサンという怪物を参照しつつ語ったような、神話的な様式のトリックでできた隠喩《メタファー》として扱われるべきである。

　――詩や芸術は〈テクスト〉のなかにある個々のテクストとして扱われるべきだ。これらのテクストはそこでフィクションの主権への準拠を表象しているのである。これはスコラ学の素朴さにまだごく近しかったころの芸術家たち、とりわけペトラルカが、詩人の役割（officium poetae）を定義しつつ巧みに述べていたことである。

——あらゆる組織システムには、諸々のテクストを序列化する原理が存在する。このシステムにおいては、すべてのテクストが〈法〉についての諸々の知の体系《エコノミー》に対して平等であるわけではない。あらゆる知がそれに依存する〈法〉というものがあるのだ。このため歴史学の学究により明るみに出される諸々のテクストを、（種の再生産についての言説の見地から見た場合）同じ土俵で扱うことはできない。この点については西洋の法律第一主義を紹介する際に詳述することにする。法律第一主義は信用をもたらす諸テクスト、つまり〈法〉の法律学に準じて信じる者たちを作り出す権限をもつ諸テクストに、直接関係している。〈テクスト〉を大文字で書くのは、諸々のテクストをすべてうちに含む理念的なファイルのなかでそれらのテクストを差異化する原理のことを言い表そうとしてのことである。

——わたしの理解によるローマ法の歴史の観点から見れば、〈主体なきテクスト〉は父性原理を通告するのであり、それ以上でも以下でもない。後ほど見るように、このことは征服システムたる産業システムの再生産についての重要な帰結をいくつか含んでいる。

——この〈主体なきテクスト〉という概念を例証するには、西洋の伝統のなかに参照項がある。紋章学がそれである。ひじょうに特殊で研究の行き届いていない、この西洋の法律第一主義の一分野においては、どんなことが問題となっているのだろうか。主として、まなざしによって系譜原理を通告することである。それは真とはどういうものなのかをエンブレムを用いて子孫たちに言明することでなされ、そこでの真は偽造罪（crimen falsi）という刑法の規則により法的に保護されている。このすぐれてドグマ学的な知は、中世の西洋で組織され、今日われわれが目にするような形のものになった。[14] 図版5を参照のこと。これはボロメオ家（ボロメオ家の分家、ここではボロメオ・アレゼ）の紋章であり、家訓である謙譲（Humilitas）が戴冠している。その貴重な構成のなかで特筆すべきは、数学者や近年ではJ・ラカンの教えにより精神分析家にもよく知られるところとなった、かのいわゆるボロメオの結び目が含まれていることである（実際のところ三つの環はひじょうに古い神秘主義の言説に由来している）。この紋章のなかにこそまさに〈主体なきテクスト〉の実例がある。というのもこの紋章はあるひとつの家系のために伝達されるものであって、それがある一人の主体――ボロメオ家の言説構造における相続人という資格で、名の所有者としてみずからの称号を援用する後裔の各人――のテクストだと主張することはできないからだ。国家のレベルでも同様のメカニズムが働いており、ローマ・カトリック教会もまた同じようにこの手法を巧みに使いこなしていた。アンシャン・レジームのフランスの著述家たちは、真理を示し、その真理を組織原理として機能させる紋章学を、英雄学（la Science Héroïque）[15]の一言で言い表していた。それこそまさしくここでの争点である。

――限界を設定する〈法〉――つまり父性原理――を思い起こすのを忘れなければ、〈主体なきテクスト〉という概念は、諸テクストつまり諸言説を差異化する原理が、システムの核心において合法的な諸空間の政治的・神話的な差異化をも成し遂げていることを理解する手がかりとなる。ボロメオ家の紋章はコード化した謎という形の言説を提起し、紋章学がそれを解く鍵を与える。この言説が帰着するのは名祖《なおや》たる祖先、名を与えた者である。紋章が指し示すのはこのような英雄的で聖なる空間であり、この空間には同種の空間すべてと同じ地位を認めることができる。同種の空間とはつまり、権力――絶対たる権力――の真理が神話的に住まう厳粛な空間のことである。こうした観点から見れば政治的美学とは、法的な知、あるいは真理の例証という内実と価値を備えている。真理とはこのようにして姿を現すのだ。ソビエト的美学の構成はこの点でひじょうに興味深い。なぜならソビエトのアカデミズムは、諸々のエンブレムを用いて、名祖の言説を繰り返すことだけを目指しているからだ。ボロメオ家の例で、われわれは戴冠した謙譲を目にした。ソ連では、レーニンや十月革命と並んで、プラウダ（つまり真理）が飾り立てられ、この党の機関紙の読者は毎日それを目にすることになるのだ。写真の氾濫――それがいつも凡庸であるこ

図版 5

図版 6

との秘密はソビエト・プロパガンダのうちにある——を手がかりに、写真に撮られたエンブレムの機能にも着目しておこう。これらのエンブレムもやはり、集産主義を誇示する陰影画法のなかで、英雄的な祖先への準拠として作用している。一九八二年刊行のソ連大百科事典（二七二—二七三頁）に収められた、新手の紋章であるこの写真（図版6）のタイトルは、「V・I・レーニン冶金コンビナートの高炉、マグニトゴルスク」である。資本主義の西洋でも、広告を研究してみれば、われわれはそこに同じ論理の働きを見出すことだろう。

——絆の問題、それに主体の秩序から政治の秩序への移行に関係する法的投資の問題との関連で、われわれは再び〈主体なきテクスト〉の概念を見出すことになるだろう。予備考察をまとめている段階の現時点で強調しておく必要があるのは、フィクションとその役割の、とりわけ芸術にとっての重要性である。この重要性はあちこちで論じられていてもよかったはずだ。法の作り込みは、われわれが芸術と呼ぶものと原理的にはひじょうに近いのである。悲劇のテクニック——このテクニックについては、たとえば時間的技巧に関して、優れた研究がいくつかなされている[16]——についての考察が、法的な構造空間——あるいは法的空間そのもの——と呼ぶべき本質的な何かについての考察でもあるのはこのためである。同時にこの悲劇のテクニックという参照項は、制度システムの背後には筋書のような何かが働いていることを理解するための手がかりともなる。こうした参照項をしっかりと頭に入れておけば、この講義のなかでの、供犠についてや、愛国的真理、〈大義〉の真理などの名においてなされる殺人や自殺について、それに社会システムのレベルでの母性（Muttertum）と父性（Vatertum）（これは後ほど詳しく扱う）についてのわれわれの問いかけも、より身近なものとなるだろう。

第四章　註解による世界征服

最後の項目をこれにしたのは、言説の分割の原理について熟考を促すためである。この原理は今日では見失われてしまっているが、テクストと註解との古典的な分割は、産業によって混乱をきたしているがゆえにこそ、徹底した再検討に値するのである。メッセージのドグマ的エコノミーに帰せられる論理が、資料の情報化によって失効することはないのと同様、マネージメントやそれを助長する知の世界的拡大によって、それと競合する諸宗教が消滅することはありえない。競合する諸宗教と記したのは、わたしが重要だと考えるひとつの見解を浮かび上がらせるためである。つまりそれは注目してもらいたいある事態の見取りである。

産業の伝播は不可避的に宗教的な手法をとる、というのがその事態の要約である。神話的手法またはドグマ的手法と言っても構わない。だが宗教への言及は、この先の議論で活用することにして、ひとまずは留保しておこう。ご承知のとおり、〈産業教〉とは、わたしにとって軽はずみに使うことはできない表現なのである。

手短にいくつかの指摘をしておく。

一、テクスト／註解の分割を、註釈者たちの分析の発端にある〈書物〉の霊廟を研究する場合のように考えてはならない。科学的に管理される支配的な産業システムのレベルで、こんなモニュメントを発見したつもりになっても無意味である。ローマ・カノン法の膨大な集大成そのものすら、諸国家が再包囲し分類した無数の近代的派生物を合わせても、現代の法的テクストのごく一部にしかならない。しかもわたしがいつも言っているように、今日では新種の法学者たちが、ドグマ的地位についた社会科学を用いて、自覚のないまま法律第一主義の練成に関与し、その姿を近代化しようとすらしている。

二、また註解という概念を、われわれが受け継いできた諸概念に即して理解してはならない。古代に例をとれば、五世紀のローマ皇帝たちは、引用すべき優れた著者の序列を定めて引用を統制し、その著者たちの意見が論争においてつねに優位に立つものと定めていた（いわゆる引用法、四二六年）。問題となるのはこのように簡単に見極めのつく概念ではなく、われわれはひとつの現象を同定しようとしているのだ。諸々の管理経営的な知は註解という資格で伝播する。なぜならそれらの知は、真理とはみずからの外部で合法的に設置済みのものだと考えているからだ。たとえばマネージメントの雑誌やコミュニケーションおよび行動科学に関する仕事に代表される、多大な文献のなかからサンプルを採取するという手順をとることがここでは求められる。法的事象（ここでこの語に付与すべきひじょうに広い意味での）とは、法律家——彼ら自身伝統的基準で定義される——によって定義される限定的なコーパスのなかにのみあるのではなく、いまでは政治やイデオロギーの方面にもある。言ってみれば、われわれが知っている表向きの法権利とは、法権利の一部分でしかないのである。

三、以上のことによって作業はきわめて複雑になるが、ひじょうに興味深い現実に直面することにもなる。産業システムは註解によって戦争を繰り広げている。それはイデオロギーではなくドグマである。だからこそ産業システムは道すがら他の諸々のドグマに出くわすのである。われわれが考慮に入れておかなければならないのは、「暴力とは何か」という問題が今日ではわかりにくくなっているということだ。管理経営的な平和とは、ひとつの戦争、それも宗教的征服という強い意味での戦争なのである。いわゆるコミュニケーション科学が管理経営によって動員されるときには、ひとつの大義によって動員されているということも、この指摘によりわかりやすくなるだろう。世界的交流にあっては、ある大義と別の大義の値打ちは同じであり、すべての組織システムが生存を賭けて闘争している。しかし生き延びるための武装はどれもが同じように行っているわけではない。産業諸国が遭遇するのは経済学者が国際競争と呼ぶものだけではなく、とりわけイスラームのような産業的ではない諸宗教にも出くわすのだ。これこそ重要な考察——当惑、と言いたいところだ——のテーマである。

第Ⅰ部　ドグマ的機能研究の争点

ごく簡単なひとつの定義を指針としよう。ドグマ的機能とは、あるひとつの社会において、生物学的な再生産〔繁殖〕の機能を基礎づけ、演出することである。つまりそれは生と死の理由に意味を与えつつ、制度という手段で人間の大義を支えることである。

では制定する（instituer）とは何のことだろうか。ドグマ的問題とはこの問いを中心とする一連の問題のことである。ここまでたどってきた見方からすれば、すでに思い当たることがあるだろう。つまり、制度の任務とは人間たちを生み出し、彼らを死まで導くことである。それはわれわれ各人とすべての組織が服従に関係しているということでもあり、制度（institution）――無造作に用いられるこの語は、西洋の法的伝統がローマ帝国の法から援用したものである――と名指されるこの奇妙な社会的知が、その服従を取り扱いつつ見えにくくしているのである。制度とは政治と不可分の論理的な場を意味しており、その場には生にとってすなわち生の再生産にとってきわめて重要ないくつかの争点がかかっている。

第一章　産業組織の日陰地帯

産業体制下におけるドグマ的問題への接近が困難なのは、そうした問題が生じないことになっているというごく単純な理由のためである。このためドグマ的問題は原則的に、方法論の定まったいくつかの経路や、文化という一見凡庸なものを参照しながら引かれた常道を通ってしか、接近できないことになっている。

注目に値する警戒ぶりである。一般的見解によればこの問題は図式的に二分される。一方には、高い尊敬に値しまた尊敬されてもいる、いわゆる信仰の言説が君臨している。キリスト教の諸伝統において、ドグマという用語――ギリシア語起源でひじょうに複雑な含意をもつ用語――は、まさしくこの信仰に関して用いられてきた。これと意味的な連関の対極に位置しているのが、ある意味では前者の裏面をなす第二の言説である。この言説は、ドグマに対する雪辱戦として、慈善と社会愛の信奉者《パルチザン》たち――つまりわれわれすべて――をドグマ的政治との恒久戦争に召集している。これは一般的には、現在の分類用語では官僚制と規定される組織装置の拡大と（少なくとも東欧で整備された立憲システムをほのめかすことで）関連づけられている政治だ。つまるところこの二つの言説が、この呪われた問題への、全面的に承認された適法な入口であり、これ以外に道はない。

この図式は何を意味するのだろうか？

今日のわれわれの順応主義は、いくつかの厄介な問題に対して、以前ほど盲目的でないのは確かだ。通念は自分の望みが何なのか、はっきりとわかっている。つまり整理ということだ。われわれは知と文化に関する物事が、何らかの方法でできるだけ間違いなく整理されることを求めている。ものはそれぞれ所定の位置に。こうしてわれわれはドグマが神の専売特許であると決めつけてしまうのだ。

つまり右記の図式は、われわれの社会的な整理の仕方を明るみに出しているのである。先の二つの領域を比較してみることで、よりいっそうの利益が得られる。神的な事柄や宗教的と分類された知の領域では、ドグマについての科学が洗練の度合いを高めて、無尽蔵の学識を頼りに基本的な神学命題に繰り返し磨きをかけている。その一方で政治的、官僚的などの諸々のドグマは、口さがない文学の標的とされている。だがこうした文学とて、権威のあるものに準拠するというきわめてドグマ学的なスタイルから自由になっているわけではない。こうしてカフカを筆頭に、オーウェルやその他の高名な小説家たちの名が繰り返し唱えられることになる。しかし反官僚制の世界十字軍にとっての法律顧問のように引用されるこの絶望の英雄詩人たちも、やはり誤認された知識人、つまりわれわれが聞く耳をもたないある科学の専門家なのではないだろうか。言いかえれば、カフカやオーウェルの科学性を否定し、文化主義的言説の居留地に彼らを抑圧しておくことで、われわれは彼らが口火を切った考察を恐れて、無理にでもそれを食い止めようとしているのではなかろうか。

カフカやオーウェルは、諸々のドグマ学のプロセスを露呈させることに関してはきわめて進んでいた。たとえばオーウェルは『一九八四年』のなかでこう述べている。「あらゆる歴史はいくらでも書き直しのきく羊皮紙であった。最初の文章をきれいに削り取り、必要に応じて自由自在に重ね書きができるのである」[9]。神秘家や、中世カノン法学者の方法を記述する法制史家の口から出てきても不思議ではない発言である。著者自身としてはただ単に、社会的ないかさま術を描写しているにすぎない。

ドグマ的問題に関係するのはこうした博打場であり、真実のつかみ所のなさであり、絶対的正当化や権力の神格化に関わるような何かである。この根源的な賭博は、どんな社会も逃れることのできないある論理に従って機能しており、その論理を語るには、承認された知の側のもっとも学識に富んだ手口が必要である。

だとすれば、問うべきことははっきりしてくる。産業システムはドグマ的問題をどう整理しているのだろうか。すでに見たように産業システムは、この問題を科学の領域から排除するという整理によってうまく切り抜けているのである。

まさにこの整理のことをわたしは日陰地帯と呼んでいるのだ。それはつまりあるプロセスの総体であり、そのプロセスによって産業組織は、明示されずに誤認されて機能する諸目的のために、ドグマ的問題を隠蔽するだけでなく、科学の対象からその問題を除去しているのである。これはあきらかに重大な指摘である。というのもわれわれは、超科学的なわれわれの社会において、奇妙なメカニズムが働き、ひそかにそして言うなればわれわれの知らぬ間に、知ることの禁止を働かせているのではないかとの疑念を抱いているわけだから。

ここでのわたしの課題をはっきりさせるために、諸々の組織を問題にするときのわれわれの問いの立て方を振り返っておこう。われわれは策略を弄し、事実を素直には問わずに、あたかも産業体制下の生の人間的な複雑さのすべてを知ってはならないかのように警戒している。ある方向に沿って問いを進めるわれわれは、何らかの歴史的土壌に根づいているが、他の土壌と同じようにこの土壌にも規範化した真理がある。この真理はまずほのめかしとして機能し、生を耐えうるものにしている。こうして何らかの問いの立て方が定着し固定される。この問いの立て方は何でもよいわけではなく、簡潔に言えばそれは今日ようやく構築され終えた科学的言説と緊密に結びついている。ようやく構築されたとはつまり、その途上で数多くのもの、とりわけ法的組立《モンタージュ》というものを切り捨てた後だということである。

誰もが気づくような一目瞭然の策略である。つまりそれは法的組立《モンタージュ》の社会的重要性を見損ない、この組立《モンタージュ》を一種の閉ざされた科学のうちに押し込めるというものなのだ。法学とはごみ捨て場であり、法学者という、あらゆる合法性――表向きの合法性と言いたい――の専門家たちは、明け方のごみ収集人である。彼らが通りすぎればきれいさっぱり、あとは話題にもならない。ドグマ学的な臭気を放つのを免れない諸言説を、清掃しリサイクルする役目を手際よく身につけた法学者たちは、当然のことながらひとつの閉じた世界を形成して自給自足にいそしんでいる。彼らにはまったくの内輪向けの哲学者や社会学者、さらには人類学者までもがそろっているのだ。

こうした誤認は、それが包み隠している争点の大きさに見合うものである。諸々の法的組立《モンタージュ》が重要であるのは、それらがドグマ的問題を告知しているからだ。それらは告知するばかりでなく、産業システムがその問題を省略できないことをも示している。思い起こさなければならないのは、諸々の組織における生が、方法はどうあれ必ずこの問題を経由しているということであり、また法学者とは、それ自体が日陰地帯の一部をなすようなメカニズムの代理人だということである。しかも新たな社会的規範化のテクニックが進歩し続ける一方で、情報処理の流行と結びついた絶対記憶の幻想によって息を吹き返した科学主義の効果などのために、日陰はますます濃くなりつつある。科学による社会の統治も統治の一現象であることに変わりなく、それに情報化とは政治的にはいまだに、アンシャン・レジームの公法学者の用語で言う〈兵器（Engin）〉であることに、われわれは気づいていないのである。こうしたことすべてがドグマ的に進行して人を操るということ、それを認めるのが問題にもならないのは、科学主義の諸理念がそれを妨げているからだ。このことを認識するのにうってつけの示唆的な事例に注意を向けておこう。諸々の法的ドグマ（juristische Dogmen）への参照は、少し前までドイツのあちこちの大学の研究プログラムに掲げられていたのに、いまでは消滅しつつある。ドグマという用語は、ドイツにおいてすら要らないものになりつつあるようだ。「ドイツにおいてすら」と言ったのは、ほかならぬそのドイツにおいてこそ、ローマ・キリスト教帝国の文化に関係する歴史的・政治的な諸理由により、法の宗教とわれわれとの死活的な絆が、きわめて効率的に組織された学究装置によって徹底的に磨きをかけられてきたからだ。

どうやらわたしは、見たところひじょうに奇妙な表現を口にしてしまったようだ。ただ、それが奇妙にみえるのは、われわれが世俗精神――曖昧ではあるが、キリスト教が法学者の手を借りてみずから作り上げた合理主義的言説にとって本質的な、中世末期に広まった概念――を受け継いでいるからである。しかしどれほど奇妙であろうと、この表現の真理の重みが減じることはない。この表現は産業システムという建造物において、われわれが真理を位置づけている論理上の場所を指し示すものに関係しているのであり、諸々の制度はこの真理から組み上げられるのだ。

この「法の宗教」という表現に、しばし取り組んでおこう。つなぎ合わされたこの二語に問いを向けてみよう。つまり宗教とは何か、そして法とは何なのか？

十九世紀以来、A・コントに始まりE・デュルケーム、L・レヴィ＝ブリュル[10]やC・ブグレら[11]（われわれが多くを負っている著述家たち）の後継者に至るまで、法の宗教的起源に関する考察を積み重ねてきた歴史社会学的な学識に助けを求めるというのが、最初の順当な反応だろう。だがこれらの考察は、西洋の法律第一主義の歴史とはうまく結びついておらず、とりわけいわゆる「未開」社会に直面した産業時代における〈科学〉の政治的な礼讃という方向できわめて効果的に骨抜きにされているので、ドグマ的なものの反復を問題にしようとした途端に役に立たなくなってしまう。この領域では、諸々の定礎的テクストが構造の非時間性のうちに書き込まれているのであり、それは社会的年代記の単なる物証ではない。わたしが「法の宗教」というこの表現の二語を、伝統的で不変のコーパスであるユスティニアヌスの編纂物とその註釈とに差し戻すのはこのためである。これらのテクストは、たとえその諸命題が過去の歴史的時代のものとして学識に埋もれてしまっていても、産業システムにおける太古からの〈恒常性〉においてはつねに変わらず雄弁であるのだ。

ヘルマン・カントロヴィチがロンドンで発見した草稿中にある、初期スコラ学者のひとりG師の手になる定義はこうである。

「宗教とは、管理と畏怖とを引き起こす霊験である」[1]。

写本を自在に書き換えて本来の意味を現代の考え方に同調させてしまう手合いの学統には属していないので、わたしはこの定義を字義どおりに受け取っている。G師の原典の研究からも明らかなように、この定義は後代に簡略化されたキケロの断章の変奏である。G師は件の管理が神に関係するものだという指摘を削除してしまった。キケロ時代のローマの神々の後継者である神は、ここでは暗示的なものになっているのだ。書き落としであれ何であれ、明示的な準拠が不在であることは、われわれはそれなしでも十分にやっていけるが、神性はなおもまだ場所として論理的に機能していることを示唆している。それは管理への配慮（cura）と、社会的結合の儀礼的な練り上げ（cerimonia）が触発する崇拝のよってきたる場所である。言いかえれば、ごく地味な部類の註釈者が何気なく記したこの短いテクストにより、われわれ——理論の狂信者たるわれわれ——は偶然にも、この言説の対象である宗教が抽象的な指標としての価値を帯び、あたかもそこに神は不在であってもよいかのようになるという言説の作用を目の当たりにしているのだ。

続いて法という概念である。法とは何だろうか?

このありふれた問い——産業主義的論理のための過度に政治的な論争を、残念なことに隠れて交わす法哲学の会議の好物——に対する、われわれの無尽蔵の倉庫の番人たるラテン法学者たちの答えは、「法とは名である」というものだ。となると、問いはもう少し先に進む。この名はどこからやって来るのか? 法学者ウルピアヌス[12]（紀元二世紀）からの引用で、ユスティニアヌス『学説彙纂（ディゲスタ）』の巻頭を飾る著名なテクストの冒頭部を、一字一句読んでみることにしよう。

「法に従事しようとする者がまず最初に学ばなければならないのは、法の名がどこに由来するのかである。それは正義という語と一体をなしている。ケルススの真正な結論によれば、法とは善と衡平の技術であるからだ」(一・一・一)。

ウルピアヌスはさらに議論を発展させ(断章一)、法学者の仕事を要約する事柄、われわれなら二項分割の原理と呼ぶであろう、区別する知(平等/不平等、合法/非合法など)の仕事について述べている。以下がこの一節の導入部と結論である。

「だからこそわれわれは聖職者と呼ばれる。つまりわれわれは正義にいそしみ、善と衡平の学を講じるからである。……われわれが熱望するのは哲学、それもわたしの思い違いでなければ、真実の、うわべだけではない哲学である」。(2)

これこそが法の理論の核心である。法の理論はそのもっとも根本的にして不変な点において、倫理の基本的な諸命題と、さらにはそれらの命題の彼方にある真理の問題と、必ず結びつくのである。ius-iustitia〔法‐正義〕というラテン語の語呂合せは、法と美徳の分節を働かせることで、骨組の学というものをはっきりと打ち出している。それはつまり、骨組の瓦解や諸々の法的産物の崩壊、区別する知のうちに自動的に機能している仕事の崩壊から、われわれを保護し保証する学である。言いかえれば、叡智に問い質し、法を叡智としなければならないのである。そもそも「叡知」とは『学説彙纂』の別の箇所で用いられている語である。「もっとも神聖なものは、市民法の叡智である」(五〇・一三・一五五〔res sacratissima civilis sapientia〕)。われわれの断章はここで、哲学、それも真についての問題をうわべだけで提起することはない哲学に助けを求めている。

では産業システムを生かしている伝統に属する法学者たちから見て、真についての問題とは何なのだろうか。伝統自身によってそれに答えることができる。つまりそれは人や物の出所を示す場所の副詞 unde によって提起される問題なのである。

Unde ?〔どこから?〕これは絶対的な政治問題であり、同時に優れた神話問題でもある。なぜならそれは真をめぐる諸問題が場所をめぐる諸問題でもあることを示しているからだ。

次の補足は、ここでのわたしの短いテクスト註解にとってきわめて重要である。ユスティニアヌスの法典に由来する諸命題に力を与えているのは、註解者たちの Unde ? の問いへの取組みである。彼らはこの問いに取り組みながら、並外れた言説の形で、つまり類まれなトリック——われわれはそこにドグマ学の奇妙な論理を認めることになる——によって、真と文書《エクリ》とを結びつけているのだ。もう少し踏み込んで言えば、真は「書いてある（c'est écrit）」と同等になっているのである。書いてあれば何でもよいわけではなく、その出所が Unde ? という絶対的な政治問題と関わる場所であることを証明できる文書である。ドグマ的文書とは資料でもなければ、情報の運び屋でもなく、主体と客体とを短絡的に切り離しがちなマスメディア理論——一見科学的な理論——が言うところの媒体でもない。ドグマ的文書はその宛先人すべてと、血と肉になるまでに一体化しているのである。これは厳密に受け取ってもらいたい。血と肉となるのであり、血と肉であるかのようだと言ったのではない。「書いてある」が出現するのは「かのように」の次元ではなく、問題となるのは融合や狂的な絡み合いなのだ。マスメディア理論はそのことを忘却している。「忘却」を強調しておこう。それは社会的な誤認能力の発揮だからである。メッセージの暴力によって主体を占領するこの近代的陰謀については、いずれ立ち返る機会があるだろう。ここでは伝統的なドグマ的テクニックのみにとどめておこう。つまりローマ法の法システムは、どのように狂的な絡み合いの力を借りていたのか。

それを媒体に乗せることによってだ、というのがわたしの答えになるだろう。みずからの機能と再生産のためには、狂人をではなく、理性的で、節度はあっても欲望できる主体を作り出さねばならない制度システムなら、どれもがそうしているように。そこで作用するのは、〈理性〉という社会的理念である。この指摘が社会における父性原理や基本的な政治手続の方面へと考察を導くものであるのは、いずれおわかりになるだろう。ここではただスコラ学の註解者たちが、われわれのヨーロッパ社会にとってありがたいことに、肝心な点を完璧に掌握していたことを指摘しておこう。つまり彼らはローマ法を書かれた〈理性〉(Ratio scripta) と呼ぶことで、〈理性〉への準拠を堂々と打ち出していたのだ。ローマ法とは、それが帝国のものであれキリスト教的なものであれ、西洋人にとって〈理性〉の制度を意味するのである。

法の宗教——相続人たるわれわれは、その人質であり年金受給者でもあるが——とはしたがって、〈理性〉の宗教という姿を呈することになる。スコラ学以来蓄積されてきた諸々の貴重な法諺は、ある特定の時代や連続した諸段階のなかで、ローマ法の卓越した位置を示さんがための洗練された語り方といったものではない。われわれにとってそれは認知すべき記念碑《モニュメント》である。だが、社会学や人類学は、十分明らかにされていないが歴史的には根拠のある動機のために、いまだにそれに取り組むことができていない。ローマ法が吐き出した一連の用語のなかの勝者である〈理性〉は、ひとつの文化により支えられている。ただしこの文化という語を、註釈学者自身の理解していた字義どおりの意味で受け取れば、それは野蛮(3)ということであり、こうして産業システムは人類の偉大な神話のひとつに分類されることになる。それが宗教的なものについての無知を前に安易な論の展開をする議論——特にR・ジラールが行ってさもありなんの成功を収めたような、ユダヤ・キリスト教を別物扱いすることに懸命な議論——の火種になるからといって、驚くにはあたらない。

最後に歴史的な指摘をしておこう。産業の拡大は、地球全体の改宗という現象と切り離すことができない。何への改宗だろうか？　われわれがそこで再発見するものこそまさしく、即座に使える思想の歴史、つまり西洋にとってのローマ法というすばらしい道具の歴史なのである。だがそれを理解するためには、デュルケーム時代の社会学者とは対照的に、ローマ法の歴史全体を考慮に入れる必要がある。彼らには法権利の歴史的空間を構造的空間とみなす準備がなかったが、この考え方は、ある〈理性〉の言説がキリスト教を経由して反復するという問題設定を結果的に必要とする。Unde?という問い、つまり〈法〉の何たるかを構造の水準において知るという問題を扱うスコラ学的言説の論理は、ローマ帝国を真理の帝国として打ち出すことを可能にした。産業の問いは論理的には以下のように表現される。非産業人たちをいかにして産業の真理に改宗させるか？　このような改宗はいかにして生じるのか、またそれはどこまで及びうるのか？　これらに関して考えるべきことは山ほどある。なぜならムスリム社会やアフリカ社会の一部で目の当たりにされているように、産業への改宗が不可能に突き当たったり、改宗後の社会が身を投じる、管理経営的用語で言ういわゆるパフォーマンスが、たとえば日本などで、見境いなしの西洋社会の理論家たちには分析しがたい謎となるなど、いくつかの問題は完全に逆転するところにまで進行しているからだ。日本人の信仰を描いて物笑いの種としたイエズス会士の神学者ポセヴィナス（十七世紀）[4]と、日本的経営を女性的だと論じ、できればそこから教訓を引き出そうというマネージメントの理論家B・ブルース＝ブリッグス[5]とは地続きであることを教訓としてほしい。そろそろわれわれは、宣教師や企業お抱えの心理・社会学者よりも少しは近くから、近代性のドグマ的な基盤を目指して、西洋的産業主義の元手に目を向けるべきではないだろうか。読者にはぜひともそのために骨を折ってもらいたい。

ドグマ的現象は、歴史学や人類学によって見出された古代社会すべてと同様に、産業体制の核心にも関わっている。しかしこの問題を認識するのはひじょうに困難であるため、言うなればわれわれは争点の重大さに気づけば気づくほど、それを忘却しようとする動機のほうもますますもっともらしくなるのだ。われわれの社会では、組織化の装置の力は、ドグマ的現象をできるかぎり徹底的に誤認することと結びついている。なぜならこの力は科学と結びついているからであり、そして科学とは単に財政投資や技術的達成の問題ではなく、われわれを魅了しなければならないからだ。

景気づけにはならない話はこれくらいにして、われわれが探索している日陰地帯に関する重要な点のいくつかを詳述していこう。

1　ドグマ的現象は説明の情熱を挫く。この現象はまず美的に顕れる

ドグマ性の諸案件に立ち入る方法は、思いもかけぬ手近なところにある。つまり権力を提示するための社会的なテクニックを観察してみればよいのだ。われわれが権力（pouvoir）と呼ぶもの（これもまた註釈学者たちが意味を練り上げた、potestas に由来する語である）は、けっして単純には提示されない。それには包装や仮面、仮装やショーケースが欠かせないのだ。つまり、語の本来の意味での典礼（liturgie）が必要なのである。

典礼とは何か？　今日では貶められているこの用語にまつわる通俗的な見解は相手にしないことにする。むしろ望ましいのは、アリストテレスの指摘である。

「動物で最初にはっきり認められる典礼は、口によるものである」（『動物部分論』二・三・八）。

おわかりだろうか。あっけにとられる言い方である。というのも、組織についての科学――それ自体行動科学との結びつきを強めつつある政治学の一分野――が、言うまでもなく行動主義的な観点から、すべてを説明しつくして何ひとつ闇にとどめまいと努める際の頼みの綱である、合理主義の裏をかいているからだ。提起されているのは、口の問題や口が社会に引き起こすことの問題なのである。だがいまではわれわれは、社会的な規模で一種の巨大な口を作り出しその口に語らせるという基本的な機能に、もはや正面きって立ち向かおうとはしない。社会的言説を問題にすることなら受け入れられてはいる。だがこの言説に確かさを与え、まさにひとつの口から発された言説で

あると認めさせているのは何なのか。われわれが幻聴を耳にしているのでないとすれば、つまりわれわれが狂っていないとすれば、この言説が誰かに語られたものであるかのようになるために、何らかの組立《モンタージュ》が働いていなければならないのだ。言いかえれば、合理主義はここでフィクションの次元に躓くのである。

権力とは気取り屋であり、ものものしく言挙げする。なぜなら権力とはその提示の仕方と不可分だからだ。権力は分節されなければ、つまり語られなければ、考えることも把握することもできず、結局のところ機能しないだろう。しかしどんなことばが問題となるのか？

典礼の概念に立ち返ってみよう。その語源は、ギリシア語におけるこの用語の多様な用法と相俟って、諸々のドグマ的練り上げに肉薄するためには欠かせない重要な要素を垣間見せてくれる。それは、λεῖτος（*leitos*）と呼ばれる準拠とともに成し遂げられる仕事という観念である。この形容詞〔leitos〕は公的（public）と訳されることもある。だがこのような翻訳が受け入れられるのは、ラテン的法律第一主義が「公的」という語に与えている、かの謎めいた荒々しい意味をここで重視するという条件のもとでである。「公的」とは、「私的」と対照をなして、純粋状態の合法性言説が発される空間を定義するものである。「純粋状態」と述べたが、スコラ学的な公的空間の規定に準じれば、それを「永遠の」と言うこともできる。公的なものとは、汚れなく純粋で、けっして死なないものなのだ。最初は註釈学者の間で職務の連続性を述べるために発達したこれらの用語表現は、社会的言説が、神々のみが匹敵するような絶対主義的な位置にあることを教えている。典礼の本質的な役割とは、この位置を画定すること、つまり上位にある天上の神的な物事の陣地を印すことである。権力が語るための場であるこの陣地を刻印することから公的言説は作用し出し、ある種のやり方——人々を純粋な合法性に参入させるやり方——で人々に語りかけ、λεῖτος（*leitos*）と形容されるひじょうに奇妙な仕事を成し遂げようとするのである。

典礼とはつまり、権力の主体たちを合法的に到来させる役割をする。それが典礼の仕事であり、またこの仕事のおかげでわれわれは、ドグマ性の諸問題へ近づく手立てを得られるのだ。こうした事柄は、寓話的言説――つまり非合理主義的で、われわれが通俗的かつ短絡的に思い浮かべるような科学的合理性から解放された言説――が展開される場である神秘的な陣地に引きつけなければ、理解することはできない。

われわれが考察すべき寓話の言説とは、コミュニケーションのプロセスとして特筆されるものである。言いかえれば、ドグマ的問題とはその性質からして、目下のところわれわれの超近代的な社会に君臨している、メディアと呼ばれるものにまつわる単純な考えを役立たずにしてしまうものなのだ。ここでもまた語源が本質的な示唆を与えてくれる。公的な仕事――典礼（liturgie）の語源である λειτουργία（leitourgia）――とはここでは、宛先のあるメッセージに関する問題だと定義することができる。つまりそれはメッセージの回路のことだ。典礼を支えるのは、専門用語がここで人民（peuple）――メッセージとの絡み合いに巻き込まれている――と呼ぶものである。典礼は人民を召喚し、人民、つまり λαός（*laos*）（leitos という形容詞はそこからできた）という、権力の敵であれ味方であれ合法性言説に関係するすべての者に、すなわち全員に語りかけるのである。ラテン・ヨーロッパの尚書局（chancelleries）での古い表現が、数世紀を隔てて、公的な宛先とは何かを理解する手がかりをわれわれに与えてくれる。すべての者にとは、メッセージを目にするはずの者、またはいずれそれを目にするであろう者にということである。それは誰彼かまわずということではない。そうではなく問題となるのはむしろ、純粋な権力の語る理想的な場から発する、受け手と認められた者に向けられた神秘的な宛先である。その宛先は、合法的な権力の主体〔臣下〕たち、主体らしく到来した主体たち、政治的に人間化した人間たちのためのものだ。λαός とは、群集でも不特定の個人の群でもなく、民主主義の基盤となる政体 δημος（*dêmos*）としての人民でさえない。問題となるのは演劇的な性質の一審級であり、この審級は人間たちを呼び集めて、制度の作用自体と切り離せないフィクションの作業に彼らを導き入れるのだ。

つまり、ドグマ的現象の根本はコミュニケーションの用語によって表象できるということだ。ただしそのためにはしかるべき水準で問題を立てなければならない。どんな社会においても権力は語らねばならず、またその主体たちは、権力とコミュニケーションしなければならないだけでなく、権力の名において主体同士の間でもコミュニケーションしなければならない。だとすればことば《パロール》の問題と、そのことばの社会的な流通の問題が提起されることになる。奇妙な問題ではないか。というのも権力は、法的に標定できる諸機能を通じて、複雑な法的組立《モンタージュ》のなかに受肉しなければならず、さらにはみずからの言説を、それが本当は何者かの言説であるかのようにしながら、際限なく生産しなければならないというのだから。国家とは無口だが、それでも語るのだ。

言いかえれば権力とは、それがまず想像できるものでなければ、そして各主体の無意識的人間性を動員するものでなければ、考えることすらできまい。この各主体は、真理の名のもとに何らかの効果を生み出すためのフィクションの言説のなかで、他の主体たちと結びついている。このように各個人は、無意識の主体として、きわめて根本的な何かから刺激を受けているのだが、その何かには、われわれ各人が制度の装置に帰属する地点で作用しているものの大きさに見合った賭金が賭けられているのだ。手始めに詩的なやり方で示すことを受け入れるのなら、この何かを見定めることができる。「純粋対象がわれわれのうちで働くとき」（『人間の美的教育について』書簡第一二）というシラーに借りた表現で、この何かを示しておくことにしよう。

似たような表現は無数の仕方で述べられているに違いあるまい。なぜならあらゆる制度システムは、主体たちの身体に働きかけて、合理的な方法による弱々しい賛同ではなく、憎しみ——愛を隠れ蓑としているためひじょうに見定めがたい憎しみ——すら含んだ心の叫びを、彼らから引き出そうとしているのだから。あるシステムが働いていると言えるのは、諸個人を考慮に入れてこそである。組織とは何よりもまず、諸個人を魅入らせ、彼らの罪責感を取り扱うのであり、それには結果として魅了と同じくらいの恐怖も伴うのである。眩惑《ファシナシオン》のテクニックをもたない権力など考えられないだろう。

眩惑。われわれがその正確な意味をまたもやあえて忘れているこの用語は、制度の美的作業と密接に関わる語である。なぜなら社会において人民（laos）に語りかけるものすべては、まなざしの動員こそをとりわけ当てにしているからだ。伝統がこれについてどう語っているのかについては、西洋的な宗教という権力の観点から、たとえば十七世紀ドイツのフロマンの古典的論考などを通して示さねばなるまい。この重要な参照項はここであらかじめ記憶にとどめておこう。

2 真理への情熱と殺人。この問題の社会的抑圧に関する考察

ドグマ現象への立ち入った調査を妨げる留金についての考察をもう少し進めてみれば、供犠をめぐる諸問題に出くわすのは避けがたい。こんな出会い——産業組織の理論家たちにとっては不幸な出会い——が生じるのはなぜだろうか、そしてこの出会いからわかることをどのように言い表せばよいのだろうか？

このことを語るのが容易であったためしはない。その証拠のひとつは自殺にある。自刃した小カトーを想起しつつダンテが語ったのは、語ることが不可能な「筆舌に尽くしがたい犠牲（inenarrabile sacrificium）[6]」という、身に染みる表現である。結局それが語れないのは、死者たちが語らないからだけではなく、むしろ自己自身の殺害とは、奉納であり、誰かへの絶対的な贈物であるからだ。

政治史は模範的・教科書的な回答を用意している。「祖国」というのがそれだ。「母＝祖国」とまで言ってもよいだろう。わたしはそれを反射的回答と呼びたいのだが、要するにそれは自明の回答である。スパルタの母たちが、息子や夫に盾を手渡しながら語ったことばを思い起こそう。このことばはいまでも格言として口にされている。以

下に挙げたのは隠喩的な意味でいまも用いられているそのドーリア版である。ἢ τὰν（*è tan*）——ἀσπίδα（*aspida*）の省略——ἢ ἐπὶ τᾶς（*è epi tas*）」：これを直訳すれば、「この盾か（勝ってこれを持ち帰るか）、あるいはこの盾の上にか（死体として運ばれてくるか）」となる。だが「母＝祖国」とは、いまだ謎めいた組立《モンタージュ》のままである。つまりなぜ母なのか。しかしその意味は詮索せず、前の問題へ立ち戻ろう。つまり〔自殺とは〕誰への奉納で、その誰かとは誰のことなのか？

この問いにより、われわれはドグマ的領域に再接近する。真理との取引というもっとも奇妙な取引に投資する人間のあからさまな不条理と一貫性のなさが、もっとも極端な形でそこに現れている。今日では、諸々のお人好しなイデオロギーと、新たなコミュニケーションのために多額のコストを払って広められた言説の無邪気な純朴さとが、こうした幻覚を一掃しようと窺っている。フランスの新手の精神分析家たちは、「人間悟性」（スピノザの有名な主題のカリカチュア）の変革やら「社会的解決」などという名目のもと、そろって同じ方向にいわば獰猛な戦いを進めており、その一方でナショナリズム——殺人の聖化の凡庸な逃げ道——は、発展と団結のための諸教義で身を飾っている。いまや「現実主義」的な視点は、一般化した誤認のせいで誰にでも強要され、Pro patria mori（祖国のために死ぬこと）という格言についての論考のなかでE・カントロヴィチが的確にも言い当てたように、人間の生はもはや供犠に供されることもなく、ただ清算されているだけなのだ。自殺にも等しい祖国愛的な自己犠牲は、政治の流れのなかの忌まわしい事故という意味を押しつけられている。社会的な抑圧のテクニックがこうして近代化され、人身供犠の問題は、できるだけ遠くに追いやられるのだ。

この人身供犠の問題を抜きにしてはドグマ的現象は理解不能であり、また真理との取引という、見たところひじょうに奇妙な回路を経由する人間的なやりとりに着目しなければ、再生産の実現——それは原理として狂信的である——の過程における殺害や人間の毀損は表象できなくなる。われわれにはいつも効果抜群の処方が手元にあるのだということに注意しておこう。「それは違う」と言うこと、つまり否認することがその処方である。現実にわれわれの目の前で、否認は堂々と機能しているのだ。

手短に証拠をいくつか挙げておこう。何よりもまず、以下のような諸々のホロコーストの歴史記述は、われわれが盲目でも陰険でもないと納得するためのものである。十九世紀の集団的プロレタリア化は、宗教という人民の阿片の後押しを受けた、搾取者たるブルジョワの所業であった。ヒトラーの狂った教えの虜になったナチス党員たちは、一九二九―三〇年の大恐慌をうまく活用した。ソビエトの圧政は、脱スターリン化されても、特権階級による官僚制統治のもとでの路線を踏襲している、等々。国際ジャーナリズムに目を転じてみれば、一九八二年のイランの謎めいた殺戮行為が、われわれ自身の文化の宗教的基盤とはまったく無縁な逸話の類へとたちまち変えられてしまっているのは、神の大義のために子供が殺されるのを受け入れる母たちについての報告などからもわかるとおりである。

歴史記述については以上だ。続いてはもっとも活発な人身供犠否定のテクニック、すなわち再生産の戦略基盤――つまり理性と狂気の原理がまさに作用する場所――に科学的研究を動員しようとするテクニックについてである。以下のような問いを提起することから始めたい。産業的経営の諸要請にひれ伏す多くの社会で実践される政治を踏襲し、フランス国家が生化学・生医学的な精神病研究――精神病における言語の問題の研究も含まれていることに注意――に、公的予算を計上することを選ぶのはなぜだろうか。予算配分や行政判断を経て、フランス国家が生化学・生医学への投資を決めたのだとすれば、それは社会の流れが、医療関係者の組合や大学周辺、それに政治階級による誘導を受けて、ある種の方向に進み始めたということである。他人の死を願い殺人を望むわれわれの胸のうちを黙らせるためにお互いに協力することを、われわれの誰もが望んでいる。ここでの問題は、大がかりな社会的手段の助けと、必要なイデオロギー上の訓練により、狂気のレッテルをわれわれから外して罪責感を和らげることにあるのだ。いまのところこうした〔生化学・生医学への〕投資は人気が高いが、それを撤収して別のところに振り向けるということもありうる。われわれはかなりのすれっからしなので、反医学化が理想的な言説に数え上げられたとしたら、それはそれで十分にうまくいくのだ。重要なのは、わたしがここで法的地位と呼ばねばならないものを精神病に認めないこと、つまり精神病が制度的再生産のシステムに取り込まれていることを、認めないことなのである。

　言いかえれば、狂気は誰からも失われてはいないのだ。制度にしてみればそれは獲物であり、好ましい獲物ですらある。精神病は、人質の捕獲としても機能するのだ。

　このような言い方を、一部の反精神医学の商売人たちが売り歩いているあきれ果てた素朴さに倣って理解してはならない。それは供犠という問題系——制度のドグマ的空間において、各主体に関係している問題系——との関連で理解すべきなのだ。産業システムは、どこであれわれわれの管理経営的な理念を土台とする世界で機能することになれば、否認を迂回してこの問題系を刷新するのであり、真理との取引の新製品は、現代の精神病患者においてこそ完成を迎えているのだ。現代社会は、多種多様なイデオロギーを掲げつつ、それぞれのケースに合わせた多彩なヴァリエーションのもとで、いずれも狂気を頼りにしている。狂気を頼りにするとは、救い出すべき何かがあるということであり、秩序が危機に瀕しているということである。この大問題にはいずれ立ち戻らなければなるまい。つまり精神病が産業社会の切札となるのはなぜなのか、また精神病が政治のプログラムに組み込まれうるのはなぜなのか、そしてそれはどのようなメカニズムによるのか。言いかえれば、殺人——殺人であれば何でもよいわけではなく、ことばの主体そのものの殺人——にまで達する社会的な道とは、戦争を別とすれば、どのような道なのだろうか。

　以上の指摘を次のような格言にしてもよい。精神病者は供犠に供されるために生まれてくる。

だがこうした指摘も慈善という社会的な教説のマグマに呑み込まれるのがおちだろう。人身供犠をめぐるわれわれの問いかけに結びついていないのなら、わたしは慈善になど興味はない。殺人の制度とは何か？　こんな問い方をするからには、司法というカードを切らざるをえない。真理という大義に関係する事情を理解しつつこの問いについて語るには、そうするしかないからだ。供犠という問題系はこの大義にいつも結びついている。この観点からすれば、精神病とは殺人の制度における一事例にすぎない。

西洋の法律第一主義の豊饒な歴史がもたらしてくれる、いくつかの興味深い要素を以下に要約してみよう。

一、すでに見たように、ウルピアヌスのテクストが述べている〈裁判＝正義（Justice）〉とは、知ること、および裁断することである。つまり何が正しいかを知り、善と悪を分断することだ。法学者たちによれば、人間の再生産は、書物と刃物の間で弁証法的に機能する。これこそが権威の原理たる権力の問題のすべてである。ユスティニアヌスの『法学提要』の序を参照してほしい。そこでは武器と法によるという権力の手続が定義されているが、それはルネサンス以降、〈政治〉と〈エンブレム〉の理論家たちがふんだんに描き出してきた神話的テーマである（ボルニティウスの Armis et legibus のエンブレムを参照）。ユスティニアヌスの定式の明晰な註釈者であるフラヴィオ・ビオンド[13]の名も同様に挙げておこう。書物と刃物との結びつきについては、その謎の深みを推し量っていただくためにも、読者の考察に委ねることにする。剣のない権力はない。こうした言明を無意識による供犠の問題系のレベルにまで引き上げる努力を怠るのであれば、これ以上先に進むのも無駄だろう。われわれは法についての科学の争点を何ひとつ理解できず、社会的・政治的な諸審級が精神分析でいう象徴的去勢の空間を踏み越えて、一国民全体を人殺しの徒党に変えてしまい、ドグマ機能を完全に倒錯させてしまうという行き過ぎにも気づくことはないだろう。

二、祖国愛の法的組立《モンタージュ》について一言。祖国（patrie）とはひとつの身体である。それは類まれな虚構の身体であり、インノケンティウス四世――近代国際法の最初の船出（十三世紀中ごろ）はこの法学者に負うところが大きい――以来数多くの技術的効果の源泉となってきた擬制的人格（persona ficta）である。神秘体（Corpus mysticum）――カロリング朝時代に登場した、キリストの三位一体性および聖体を意味する概念――によって骨組を築かれた祖国という言説は、無意識という賭場の観点から見ればまったく明解な言語的練成物である。祖国とはこの身体という物体である。そしてこの驚異的な身体と結びつくための多様な方法を開陳し、そのさまざまな結合の方法の長所を吟味することが、法学者の仕事だった。どんな類の祖国でも組み上げられるというのがその教訓である。諸々の社会の法権利や、われわれがスコラ学者たちに倣って国家と名づける技巧は、この教訓から恩恵を受けている。

祖国のための供犠という問題設定は、このような身体――神秘的に存在する絶対的身体――についての法的理論のなかに位置している。社会的な権力の審級――つまり純粋状態にあるとみなされる権力の審級、要求する絶対的審級、あるいは絶対的〈要求〉の審級――と各主体との政治的絆は、このような根本的な法的絆の言説からもたらされる。社会化へのアクセスとは、各々の主体に対して一か八かの賭をするこの要求の政治的世界に立ち入ることでもある。言いかえれば、祖国愛のために召喚された主体たる各人は、巨大な絶対的身体との対決を生きているのである。

三、祖国愛を当てにする必要のある組織はいずれも、主体を差し向いの状態におく。これはきわめて重要な指摘である。なぜか。主としてそれはわれわれが無意識を付与されているからであり、また差し向いの状態は、自分自身の生を取引材料にする人間主体にとって、第一の絡み合い、つまりあらゆる絶対的権力中の第一のものとの絡み合いを反復するからである。祖国愛は、愛のなかでももっとも絶対的な愛、絶対的〈母〉への愛を必ずや活用している。祖国愛的な絡み合いが、根本的な従属の装置であることを窺い知ることができるのは、ひとえにこの観点によってだが、それについては、ラテン教会法学者たちが教会――祖国という身体の理論における原型である虚構の身体——の名のもとに殺すことや死ぬことについて語りながらみごとに描き出していた。罰せられることなく殺す権利、つまり罪責を解かれたうえで殺す権利とは、供犠という責務の別の側面にすぎない。職務により(ex officio)、すなわち義務により殺人を行う者は、状況次第で自分もまた命で支払わなければならないのだ。彼が贖うのは、殺したことのためではなく——これには注意してほしい——、奉納のエコノミーにおける熱意のためである。つまり彼は自殺するのだ。熱意により殺しかつ死ぬこと。この表現は『グラティアヌス教令集』(二三・五・四七)に「母なる教会への熱意(zelo matris ecclesiae)」と言われているように、絶対的〈母〉への熱意を意味している。

こうした演出に関連して、「およそ戦争は拡大された決闘にほかならない」(『戦争論』第一章)というクラウゼヴィッツの定義に促された所見を付け加えておく。これは法学ではすでに言われていることで、とりわけそれは十七世紀における国際法と外交術の歴史のもうひとつの——もっとも堅固な——要である、かのグロティウスの著作[7]に見出すことができる。国家的かつ愛国的な戦争は、戦争が乱闘ではなく文明の産物であり、虚構《フィクション》の身体同士の根本的な決闘関係だという考え方を、国際空間に投げかけたのだ。世界規模に広がるこの組立《モンタージュ》は、ローマ法が中世キリスト教スコラ学へ、ついで近代へと伝承されたことに主として依拠する論理の展開からしか解明しえないことに注意されたい。この点については、産業秩序を宗教として、そして現代の宗教戦争として検討するために、後ほど立ち戻ることになるだろう。

四、「書いてある」と供犠の関係という大問題。真理への情熱と殺人についての議論の導入に際してわたしが指摘したのは、殺人とは誰かへの絶対的な奉納であり、われわれは真理との奇妙な取引に関して以下のように問わなければならないということだった。誰への奉納で、「誰か」とは誰なのか。アカデミックな決まり文句のひとつで締まりのない答え方をするのはやめにしよう。そうした決まり文句は、いまではすっかり凡庸化した想像界という概念を引合いに出して、時には無意識の賭場とわたしが呼んだものの恐ろしさを骨抜きにして、精神分析を踏みにじってしまうことになる。賭場と言ったのは、無意識のエロティシズムとは結局のところ、一目置かれたこわもての女衒が絶対的主人として君臨する、博打小屋や曖昧宿といった場末の政治学にも似たものだからである。想像界とは、もっとも絶対的な部類の〈他者〉との、残酷な愛の取引のことなのだ。その〈他者〉という固定の場所に、あらゆる絡み合い、とりわけ「書いてある」との絡み合いは結びついている。

コミュニケーションについての偽 - 理論をはびこらせる単純化傾向が、この問題の研究をひときわ困難なものにしている。これについてはすでに刊行されたわたしの批評や論証を参照してほしい。ただここで指摘しておきたいのは、いわゆる文献的な書き物の領域ではなく、制度それ自体、つまり法的な産物を通して観察されるような制度の方面で、精神分析から教訓を引き出そうとするときに限って、困難が倍増するということである。

大部分の分析家（特にフランスにおける）が、法的現象──すなわち「書いてある」を媒介する諸手段──について問うのを拒んでいるのは示唆的である。分析家と、彼らに固有の「書いてある」という制度との関係は、気づかれずにいるひとつの祖国愛なのであり、それはフロイトのテクストや、最近ではJ・ラカンのまだ新鮮さの残るテクストと、狂的に結びついている幾人かの例を見ればわかる。そこからひじょうに奇妙な管理運営の実践が生まれることになるが、それは愛という題材については用心深いはずのこの流派において、やはり少なからず奇妙なやり方でカムフラージュされている。その実践のことを、「明白な専制政治への偏り」と一言でまとめておこう。

狂信の徴候を認めようとしない分析家たちは、書物やテクストを祖国と等価のものとみなすのを拒む西洋の伝統的な禁止に従っているにすぎない。われわれと規範的なもの──産業システムが由来する規範的なもの──との関係を支える諸々の政治的な手法が用いるのは、媒介の一類型、つまり「書いてある」との仲介の一類型であり、それはユダヤ的解釈についての大論争を拠り所としながら最初は否定的に定義されていた。ユダヤ人は割礼を実際に行うが、キリスト教とラテン・スコラ学はそれに異議を唱え、古代ローマ法（ユスティニアヌス『新勅法』一四六）の用語に即してユダヤ人を狂人と決めつける。一方〔ユダヤ教〕の解釈の手続では、始めから（ab initio）、つまり男性主体の誕生と同時に刃物が用いられ、こうして刻印された象徴的な傷跡は、「お前が〈ファルス〉[8]ではないことを、お前は死ぬまで思い知らされるだろう」と明言している。他方〔キリスト教〕の精神的または非身体的と呼ばれる解釈の手続では、刃物という媒介者によってではなく、真の媒介者たる権力そのものの審級を伴う秘蹟の言説を介して、主体に〈理性〉が叩き込まれる。この二つのやり方において、象徴的去勢——つまりことばの法たる欲望の法に人間を定着させること——は別様に整序され、まったく正反対の法律第一主義の慣行へと導くことになる。この対比は、権威の原理の制度的な配備のなかに見て取ることができる。ローマ帝国の相続人である西方キリスト教は、同時に諸々の位階的で合理主義的なテクニックの合法的所有者でもあり、産業的法律第一主義はそこから生まれてきたのだ。

ユダヤ人のディアスポラが〈書物〉を祖国としているのとは逆に、ラテン註釈学者の論理では書物もテクストも祖国たりえないのはなぜなのかも、こうした条件からすればよく理解できる。ディアスポラの場合には祖国愛は、象徴的去勢の手法にのっとり、「かのように」という、主体への刻印により完成する法的虚構において機能しうるのであり、身体に刷り込まれたことばとして法がそこにある以上、この機能は専制的なものにはならない。それに対しスコラ学的なテクストと主体のエコノミーでは、祖国は〈書物〉とは別のどこか、つまり〈生きた文書〉とみなされる〈権力〉の場所に、しかもその〈権力〉がみずからの法のもとに掌握する現実に合わせて位置づけられるのだから、これはまったく違ったことになる。「書いてある」と主体との関係についてのこの根本的な相違を明示するために、わたしはひとつの逸話を範例として参照することにする。それは十九世紀のフランスやドイツのあるゲットーでの逸話である。書字板に浮彫されたヘブライ語のアルファベット文字にラビが蜂蜜を塗り、目隠しをした子供には目で見てわかる前にそれをなめるという権利があった。[9] 非身体的な教説からすればこれはきわめて野蛮な教育手段ということになろう。

精神分析家たち——その大半が法についての問いを廃業しようと躍起になっている——による拒絶の前線の問題に立ち返ってみよう。フロイトやとりわけラカンの文書に対する彼らの関係は、媒介されておらず、そもそものために、彼らは専制という政治的症候を生み出してしまうのだ。専制とはつまり無法のことである。たとえばアンシャン・レジームの公法学者は、フランスは諸々の法で中和された君主制国であると定義し、それを専制に対置していた。仮に分析家たちが、註解やテクストをめぐる法的な問題設定に取り組むとしたら、それは同時に、諸制度における供犠をめぐる問題設定、つまりは象徴的去勢——それはことばと最低限の社会的寛容との条件である——をめぐる問題設定に取り組むことにもなっただろう。このような取組みが決意を要するものであるのは、それがさまざまな別れを強いるからだ。「書いてある」との関係を分析するには、権力を運営するのにわれわれが重宝している合理主義という幻惑や安易さを断念しなければならないのである。この場合には分析家は、「書いてある」との殺人的関係についての問題を排除しがちなスコラ学的順応主義を断念しなければならない。西洋的伝統においてはこの問題が宙吊りにされたままであることをここで思い起こしておきたい。それはオリゲネスに反駁する神学者たちが作り出した袋小路の言説が、身体的解釈についての（ユダヤ的）問いかけを葬り去って以来のことである。ユダヤ教に通じた直解主義のキリスト教徒だったオリゲネス（三世紀）は、去勢者に関する聖書の一節を読んで自分を去勢したために、狂人と位置づけられることになる。分析家と彼らに固有の「書いてある」の制度との関係が、解きほぐされ分析されなければ、近代的な法律第一主義のレベルで供犠の問題——いわゆるエディプス問題——が提起されることはけっしてないだろう。それは分析家たちが専制政治とその争点——血の海——をめぐる近代的な問題設定に見向きもしないということである。

3　社会的空間における個人の組織化。政治的エコノミーと主体性の問題

制度の作用に主体性が不在だったことはないし、それを理解するのに諸々の経営科学を俟つまでもなかった。だが最高水準の解釈でさえ、〈社会的テクスト〉からはいわば逃げ出してしまうことがある。それらの解釈が、余談として片づけられずに運よくまじめに受け取られて、高い意義を認められることがあったとしても、心理学の専門家たちを疑心暗鬼にさせるだけだろう。バッハオーフェンが十九世紀に、その記念碑的著作『母権論』においてみごとに確立したような根本的問題設定を、舞台に登せる役割を実は日常語が担っているのだということを、以下に挙げる例で示してみよう。

アルゼンチンでは、唐辛子に puta parió という別名がある。それは la puta madre que te parió という表現を縮めたものであり、こちらを文字どおりに訳せば「お前を産んだ尻軽母さん」ということである。唐辛子の別名——「舌が曲がるほど辛い」という巧みな味覚表現もある唐辛子——が〈母〉を冒瀆的に暗示しているということ、つまり絶対的に神聖な何かを引合いに出しているということ、このことは一考に値する。

主体性についての根源的な問いかけは、誰もが口ごもるようなことに関係している。これを理性的に語るのは不可能であり、辛辣な問いは舌を曲がらせるのである。品を重んじる向きにはお断わりしておかなければならないが、近親姦と〈エディプス〉の問題は綺麗事ではなく、悲嘆を経由して天と冥府を揺り動かしながら、不躾に表現されるものなのだ。驚いたときの間投詞には娼婦やおっかさんがつきものだが、まさしくそれも同じなつかしい審級、つまり再生産の制度的作用において、人間誰しもが程度の差はあれ立ち去らなければならない絶対権力の審級への呼びかけなのである。宗教や人類学はこの「程度の差」の指標である。キリスト教の典礼に関しては、十三世紀の

G・デュラン[14]の古典『聖務論（*Rationale divinorum officiorum*）』（反宗教改革期以降まで流通していた著作）を挙げておけば励みになるだろう。そこでは教会の法学者の名に混じって、売春婦も参照されている。こうした神聖さの示し方と、ギリシア・ローマの伝統におけるその制度的な意味合いについては、いまもってバッハオーフェンが確かな案内役である。『トーテムとタブー』ではフロイトも彼を参照していたことを忘れてはならない。

なぜわたしはこの主体性についての所見を、絶対的〈母〉という想像的世界に言及することから始めたのだろうか。何よりもそれは、あらゆる社会システムが象徴的操作と言われるもののなかに、無際限に巻き込まれているからである。この操作とは、人間主体と絶対的〈母〉との混合に働きかけ、〈法〉――つまりわれわれに固有の法的伝統が示すような、書物と刃物の法――の機能する制度の第三項空間へと、主体を移動させる操作のことである。制定とは、この混合を多少なりとも解いて、それを〈法〉の言説内に位置づけ、再生産のために利用することを意味している。

厳密に言えば名をもたないこの絶対的〈母〉は、生身の母の彼方に投影され、無意識的ファンタスムのなかに住まう。このファンタスムという精神分析の用語はここでは、われわれにはそれが何なのかわからないが、われわれがその影響を被っている何かを示している。あらゆる制度システムは、なるべく痛みを伴わずに諸個人の身体へと働きかける。それは〈法〉の象徴的空間――この概念は追って厳密に定義しなければならない――への参入が、喪失あるいは融合のノスタルジーを埋め合わせつつこの喪失を強いる一方で、息子であれ娘であれわれわれは父の子供でもあるとの書込みとなることを目指すものだ。なぜ「でもある」と言うのだろうか。父性の認知とは、信仰表明（act de foi）に属するものであるからだ。

父性とは信仰表明である。これはわたしの言葉ではなく、「父とは何か?」という問いについてボルヘスと論じ合うという奇妙な体験のなかで、彼の口から述べられたものだ。この問いはここで何度となく繰り返されることだろう。それは主体性の社会的操作について問うに至るための根本的な問いであると思ってもらいたい。

以上の指摘からこう結論づけることができる。制度は人間たちを、多かれ少なかれ融合から抜け出て絶望した存在として、さらには〈法〉と死活的な関係を結んだ信の主体として、管理する役目を帯びているのである。

このからくりをけっして忘れてはならないのは、それが先に触れた供犠という問題系に主体的な要素を付け加えるものだからだ。供犠は欲望と結びついており、欲望とはまた、主体と二つの定礎的な極との絶えざる関係のことでもある。離れていても不可分のこの二つの極の一方は、われわれすべてがいわばそれと溶け合おうとしている絶対的〈母〉であり、他方はわれわれが〈父〉と呼ぶ場所である。この場所を誰もが頼りにしなければならないのは、まさしくそれが〈法〉だからであり、その役目は要するに、主体を個体化することにある。制度が作り出さなければならないのは、人間的な再生産に適した諸個人である。それはつまり、概して社会的・家庭的な力関係のために倒錯した状況下で、単なる異性同士のつがいではない、欲望の賭場、すなわち愛と一体をなす生、フロイトの言う「愛情生活」に向き合うことのできる諸個人だ。この賭場においては、主体個人そのものが、組織化された社会的空間なのである。

こうした断言は註釈によって裏づける必要がある。ドグマ的組立《モンタージュ》を否認する習慣は、社会的事象としての主体性を見くびらせることになる。〈理性〉という観念を庇護することは、絶対的〈母〉の策謀や父性の機能にまつわるわれわれの困難について、少しでも鋭い考察はできるだけしないことでもある。理論に値せずと判定された賭場とは、ここでは制度研究にとっての躓きの石でしかなく、あとは出鱈目の精神分析の慰み物となるのが関の山だろう。

いったいどうすれば賭場の理論が可能になるのか？

あらゆる社会的コミュニケーションの由来である諸々の組立《モンタージュ》を考慮に入れさせまいとする躓きの石を、まず始めに踏み越えなければ、その理論はありえない。個人とはけっして「立ち入り禁止区域（out of bounds）」でも諸々の限界の外でもない。つまり群集と個人が面と向き合っているのではなく、事態は結びついているのである。「結びつく」ということに留意してもらいたい。すぐ先で述べるように、欲望の社会的な結集に関係する結び目には、さまざまな種類のものがあるのである。

主体と社会が面と向き合っているのではなく、絡み合いこそが問題なのだということを理解するためには、供犠という問題系に立ち戻りさえすればよい。わたしは奉納や贈物、そしてそれと殺人との関係について言及してきた。では誰が何を、誰に贈与するのか？　殺人犯とはこの死ぬほどの絡み合いという取引における主体性の根本的な証拠ということになる。諸々のプロパガンダがそう確信しているのは、真理の名のもとになされた諸々のホロコーストの歴史からもわかることではないのか。いずれにせよすべての社会は例外なく、十字軍からもホロコーストからも離れて普通に生きる諸個人を製造するために、この問題を代謝しなければならない。供犠的な制度が、たとえば悔悛についての法権利や聖体の秘蹟についての規則を通して、殺人との想像的な絆を代謝して殺人の実行とは別の象徴的絆を生み出すために、いかなる重要性をもっていたのかは、学識に手を借りて学ぶことができる。スコラ学の言説がそれを理解する手がかりを与えてくれるのだ。つまり供犠的な制度は「なぜ？」の象徴的審級を作り出しているのである。それは諸々のテクストを用いて身体に着つけをするという、ひじょうに特異な仕事が練り上げられる審級である。だが身体の着つけとは何のことだろうか。

『グラティアヌス教令集』のなかの供犠に関するテクスト、つまり主体性が扱われている箇所を参照してほしい[10]。これらのテクストが重要なのは、以下のような理由による。供犠についての法的・典礼的な科学を表明することで、それらのテクストは単に資料的な価値をもつだけではなく、それら自身が正当化の空間、神聖な「なぜ？」の領地となっているのだ。言いかえればそれらのテクストは、λαός（laos）――つまりすでに見たように適法性の言説に関わるすべての人々――を構成する諸個人を生み出すことを目指して機能している。したがってわれわれは以下の二つを手にしていることになる。

一、身体を刷る（impressionner. 印刷〔imprimerie〕の意味での）ための諸々のテクストの場所、原産地のマークに相当する論理における、「なぜ？」の場所。

二、このマークの場所に端を発する、改悛や典礼の実践での既製のことば（prêt-à-parler）の働きにより、λαός（laos）の各個人を制定し言説を身にまとわせる、大量生産の工程全体。

われわれが明らかにしなくてはならないこの根本的なメカニズムを、ヨーロッパのスコラ学の言説において見出すことは容易である。この言説はプレタポルテの製造工場、つまり量産の身体への意義ある刻印の製造工場として、社会的に機能していた。これと同じメカニズムには「薄いキリスト教のメッキ[15]」（フロイトの表現を借りている）の生産と同様に、ファッションも含まれるのであり、だからこそエンブレムとマークについての科学——わたしに言わせれば西洋でもどこでも制度システムの再生産において根本をなす科学——は、〈法〉に関する知の水準に位置づけられるべきなのである。

連想される事例はもうひとつある。それは精神病にまつわるわれわれの表象である。家庭というものの法的な組《モンタ》立《ージュ》について考察すれば、慣例的な心理 - 社会学的考察、さらには不幸にも一般化している、家庭の言説そのもの——すなわち制定された適法な言説としての家庭の言説——を不当にも切り捨てた精神分析の濫用とは、一線を画すことになる。ここでは供犠の問題は、欲望を標的とした殺害をめぐる問題と不可分なのである。欲望の殺害——言いかえれば主体の狂気——は、真理との取引のなかで、家庭における抵当のように機能する。これはすべての勘定がいずれ象徴的に清算されなければならないエコノミーである。人間の生においては、それぞれの世代の再生産の過程で、各人が自分の負担分を支払うことが求められる。しかし実のところ無意識の詐欺師たちもおり、無意識の強盗が数世代にわたる負債の秩序を転覆させてしまうのだ。精神病はこの点では会計検査役ともなる。つまり狂人とは未払いの無意識的負債を支払う誰かであり、そこからわれわれは証拠となる空間、神聖な「なぜ？」の領地に送り出される。家庭の言説もそれに関係しているのである。「なぜ？」の審級を〈法〉の言説と呼ぶことによう。そうすることでわれわれは、われわれと他者との結びつきや融合の問題を提起したことになるのだ。それはつまり各個人――みずからの主体性と切り離すことのできない個人――を登録済みの社会的空間にする象徴的な着つけの問題である。

肝心な指摘にようやくたどり着いた。産業的な主体性の取扱いも、不可避的に同じ機能の仕方をする。われわれが封印してしまったのは、政治経済が神聖な「なぜ？」の領地と関係しており、経済学者が法を制定しているということである。位相学的に言えば経済学者たちは、十九世紀に立法学（la science de la legislation）と呼ばれていたものに、あるいはこう言ってよければ法の宗教のほうに、一歩足を踏み出している。産業の歴史が西洋文化に根を張っていく様を思い描くための仕事は、活発になされてきたのであろう。とりわけキリスト教の諸争点との関連では、資本主義と、わたしが大文字の〈テクスト〉と呼ぶものにおける一大事件である宗教改革の関係についてのように。しかしトインビーやヴェーバーよりもさらに先へと進み、経済学の言説をスコラ学的な言説の結篇として考察してみなければならないのだ。

たとえば個人の主権とは何だろうか。スチュアート・ミル以来の自由主義者によって広められたこのテーマは、組織についての自由主義科学が正当化されるまさにその場所に位置する言表である。明白なまでに法的な産業の諸実践の根拠があるのはその場所である。契約のシステムは、商業広告の社会的承認に至るまで、〈自由主義〉という絶対性に照らして正当化されているのであり、それはソビエトの〈社会主義〉が、みずからの合法性についての絶対的な諸表明が分類されて収められている論理的な場所から、その法的な実践を導き出しているのと同じことである。そもそも法的な段階を遡ってみれば、自由主義でも社会主義でも、経済の彼方の水準、つまり権力や法の宗教の水準に行き着くことになるのだ。西洋産業主義については、スチュアート・ミルの有名な書物『自由論』[11]を読んでみれば、恩寵と自由意思についての言説がスコラ的な精密さで再現されていることに気づくだろう。マルクス主義経済学について言えば、それもまた同一の権威原則の組立《モンタージュ》に依拠するものでしかありえない。

つまり近代的な着つけの諸実践は、一人ひとりが社会的空間とみなされて統治される諸個人を生み出すものとしてある。そしてこれらの空間は量産型である。このような制度のドグマ的作用との関連でこそ、主体性にアプローチすべきである。わたしはかつて西洋的な振付けや広告に関してそのことを告げておいたことがある。作業方針を明確にするために、ここでまたそのことに立ち返っておこう。観察領域を拡大することこそが重要である。つまり主体性の問題は、産業システムにおける論理の歴史に属する問題としても提起されるべきなのだ。この問題は何よりもまず、諸々のドグマ的組立《モンタージュ》という土俵上で繰り広げられていた。たとえば秘蹟についての諸教義や、結婚の自由についての決疑論、それに遺言や無遺言（ab intestat）相続の法などを通して。こうした土俵でそれが繰り広げられるのは、権威の概念とエロスは、西洋でもどこでも互いに固く結びついているからである。われわれに直接関係しているのはそのメカニズムである。

文献案内

ローマ法がつねに問題になるので、テクストに直接当たる必要がある。帝国とその西洋での歴史と切っても切れない教会法〔カノン法〕についても同様である。拙著『検閲者への愛——ドグマ的秩序試論』に、手短な原典紹介をしておいた（*L'amour du censeur. Essai sur l'ordre dogmatique*, Paris, Seuil, 1974, p. 259-262）。加えて〔ポール＝フレデリク・〕ジラールや〔エデュアール・〕キュクの古典的なローマ法論も、有益な引用を多く含み参考になる。中世および近世ヨーロッパのローマ化については、H・コーイングとフランクフルトの彼の研究チームにより一九七三年に開始された、記念碑的な研究を参照のこと。*Handbuch der Quellen und Literatur der neueren europäischen Privatrechtsgeschichte*, Munich, Beck'sche Verlagsbuchhandlung.

とりわけ重要なものは以下のとおり。

Kantorowicz (Hermann)-W. Buckland, *Studies in the Glossators of the Roman Law*, Aalen, Scientia Verlag, 1969. P・ウィマーによる補遺を付した再版。

J. J. Bachofen, *Das Mutterrecht*, 2. vol. *Gesammelte Werke*, II, III, réédit, en 1948, Bâle, Benno Schwabe and Co.〔J・J・バハオーフェン『母権制』吉原達也・平田公夫・春山清純訳、白水社、一九九二年／J・J・バッハオーフェン『母権論』岡道男・河上倫逸監訳、みすず書房、一九九一年〕.

A. Guzmán, *Ratio Scripta*, Francfort, Vittorio Klostermann, 1981.

Ernst Kantorowicz, *"Pro patria mori" in Medieval Political Thought* は、以下の遺稿集にあらためて収録された。*Selected Studies*, New York, Augustin Publischer, 1965, p. 308-325〔E・H・カントロヴィッチ「中世政治思想における「祖国のために死ぬこと」」、『祖国のために死ぬこと』所収、甚野尚志訳、みすず書房、一九九三年、一―二九頁〕.

法の練り上げに不可欠な「かのように」をめぐる重要な問題については、これまたドイツでのファイヒンガー『かのようにの哲学』（Vaihinger, *Philosophie des "Als ob"*）をめぐる研究の重要性を指摘しておく。一九一九年から一九二四年にかけての *Annalen der Philosophie* には註釈が豊富だが、とりわけケルゼンのものを挙げておこう。Kelsen, "Zur Theorie der juristischen Fiktionen", I (1919), p. 630-658. 歴史学の学識と法の組成のレベルでは、以下の二冊が出色である。

E. Kantorowicz, *The King's Two Bodies*, Princeton University Press, 1957〔エルンスト・H・カントーロヴィチ『王

の二つの身体』小林公訳、平凡社、一九九二年）.

G. Post, *Studies in Medieval Legal Thought. Public Law and the State, 1100-1322*, Princeton University Press, 1964（論集）.

釈義一般の問題に関して重要なのは以下の書である。G. E. Caspary, *Politics and Exegesis: Origen and the Two Swords*, University of California Press, 1979（六一頁にオリゲネスの去勢に関して出された嫌疑にまつわる書誌を含む）.

第二章　主体の秩序から政治の秩序へはどのように移行するのか？[12]
通告、およびゴルディオスの結び目の理論

わたしはここで政治という概念をある角度から、つまり制度における主体性の問題に立ち返ることによって、明確化してみたいと思う。

主体的なものを制度的なものから切り離すというのはきわめて西洋的な特徴であり、それがさまざまな制度的慣行に重要な影響を与えていることはすでに指摘しておいたとおりだ。しかしこの分割は、多彩な面に及ぶ魅惑的なものでありながら、司法もしくはドグマ学一般におけるその意味については、ほとんど研究されてこなかった。そんなわれわれがしてのけたことと言えば、権力の学問を科学の領域に放り込んで、それを精密科学に仕立て上げ、政治的愛の諸々の与件を単なるパラメーターに変えるという離れ業であり、こうした与件はいまや、行動主義の網に取り込まれた関係心理学や、民主主義――果てしなく拡大する科学的真理の支配とともに広まるものと信じられている統治技術――についての社会史学に委ねるべきものとみなされている。こうした状況にあっては、諸々の謎は消えうせてすべては明快で自明になり、無意識的主体という問題設定――制度への問いかけに深く依存する問題設定――は、ぬけぬけとフロイトを引合いに出す占師らのお告げのなかにほとんど解消されてしまう。フロイトと言っても、まさに権力にまつわる超近代的な誤認のテクニックに立ち向かわねばならないときに、彼の躊躇《ためら》いやと

りわけその莫大な人類学的素養のことは忘れられているのである。

実のところわたしはこの章のタイトルにした「……はどのように移行するのか？」などのような表現に納得しているわけではない。ではなぜわたしがそれに甘んじるのかと言えば、それが思想統制――その起源については後ほど伝える機会があるだろう――とでも呼ぶべきものに従ったわれわれの語り口を暴き出してくれるからだ。

主体の秩序（一般的意味では、個人の秩序）を政治秩序（一般的意味では、ある政治体制により定められる秩序）に対置するわれわれの伝統的な表現方法は、さほど冒険的なものではないということを指摘しておこう。それはある意味で問いを放棄してしまっている。それは産業システムの場合にはこの〔主体の秩序と政治秩序との〕区別が人類学の対象外になるということをほのめかしているが、われわれにとってもそのほうが都合がよいのだろう。たしかに、無意識――それに付随する諸々の神話的な逸脱もすべて含めて――とは瑣末事であり今日の大組織の再生産の源泉そのものとも関係ないかのようにみなすのは、政治学の客観主義的な考え方に適っている。そこでわたしは意識的に次のような観点をとることにする。つまりわたしは、思考の警察が口を挟むからには何かわけがあるのであって、主体と政治との対置とは細心の注意に値するものだと考えることにする。

細心の注意に値するのは、区別（distinguo）の機能である。見た目にはごく平凡な区別の背後には、ある根本的な概念の姿が見え隠れする。政治的伝統が無数の仕方で表明してきたその概念は、結局次のことを繰り返し語っている。主体と政治的なものの間にはひとつの絆がある。

そこで最初に問われるべきは、「絆とは何か？」である。

少し考えてみれば、アカデミックな用語で言うところのいわゆる政治思想史は、主人と奴隷、社会契約、至高の立法者などをめぐって、実は右の問いをためつすがめつしているのだということを確かめられるだろう。どんな著作や手引書からもそのことはわかるはずだ。だが同時にその論法がどんなものかにも気づかされるに違いない。すなわち絆についての問いへの解答はいつも自己充足的で、挙げられる事柄とその根拠づけとが等価であって、そこで問題にされるのはわれわれが少しも奇異に感じないような客観的タブローなのだ。言いかえれば絆についての問いは、ただひとつの場面のみで提起され組織されることになっている。それがいわゆる社会的場面、そしてとりわけ、自分自身がそう名指すような社会的場面だというのだ。

ここでわれわれは組み合わさったいくつかの空間を認知しなければならない。われわれは同時に複数の場面で語っており、社会的なものの歴史的時間と、もはや時間ではない無意識の時とを、二重に生きているのだ。

そこから第二の問いが生じる。絆の問題は、どのように提起すれば、社会的場面だけでなくフロイトの語った「他の場面」でも、演じられる（「演じられる」を強調しておこう）ようになるのだろうか？

結局のところ、主体と政治的なものとを同時に分節するために絆を持ち出す西洋的な権力論の伝統も、みずからを言語の秩序として定義し、制定し、受け渡す必然性——それをわたしは人類学的必然性と呼ぶ——から逃れることはできないのだ。絆にはシニフィアンという称号を与え直さなければならない。そうすれば根本的な両義性の復権が可能となり、その両義性のおかげでわれわれは、真理の機能が構造におけるどの水準に位置するのかを認識することができるだろう。法律第一主義に準じた語彙を用いてみよう。つまり絆（vinculum）とは、囚人や奴隷の足枷のことであると同時に、あらゆる種類の契約が依拠すべき必然性の徴であり、そこにおいて人々は何かを支払わなければならないのだ。これこそまさにヨーロッパでスコラ学が吹聴していたことのほぼ字義どおりの翻訳である。(13)

困難な点をもう少し特定するためにこう言っておきたい。われわれにとってもっとも大切なことは、絆と真理がどう関係しているのかということや、絆の言説の使用とは要するに、根本的真理とは隠喩でしか語れないことの証拠である、ということを示しうるような観察を豊富にすることである。このことの雄弁さ自体についてや、政治的な思想記述（idéographie. この呼称を思想史というたるみきった概念の代わりにしてはどうだろう？）を貫く野蛮な詩《ポエジー》については、この先で列挙する例がはっきり示してくれるだろう。
以上を出発点として、いくつかの本質的な指摘をしていくことにする。

1　絆という問題設定は言語的な問題設定である

このことをまず強調するのは、ドグマ的な諸要素、とりわけ語の技術的な意味での法的な諸要素を用いて、絆の概念そのもの、あるいは機能としての絆を問う、つまりそれを構造的に問うためには、この観点が唯一の道だからである。法権利の骨組をつねに視野に入れておくことが、最大の難問から逃げ出すのを防ぐ確かな手段なのだ。その難問とは、法的な「信じさせること（faire-croire）」にかかっている社会的なねらい、フィクションの言説の操作によって得られる現実的諸効果である。国民主義的なエンブレムを例にとろう。旗についての学とはどんなものだろうか。おそらくあまりに抽象的な準拠の技術に怖じ気づいた今日の知識人たちは、この学問を迂闊にも蔑ろにしてしまっている。旗の学とはシニフィアンを演出するための学問であり、色彩による言説をその手段としている。そしてその色彩は、この言説の真理を正式に表象するためには、紋章法の基準に照らして真でなくてはならない。スウェーデンの実例は注目に値する。スウェーデン政府は、一九〇六年の法で定められた国旗に用いる色彩を科学的に確定する役目を、国立の工業試験機関に委託したのだ。基準の旗が古くなってしまったため、「明るめの青に黄金色の十字」とは何のことなのかを知る必要があったのだ。どれほど科学的な回答だとしても、やはりそれは法的であり、合法性の言説というもっとも古典的な作用のうちに書き込まれることになるのだ。(14)

ごくささやかなこの事例（主体の問題設定が持ち上がった途端にわれわれが飛びつく理論化のことを思えば、それはささやかなものである）は、法律第一主義が言語の働きとして成し遂げる絆の演出の作業に注意を向けるためのものである。つまり修辞的な規則や法廷での弁論術、註釈における文学的な諸規則などによって、言説のなかのシニフィアンに課される法的な絆の演出のことである。ローマ法の修辞的な含意を扱ったW・ヴォスの示唆に富んだ考察[15]を読まれたい。形式による言説の統制や、唯一の文法だけが幅を利かせている場合の、意味の選択の強制的性質などについて、知見が得られるだろう。法学の側では、風刺家たちが熱中した余興の訴訟にも目を向けてほしい。それは処女マリアやソロモン王とサタンとの対決とか、恋人たちの訴訟などのようなものだった[16]。さまざまな点で興味深いこの長く流行した（十八世紀まで）文学は、法を語らせるための言語的な操作を活用したもので、こうした操作は、政治的もしくは商業的な近代的大組織の俗に言うお役所言葉が行う操作と、基本的に変わらないのだ。

つまりさまざまな形の出来合いの言葉の練り上げによってなされる、政治的な絆の演出は、根本的とみなされてしかるべきものなのである。この演出の原型《プロトタイプ》をなすのが基本的法律第一主義であり、弁護術のテクニックがいわばその古典的な到達点である。われわれがここで直面しているのは、拘束や隷属、つまり捕縛という現象のひとつである。絆をなすものは、ある特定のことばを強制する。この表現を逆にして次のように言えば、社会的・政治的な生に欠かせないこの領域の機能についての理解が深まるだろう。「ある種のことばを発すると、絆が生まれる」。法律家ならわたしなりの言い回しの背後にあるよく知られた法的論議[17]に気づくだろう。絆および政治的なものの主体という、われわれの主題に立ち返ることでまとめとしよう。ある風刺家による次の言葉をとくと考えてもらいたい。「女に愛してると言ってみなさい、自分でもそう信じるようになるから」。

2　絆の両義性とは主体の両義性でもある

基本的法律第一主義や弁護術などは意義深いものである。それらが物語っているのは、ことばの社会的な配分や、言説の政治的組織化という現象である。それらは産業システムにおいても諸々の宗教と同じように、典礼によって主体を捕縛することで効果を発揮している。平たく言えば次のようになる。レトリックの作用や、出来合いの言語に参入するあらゆる仕方によって、主体が社会的〈他者〉の言説のシニフィアンとぴったりと貼りつくことになったら、われわれは誠実だと言えるだろうか、そしてどうやって誠実であるかどうかがわかるのだろうか。近代的管理経営は活動家の活力を大量に用いている。つまり裁判の弁護をする弁護士の技術を動員している。そんな近代的管理経営の頼みの綱は言い負かす真理の勝利であり、誠実さの保証とも同視される闘争的態度は、そもそも絆ではない、つまり絆という法的立場にはないとでもいうかのようだ。弁護士の知は、フィクション——役目のフィクション——を明るみに出し、制度的に適切な条件があれば疎外を変化させ、結びつきの言説を放棄し、誠実さという社会的芝居から注文次第で席を外せる、ということに気づかせてくれるという利点がある。今日では商業広告や闘争的態度が、主体の言説として提示された社会的言説のなかに主体を呑み込もうとするが、この言説は古典的な結びつきでしかなく、それと社会的な〈他者〉の言説の区別がつかなくなってしまっているほどである。われわれは、政治的な絆の批判にはかくも不向きな状況のなかで、絆の性質について問わなければならないのだ。それはつまり権力——われわれが権力と呼ぶもの——が、主体——すべての主体（この概念は厳密にしておく必要がある）——に対し、結びつけつつ引き離すものとして機能するようにさせるものについて問うということである。結びつけつつ引き離すとはどういうことか。どんな観点に立てばわれわれはこの問いに答えられるのだろうか。自分自身の両義性について問い直してもらうことがちょうどよい地均しである。お勧めしたい準備運動は、次のような質問をよく吟味してみることだ。「主体の話をされますか？（Parlez-vous sujet ?）[16]」主体の秩序／政治的秩序という二分法を疑うためには、こんな処方が最適である。

3　絆――ここでは主体と政治とを区別する絆――の概念は、絶対的〈他者〉の言説との密着というドグマ的配置の論理を支える

このことを理解するために、必然性の徴としての絆に立ち戻ることにしよう。ひとつの契約が準拠する必然性である。債務に関するローマ法は法の絆と必然性の絆を結びつけているが、わたしはこれを援用して、真理の問題がどのように権力の働き方そのものに含まれているのかを示してみたい。概略をつかむには、負債における債権者と債務者の関係を考えてみれば十分である。義務的関係の両関与者を区別しているのは、その内実を証明できる対象の存在であり、それが借り（debitum）と名づけられる対象である。どこまでが借りで、何ゆえに借りなのかを証明すること。この二つが負債の真をめぐる問いであり、この真なくして従属関係（自発的であるか否かにかかわらず）すなわちある物を媒介としたこの人間同士の法の絆はありえない。借りでないもの（indû）は支払わなくてよい。これが基本的法律第一主義の教えである。何であれあらゆる従属には根拠が必要であり、根拠のない従属は構造的にありえない。

構造的にと強調したのは、諸々の法的定義によってわれわれが直面することになるのは、建築的な練り上げ、組立《モンタージュ》、集合体であるからだ。それらは集合や部分集合のような何かを意味しつつも、その成分やさまざまな要素や粒子とも言うべきものは、すっかりばらばらになっていたり、若干離れた位置に書き込まれていたり、全体的な意味作用のエコノミーからは遠く隔たっていたりするかのようにもみえる。これはローマおよびスコラ学的な債務の定義の場合である。忘れ去られてはいるもののこの定義のなかには、とりわけ政治的なものをめぐる問いに関して、絆についての普遍的な諸問題がまさに宿されているのである。経済大国ですらこの絆の問題から逃れることはでき

ない。なぜなら国際金融市場における各国の通貨交換を介して、債権者と債務者との間の絆という根本的な問題が避けがたく息を吹き返すからだ。

だがさらに先へ進まねばならない。「なぜこれは借りなのか？」とは、それ自体では諸々の問題の歯車のひとつでしかないのだ。ある債務者がある債権者に何らかの様態で何がしかを負っているとするとき、合意事項を確立する法律行為（たとえば売却行為）を証明することでは、真であるかどうかの問題は部分的にしか解決できない。だが会計士たちがその日ごとの契約と呼ぶような社会的勘定の水準であれば、それ以上追究する必要はない。会計は他にもある。「なぜこれは借りなのか？」が、次のような二重化した意味になる水準の会計である。「借りとされる借りは、なぜ借りなのか？」この会計が合法性についての政治的言説を介入させるのであり、そこに絶対的〈他者〉――どんな法的形態をとるにせよ――が登場するのは必然的である。こうして少しずつ真をめぐる問題――真の負債、真の絆、そしてあらゆる借りの元締めとなる最終的な真の債権者――は無限に先送りされ、もはや解消されるのではなく、切断されなければならないところにまで至る。むしろこう言うべきだろう。切断することによって解消される、と。

仮に政治的なファイルのなかで、諸々の社会的契約がその成立から消滅もしくは譲渡までを法的に定義され、計上され管理されて機能するのを読み取れるようになるとすれば、われわれは真理の諸水準を識別することができるようになり、あらゆる社会――社会主義であろうと自由主義であろうと――は、他のどの審級からの正当化も必要としない、至上の審級の確かさのうちに構築された、階層的な法律第一主義に従って機能していると結論づけることができるだろう。十九世紀の前近代的な社会主義における諸々の重大問題は、この観点から再検討してみなければなるまい。あらゆる法的な屋台骨は〈神〉もしくは〈人民〉の至高性を前提としている。知っているのも決着をつけるのもこの〈神〉や〈人民〉である。〈神〉と〈人民〉は債権者なのであり、この債権者はその日ごとの契約による会計には従っていない。それは大文字の〈他者〉の会計の問題であるのだ。

　通常の「その日ごと」の科学的会計には計上しえないものが怪しまれやすい現状にあっては、先に述べた確かさ——絶対主義的審級の確かさ——とは妄想ではないのかと疑ってみなければなるまい。この場合われわれは権力についての西洋的言説のなかで居場所を失った諸考察、とりわけ聖なる妄想という概念を思い起こす必要があろう。だが産業的宗教という考え方——ひとまず断念すると宣言しておいた考え方——を適切に取り上げなおさなければ位置づけることもままならないこの概念には立ち入るまい。むしろここで重要なのは、言葉による挑発を控えて、〈主体なきテクスト〉——言いかえれば制度的構造——が人間の根本的な問題を反復しているということを、合理主義の虜になったわれわれの社会において明るみに出すことだ。その根本的問題とはすなわち、再生産という大仕事のために言語内に定着させられる欲望と無意識をめぐる問題である。その直接的帰結のいくつかを以下に挙げてみよう。

　——どんな絆においても、絆は二重である。法的会計に属し、目に見え語られもする絆がある一方で、絆であることを隠され、芸術における詩的な煌き以外をもってしては語れない大文字の絶対的〈他者〉の会計に属する絆がある。政治的なものは、真理との絶対的な関係を手中にした至高の審級に準拠するものと仮定される言説空間を経由して機能するのである。絶対的関係とは、言説を保証する原則がそこで作用しているということを意味する。つまりそこにはいわば語る力能が働いているのであり、どんなシステムのどんな権力もその力のおかげで、それぞれに固有の正当化を生み出し、語りかけ、そのことばの語り手として認められているのだ。

　——絆の問題とは秩序の言説の問題である。ただしこの秩序は、いわば無意識がみずからの秩序を押しつける能力を移し変えたものとして理解されたい。まさにこれがキーポイントであり、政治的なものについて問い質す際にわれわれがいつも躓く困難もそこにある。ここで言う政治的なものとは、絶対的〈他者〉の言説との結びつきに巻き込まれた無意識の人間たちを動かしめる言説のことである。われわれはここでフィクションのエコノミーに足を踏み入れている。このエコノミーを抜きにしては、人間の現実も、主体がみずからを制定する、つまり権力との関係のなかにもう一度生まれるための象徴の介在も、問題にすらならない。ではこの秩序の論理はどんなものなのだろうか。それは、ことばと無意識をめぐる問題系が開かれるや否やわれわれに関係することになる論理であり、第三項排除とは異なる論理である。精神分析の数々の著作が――時に度を越して――冗長に語るこの論理について、ここで議論を展開する必要はないが、次の事実は喚起しておかなければならない。すなわち制度的再生産の論理――法的技芸あるいは単に技芸〔芸術〕の論理――は、無意識の言説の論理、つまり根っからドグマ学的な無意識の言説の論理そのものの反映であるという事実だ。

つまるところあらゆるドグマ空間、あるいはあらゆる政治システム――個人携帯用であれ国家の活動を支えるものであれ――は次のようになっている。つまりそれらは不動の動の神話を演出し、各々に固有のノスタルジーのサイクルを演出し、絶対――それは語りえぬものと呼ぶこともできる――への準拠として機能する〈真理〉の全能性を祝福するのだ。図版7を参照されたい。カプラロスその人とともに写真に収められているのは、彼自身の主体イメージを形にした作品であり、そこには自己自身の反復と無意識の非時間性に直面した主体の眩惑が詩的に捉えられている。エッシャーの有名なリトグラフ《上昇と下降》(図版8)はこれとは別のレベルで、制度の概念それ自体、あるいはこう言ったほうがよければ、根本的なドグマ的演出をわれわれに提示してくれる。必然性の徴としての絆、この法的秩序を下支えする絶対性のフィクションへの準拠に注目されたい。この秩序においては、それぞれが所定の位置に、すなわち身分相応の位置についている(たとえば循環運動に参加していない者、おそらくは異端者もそこには含まれる)ということも見逃さないでおこう。変化しない不動の構造のうちで動き回るもの、というこの隠喩は、大規模な組織システムにおいて真っ先に見出せるものである。この点に関して示唆に富むのは政治的絆に関するプ

図版 7

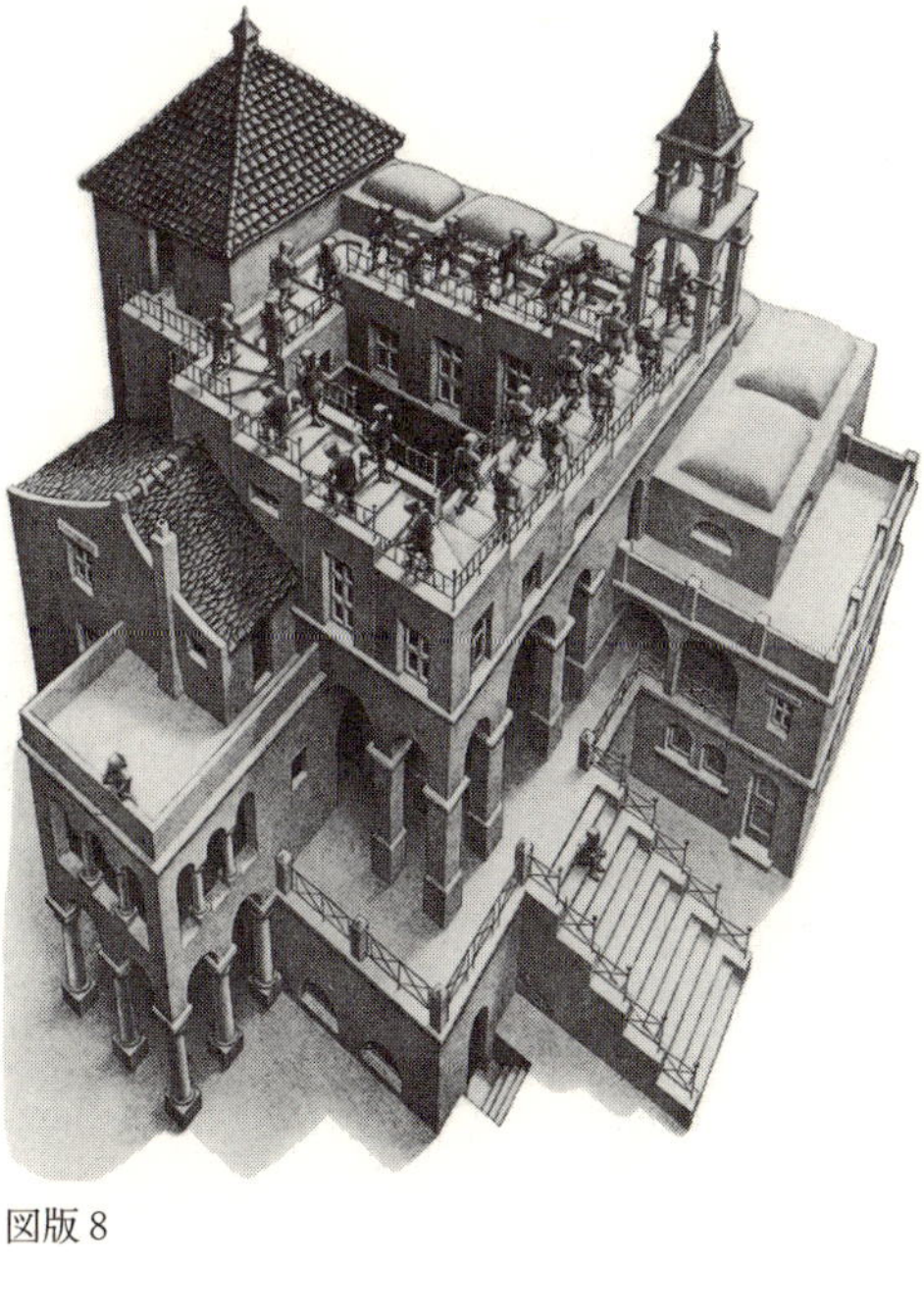

図版 8

ラトン的伝統だが、それにはまた後ほど立ち戻ることにする。

——構造の神話的諸要素の抑圧に圧倒されてばかりではいけない。この抑圧に乗じて今日の政治学はいずれも、産業的な管理経営によって駆り出された諸々の知のゲーム、特に行動主義的なゲームに興じている。安直の極みである科学主義の氾濫を防ぐことはできなくとも、以下の指摘だけはしておこう。政治学はわたしの説くようなドグマ的現象学を避けて通ることで、みずからの問い直しを強いられた近代科学に対する不信を顕にし、そのため国際社会——社会的想像界の構造的機能の問題が、将来につけを回しながら尖鋭化している——の核心におけるフィクションをめぐる諸争点を理解する術を失っているのだ。政治学が（第三項排除の論理に従う）科学性に身を落としても、あるいは身を落とすことを望んだとしても、権力をめぐる問題が諸々のドグマ学的空間——神話的準拠が君臨する言説空間——のなかにあるという事実に変わりはない。権力概念に関して確実性が争点とされている間は、何の教訓ももたらされはしないから、安心してほしい。つまり政治学を科学的地位（管理経営的という狭い意味での）につかせようという要求は、昔も今も同じように俎上に載せられているのである。それは言説構造の一部ですらあり、反復として登録されているのだ。この指摘を理解してもらうために、トリエント公会議——つまり十六世紀——の特使たるイエズス会士フランシスコ・トゥリアヌス[17]の名を挙げておこう。彼は反宗教改革派の神学を、当時の教義から見ての科学的地位につかせようと目論んでいた。さらに彼は自然科学からお誂え向きの用語を借りてくることを思いつきさえした。つまり彼はドグマ的という語を借用して、自分の著作のタイトルとしたのである。これをきっかけに大流行したのが、ドグマ神学（theologica dogmatica）[18]という表現である。政治学の理論家たちは、時としてこのトゥリアヌスの滑稽な振舞いをわれわれの面前で繰り返しているのだということには、留意しておきたいものだ。

4　政治的なものと主体との対置は、ドグマ的システムの歴史から見ればきわめて明白なある状況のもとで、政治的愛を機能させるひとつの演出である

この演出を特定するためには権力に関わる言説の練り上げられ方について問い質す必要がある。つまりわたしなら政治的秩序のテクスト的背景と呼ぶであろうものについての問いである。そこから出発して、「何が演出されるのか?」という疑問にも答えられるようになる。

あまりにも忘れられていることだが、権力の言説の練り上げられ方とは本質的にドグマ的であり、西洋史を通じて法学者たちがその概念を明確化する役目を担ってきた。その仕事は、基本的シニフィアンやその派生語、類義語（potestas〔権力〕、imperium〔帝国〕、iurisdictio〔裁判権〕など）で賑わう法的カテゴリーを基盤にしていただけでなく、またとりわけ、至高の刻印を受けた諸組織――要するに諸国家――の実践に関係づけられる自律した知の一分野を創設するものでもあった。そこから生まれてきたのが公法（ius publicum）だが、その近代版を政治学の母胎として理解するためには、西洋の人類に運命の問題を提起することを目指してきた諸テクストの一般的流通のなかにそれを位置づけてみなければならない。これらのテクストの流通に次のような名を与えれば、われわれの考察の一助となろう。不安（malaise）の一般科学、というのがその名だ。これを指針とすれば、権力という概念が明らかになるとともに、主体――政治に目覚めねばならない主体――という観念も、必然性の徴として登録されることになるだろう。

不安の一般科学は、われわれが生まれたことの確かさを、無意識が聞き取ることができる言説から要請される手法に従って、現前させる、そのような神話的任務を主体なきテクストのレベルで引き受ける諸々の手続の総体を扱

う。言いかえれば、再生産の神話的な演出がそこでの問題である。さらに言いかえれば、諸々の神話が手がけてきた問いかけ、そしてフロイトが原光景というテーマで述べた[19]根本的な問いかけへの参照を、社会の機能のために修復することが課題となるのだ。

誕生と原光景をめぐる神話的な問いは、キリスト教の啓示神学のそこかしこに見出せるものであり、これに関しては基本文献を注に示しておく[20]。神学やその付随物は他の問題よりもここでこそ、テクストの流通のなかでの本質的な役割を果たしてきたのである。ではこの興味深いテクストの流通のなかに、公法はどのように書き込まれているのだろうか。まずは、必携のテクストであるユスティニアヌスの『法学提要』（一・一・四）に従うとしよう。「法の教えを学ぶには二つの立場がある。公と私である」[21]。このテクストはしかと記憶されたい。なぜならこれこそある種の語り口の起源、つまり私（privé）の前に公（public）を置き、それにより二つの秩序の対置を序列的に定式化する、思考の統制の起源だからだ。このユスティニアヌスの言明は多くの点でわれわれのものと瓜二つである。われわれが主体の秩序／政治秩序という二分法を定め置くとき、政治とは公の同義語なのだ。ただしローマ法で事態がさほど明快ではないのは、権力概念がどちらの領域にも登場するからにほかならない。『法学提要』のこのテクストをめぐる註釈や、長きにわたるヨーロッパ的な実践に関しては、フランスのアンシャン・レジームの政治学に取り入れられ、フランスの中央集権国家で諸々の効果を発揮し続けているものを、興味深く読むことができるだろう[22]。とはいえこれはまだ本質ではない。肝心なのは、このテクストで打ち立てられた序列の原則に関して、法学者たちの間にある不安を特定することにある。十七世紀ドイツの法学者J・ハルプレヒトを読んでみよう。「公法は、あらかじめ私法を学んでからでなければ、真に理解することはできない」[23]。つまり政治学とは、私法の学がなければおぼつかないままであり、はっきり言って何の役にも立たないのである。

では私法の学の核心には何があるのだろうか。それは主として、ローマ法が案配したような家族と所有に関する法的装置であり、これは父性原理に支配されている。

　これこそ西洋的〈テクスト〉の発展の発端にあたる何かである。不安の一般科学は、諸々の法的組立《モンタージュ》を介して父性原理を社会的に祝福することに向けられている。ここでアウグスティヌスの表現を強調しておく必要がある。社会生活におけるドグマ学の仕事の性質を伝えるためにわたしがしばしば用いる、structura caritatis つまり愛の組立《モンタージュ》という表現である。人間の性を単なる生物学的な生殖のレベルに引き下げる諸教義や行動心理学に蝕まれた政治学が、政治的愛という困難な問題を一貫して駆逐し、お茶濁しにひとりの指導者による大衆操作などのみを取り扱っているだけに、なおさらこの表現を思い起こしておかなければならない。フロイトの提起した問題は片づいたものと思い込まれているのだ。

　では政治的愛とは何だろうか。これは人類の大規模な組織システムのすべてが直面する重大問題である。この問題を解決しているのは、古典的な宗教も超近代的な諸々の教化運動も同じことである。漫然と構えてこの運動を不当にも付帯現象などとみなすのであれば、誤りを犯すことになるだろう。教化とはその形式が何であれ（非‐教化というリベラルな形式も含めて）、人間を統治するための要請なのである。その理由はごく単純で、統治とは言説なしにはありえないからだ。伝統的な君主制は、君主とその一族への愛を前面に打ち出していた。今日の諸体制はこの王朝の原理を前代未聞のやり方で用いている。つまり民主的に選ばれた者に有利な役職継承のプロパガンダを用いたり、あるいは輝かしきマルクス＝レーニン主義や毛沢東思想といった、愛のための新たな対象にして伝承すべき貴重な預かり物が光り輝く領域に、原理を移し変えているのである。しかし絶えず更新され、放棄されては甦る諸々の経験が示唆するように、この愛は程度も形もさまざまなので、こうした経験とそれを支える教義とを混同するのは避けなければならない。

　それでわたしは「政治的愛とは何か」という疑問を提起するにとどめておく。問題となるのは歴史的・社会的に多様なひとつのメカニズムであり、このメカニズムは偶然に左右されるが、祖国のための死を考えるうえで必要不可欠な政治的絆と直に結びついている。重厚でしばしば全体主義的な形態をした二十世紀のこのメカニズムも、事態を根底から覆すものではない。では事態の根底はどうなっているのだろうか。

政治的愛はプラトンの対話篇『ポリティコス（政治家）』にその真髄が述べられている。そこには先ほどわれわれがカプラロスとエッシャーで示したこと（人間の生成の語り方の一種、不動の動の神話、動いていながらつねに同一の存在）の厳密な定義が読み取れるばかりか、以下のことも明らかにされているのである。系譜的秩序の出現と政治の出現とは、人類にとって同じひとつのことなのだ。人間の群を飼育する牧養者の話を読み、人間たちが人間たち同士で子供を作り合うような新たなサイクルについて語られた節を熟読してみれば、こうした詩的言明が備えもつ射程を見定めることができるはずだ。これは政治的絆の性質を厳密に定めたものとして解釈されるべき言明である。またこうした条件のもとでは主体の秩序と政治秩序の対置はもはや不可能だということにも注意してもらいたい。父の問題は両者を縦断するものなのである。

5　絆とは限界の隠喩《メタファー》だと定義することができる

政治システムは、単に国際関係や国内管理などと説明されるような歴史的・社会的水準においてだけではなく、制度的と呼べる水準においても機能するということをけっして忘れてはならない。人類学的な意味での制度的水準であり、わたしに言わせればそれは文化の野蛮さの水準である。今日の政治学がこちらの水準に関する側面をなおざりにしていることは認めざるをえない。これが大きな過ちであるのは、そのことにより産業システムが今日の人類のなかに制定され発展する諸条件そのものが見過ごされて、とりわけ古来からの文化的な管理手法を蔑ろにすることで支払わねばならぬつけを見積もることができなくなるからだ。産業組織は促成栽培で広まっている。それはつまりこの組織が何らかの型の政治的絆の改造を押しつけがちだということである。

先祖伝来のわれわれの法律第一主義の組立《モンタージュ》の背後に隠れる繊細さを見逃さずにおくこともまた重要である。法的な伝統は絆そのものに執着することでわれわれに何を言わんとしているのだろうか。ローマ私法の構築においてもキリスト教にとっても根本的な（結び、解く力〔potestas ligandi〕という、キリスト的・教皇的主題を思い起こそう）、この絆という隠喩は何を意味しているのだろうか。本質をなすのは、権力にその役割を割り当てて、絶対的〈他者〉の言説を代謝し人間化することである。

絆とは限界の隠喩であると述べることでわたしが示しているのは、権力の問題は真理の秩序に関係しており、この真理が人間という種の再生産を取り仕切っているということである。これこそわれわれの関心領域なのだが、問いを出し惜しむ現代の政治学はこの〔権力の問題と真理の秩序の〕関係の研究を危うくもおろそかにしている。危ういというのは、こうした問題設定は、権力の基盤そのものを想起させることで、科学的管理による全能性の幻想を相対化してくれる性質のものだからだ。その基盤とはすなわち、無意識的欲望の主体に対する休みなき語りかけである。要するに権力とは、漸近しつつもけっして到達できないあの理念的な限界点のことなのだ。だがこの数学めいた言い回しは、何を言わんとしているのだろうか。

すでに述べたように、数学を隠れ蓑にして——今日ではあまりに安易になされているが——理論化した結論を提示するのは、少なくともこの『講義』シリーズの初期の段階では差し控えておきたい。いずれ基本的なシェーマをいくつか提示することになろうが、それをいまここでやってしまっては、性急に期待に応えようとするあまり問いを封じ込めてしまう恐れがある。とはいえ数学者の間で真価を発揮したある素材を用いるのをあきらめるつもりはない。それは、わたしがここで手短に示していることを、特にエンブレム的な練り上げを介して説明する際にすでに大いに役に立ったものである。

図版5のボロメオ・アレゼの紋章を再び見てみよう。そこに描かれているのは、ボロメオの結び目と呼ばれる三つの輪である。一つが解けさえすれば、三つすべてが解ける。この古典的表象は何を含んでいるのか。それは主体への法的な語りかけを含んでいる。その語りかけは主体——つまり無意識的欲望の主体——を権力に結びつける真理の秩序に従って、主体に〈法〉を政治的に申し渡す。何ぴとも〈法〉の知を知らないとはみなされない。つまりそれはある確実性の秩序であり、三重の絆、三度結ばれた絆の解消によって、われわれが死ぬことを申し渡している。伝統はこの三重の絆という神話物語を語るために腐心してきたのであり、これについてはいまだその著作が注目に値する数字と数についての文法家たち——たとえば主著のひとつが先ごろ刊行された[24]十世紀のフルリのアッボ[18]——を参照してもらいたい。そしてわれわれもまたそれについて何かを語ろうと腐心しているのだが、〈現実界〉、〈象徴界〉、〈想像界〉の結び目によるわれわれの人間性の絆についてのJ・ラカンの研究を読めばわかるように、それは生易しい問題ではない。実際ボロメオの結び目はこうした観点から人間性の絆を表象するのに役立つのと同様に、〈法〉の問題をエディプスの三角関係のなかで捉え直し、いかにしてシステムが、エンブレム的命題の法律第一主義によってみずからの再生産の言説を徐々に練り上げ、父の機能というフィクションを演出するまでに至るのかを理解するのにも役立つのである。

絆に関する理論の取扱いは極端に難しいということにも注意されたい。自身もまた言説のなかに書き込まれているという事実に拘束されず、語りえぬものを表象するという独自の機能——象徴的機能——を投げ出してしまわない、そんな理論は可能なのだろうか。無意識がどんなに狡猾であるか知っておくといい。ボロメオの結び目についての主体＝ラカンの言説が、熱の入りすぎた註解の餌食となれば、変調が起こってラカンが想像の天界に投影され、彼が絶対的準拠、つまりボロメオ家の紋章に含まれる神的な「結び、解くもの」すなわち絶対的〈他者〉を体現してしまうに至る。わたしがこの点に注意を促すのも、それが今日の精神分析における大問題だからであり、またわれわれはそこにこそまさしく、権力——絶対的準拠としての権力——のメカニズムの繊細さのひとつを見出すからである。つまり限界をめぐる問題の引受け手がいなければ、人々にその反動がもたらされ、権力はもはやその機能を人間的に果たさなくなってしまうのだ。

制度に関する領域においては、あらゆる形の理論は、語りえぬ真理の言説の場所、あるいはこう言ったほうがよければ、語りえぬがゆえに真理である言説の場所に位置する——もしくは位置しようとする——のである。法律第一主義が関心を寄せる水準の多様性を分別する必要性もこれで理解できる。ここで問題にしているのは権力の言説の諸基盤そのものであり、ある意味でその言説の誕生についてである。主体にとっての誕生の言説が、原光景や死の告知に関係していることを思い起こせば、右記の表現を反転させることができる。ボロメオ家の紋章にも取り入れられている三つの輪の神秘的伝統について再検討してみれば、その意味がキリスト教の memento mori つまり汝死ぬことを思えの表象のひとつであることが読み取れるはずだ。「いつの日か、〈法〉の定めるところにより、輪の壊れる〈その日〉が訪れるであろう」。言いかえればボロメオの結び目とは、〈死〉の隠喩のひとつなのである。

ゴルディオスの結び目について

わたしがゴルディオスの結び目という問題に着目したのは、数多くの精神分析家があまりにも安易にJ・ラカンの繰り返したボロメオの結び目についての研究にすがりつき、精神分析の諸問題を、心理学の分野で目下成功を収めている行動主義のエンジニアたちのものに酷似した、ある種の職業的な教理に改変してしまっているようにみえたからである。ラカンの発言を人間行動のエンジニアたちのための理論化と同列に扱うことなどできるはずもないだろう。そんな理論化は、適切な行政処置に守られて宗主国経済の他の製品と一緒に輸出できる植民地の名産のようなものだ。精神分析が次の手ごろな思想ということなのだろう。すでに指摘したように、ラカンの理論家としての発言は、無意識的主体としての彼自身にとってもまた謎としての価値をもっていたのであり、この主体の言説には宛先があったのである。この宛先については、なかば公的に報告がなされたが、それは分析家の発言とみなされてしかるべき――残念ながらそう思われていないが――ある問いかけを通してである。ボロメオの結び目の割礼を題目に掲げたL・イスラエルによるこの発言の記録は、誰でも読むことができる[25]。

つまりわたしは主体の言説から社会的な喧伝の網目に取り込まれた形式的な言語への移行について自問したのである。形式的な言語とは、既定のルール内のゲームの状態以外に何も伝えない、永遠の註釈者の享楽にも似た何らかの満足のためのある種のメタ言語のことである。かのエンジニアの新しい科学が、なぜ結び目の不在や非‐結び目、結び目の否定や真の結び目ではない結び目、つまり真や否定の問題にほとんど関心を寄せないのか、わたしには疑問だった。同じくわたしに疑問だったのは、代数的位相幾何学のある分野――まさしくゴルディオスの兆候に出くわす場所だ――が、注目を集めていないことである。つまり結び目の理論では、解けた二つの端をまたつなぐことができるので、切らなければ解けない結び目に行きつくのだ。この結び目をほどくために紐を切断する回数がゴルディオスである。それは結び目の複雑さをはじき出すのである。

結局わたしはドグマ学の理論家たちに親しんでいたからこそ、どうしてボロメオの結び目についてのラカンの見解が、彼の述べた形のままでは、その根本的な言説の様態を見失われないために補足を必要とするのかということを理解できたのだろう。ともかくそれが科学性の側から精神分析をどう説明するのかという観点から、問いをさらに先へ進めてラカンの指摘の妥当性を保持するための条件である。つまり人間性の絆をめぐる問題を提起するボロメオの結び目は、とりわけ絆という概念そのものに関してさらなる説明を必要としているのである。先にわたしが示した定義の諸要素に、次のものを付け加えておこう。絆とは、切断されねばならないもののことである。
だからこそわたしはゴルディオスの結び目について語ろうとしているのだ。この題材についての註解は驚くほど豊富であり、多くの点で謎めいたこの有名な逸話が引合いに出されてきた理由もまたさまざまである。突飛ささえもがここでは許容されるのは、それがわれわれに考察を促す性質の逸話だからであり、ゴルディオスの結び目は合理化のあらゆる瀬戸際で貢献してきたのである。こうした考察の案内役としてわたしが選んだのは、スコラ学的な闘争心でよく知られた、スペインのフランチェスコ会士、ペドロ・デ・アルバ・イ・アストルガ[19]（一六六七年死去）の神学的著作である。きわめて明晰なこの著作は、*Nodus Indissolubilis* つまり『ほどけない結び目』と題されている。それは心的抱懐（conception mentale. トマス・アクィナス）と懐胎（conception du ventre. この場合、聖処女マリアの無原罪の懐胎）とを扱った著作である。一六六一年と一六六三年の二つの版が、危険書目録に記載されるという形で公的検閲の対象となったことを知らせておくべきだろう。なぜこのような処置がとられたのだろうか。それはこのわれらの英雄的な真の闘士〔アルバ・イ・アストルガ〕が軟弱者扱いし激しく攻撃したドミニコ会士たちの側からの、反撃の結果であったように思われる。ここでは一六六一年のブリュッセル版[26]を用いることにする。

ラテンアメリカの図書館にまで伝わっていることからすると、この書物はずいぶんと長い旅をしてきたようだ。カトリックの対抗宗教改革に典型的な論争的文献の一種であるこの書物は、権力の言説における真理の作用の仕方を、われわれにわかりやすく示してくれる。そのやり方を詳しく見ていくことにしよう。思考を母体における発生の等価物とみなす幻想を、あからさまに表明することがこの書の第一の関心である。抱懐する（concevoir）ということだ。トマス・アクィナスの精神における諸理念の抱懐（conception）と女性の懐胎（conception）を対比しようとして、この抱懐という概念を、そのシニフィアンとしての曖昧さを思い浮かべたりしてよいものだろうか？ スコラ学者たちはこうしたことを易々とやってのけるのであり、これと同じくらい無謀といえる数々の議論は、一瞥に値するものではある。だがむしろこの書の拠り所はゴルディオスの結び目というトリック（artificiosa structura）であり、他の有名な書物からの借用だとはいえ、図像表象を提示しようとさえしているのだ（図版9）[27]。キリストの母たる聖処女マリアを懐胎した彼女自身の母は無原罪であったのかどうかという問題をめぐる議論の解きほぐしがたい性質を示し、最高権威の言説が結局は勝利することを明らかにするのが著者の目論見である。こうして論争は、聖座に承認されたトマスの教義からなる慣例に準拠することで、文字どおり断ち切られるのだ。こう考えてみると、テクストへの註釈という形態をとる精神分析の側でも、potestas ligandi すなわち全能全知の「結び、解くそれ」と関係する最高権威の言説に準拠するというドグマ的論証に似た過程が、機能していることに気がつかれるだろう。おわかりのように、絆の問題は西洋のドグマ的なものによって吸収され、絆は絶対的権力の隠喩とされているのである。

このような絶対的権力の性質の定式化に関わる領域においてこそ、あるいはこう言うほうがよければ、権力が絶対的なものとして含むものの定式化に関わる領域においてこそ、精神分析はゴルディオスの結び目を問題にしなければならないのだ。精神分析家、それもみずからを政治秩序や社会秩序と混同したりはしない、分別のある精神分析家が、である。ゴルディオスの結び目とは何を意味するのだろうか。

ギリシア語（特にプルタルコス）やラテン語（ユスティヌスとクルティウス・ルフス）の原典が伝える物語のうちにこそ学ぶべきものがある。ゴルディオンの町を征服したアレクサンドロスは、かの有名なゴルディオス王の荷車があるユピテルの神殿に赴く。轅を括りつけた結び目はもつれており、神託の予言によれば、その錯綜した絆をほどく者こそがアジアの支配者となるのだ。クルティウス・ルフスが言うには、アレクサンドロスは神託を成し遂げたいという欲望に駆られ（cupido incessit animo sortis eius explendae）、逃げようとする結び目（cum latentibus nodis）としばし格闘する。ついに彼は、どのようにほどくか（quomodo solvantur）には構わずに、剣で一刀両断にしてしまい、

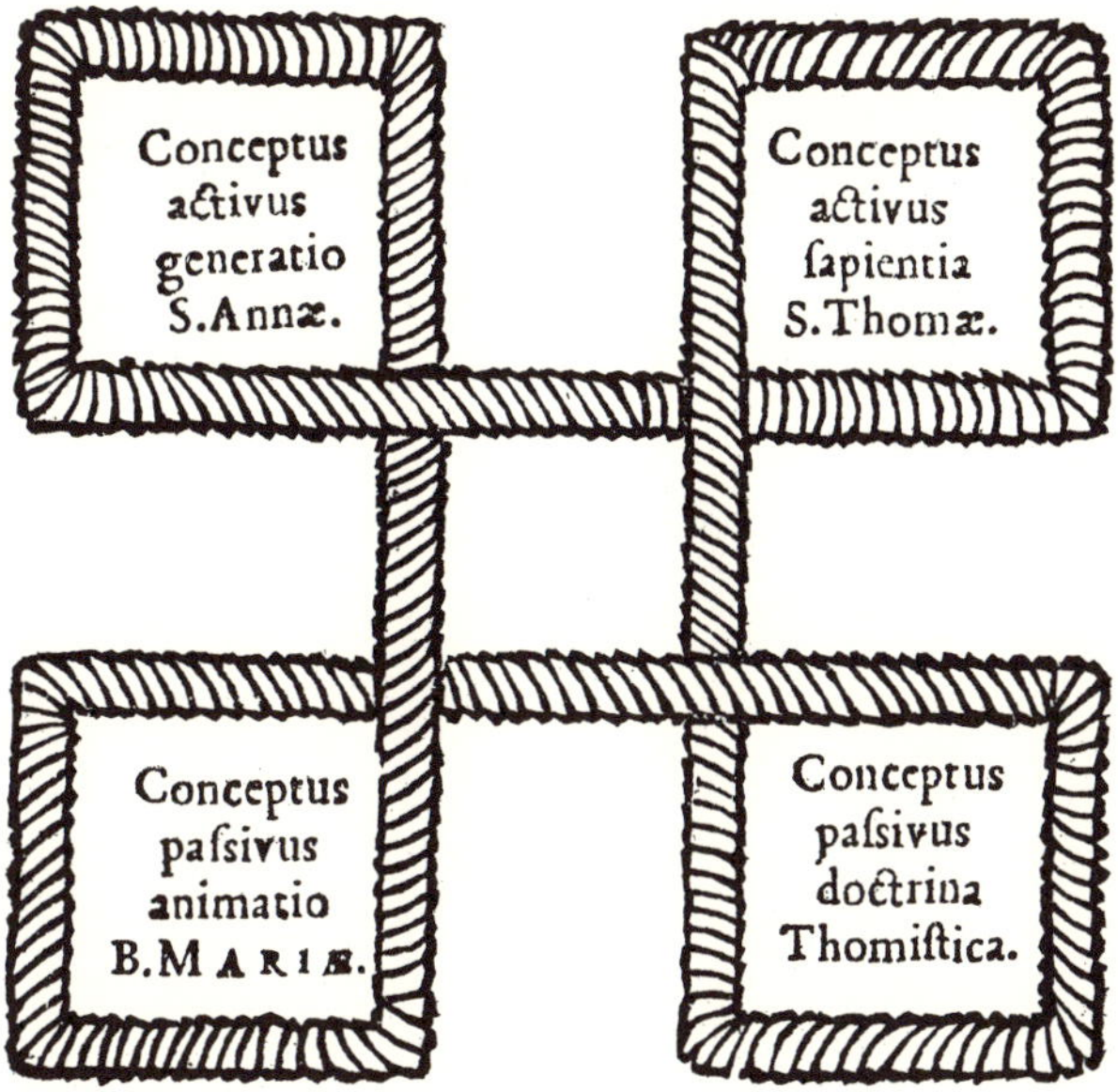
Conceptus
actívus
generatio
S.Annæ.
Conceptus
actívus
ſapientia
S.Thomæ.
Conceptus
paſsivus
animatio
B.MARIÆ.
Conceptus
paſsivus
doctrina
Thomiſtica.
図版 9

神託を欺いた、もしくは実現させた（vel elusit vel emplevit）のである（『アレクサンドロスの生涯』三・二）。

つまりここでは欲望の問題と絶対的権力の問題が、運命のことばに準拠しつつ提起されているのだ。ことばや刃物の演出に関しては、理論——語の教育的意味での——として結論づけるべきことは何ひとつない。であるなら、ゴルディオスの結び目の理論——西洋の伝統ではそれは物語の形で表明されていた——とは種も仕掛けもない隠喩であるとしておこう。ここでは隠喩こそが師であり、隠喩はきちんと耳をかたむける者に対してエンブレム的な教義に基づいて教えを授けるのである。厳密に言ってここでの問題は、真理の秩序——それは種における欲望の伝承という意味での再生産の秩序そのものに関係する——という観点から見た場合、人間の無意識が何を聞くことができ、また何を聞くべきなのかということである。

種における欲望の伝承のために断ち切るべき絆の問題とは、精神分析用語で言う象徴的去勢の問題にほかならない。去勢はすべての人間存在に課されなければならない。各々の誕生の起源において子と母を結ぶ臍という絆を分かつ刃物が機能しているとすれば、制度のドグマ的働きが作用させる刃物は、現実ではなく象徴的な、二度目の誕生の刃物である。だとすればこの刃物とは、父すなわち一人の人間により担われる法的フィクションのことだ。母と子の間に介在することで、その子供を順次みずからの人間たらんとする欲望に目覚めさせるのがその人間の役目である。つまり絆を断ち切る権力、象徴的去勢を課する権力とは、人間化する権力なのであり、であるがゆえにこの権力は、名もなき絶対的権力に対して相対的な位置を占めているのだ。この絶対的権力をバッハオーフェンに倣って絆なき母性（Mutterrum）と呼ぶことにしよう。それは名もなき絶対的権力としての絶対的〈母〉のような何ものかとの癒着である。さらに付け加えておけば、精神分析の臨床で象徴的去勢の引き受けの失敗が明らかになるとき、問題となっているのはまさしく断ち切るべき絆の論理なのだ。これでゴルディオスの結び目の物語の再解釈の気運が高まることを期待したい。

ゴルディオスの結び目とは、〈法〉に参入することの隠喩なのである。

行政的秩序と、主体を没主体化する傾向についての注記

いくつかの行政的な問題に触れずにこの講義を締めくくることはできない。保健社会活動や教育、あるいは治療《セラピー》を定義・管理するための組織化のプロセスという名目で、主体の問題がきわめて政治的な領域に入れられようとしているという問題である。それは国家によって取り扱われるという直接的な場合もあれば、心理現象の障害の修繕を引き受ける団体や集団の管轄下に入るという間接的な場合もある。「ハンディキャップ」とは、そんな障害のことを指して一般的に使われる意義深い用語である。しかもこのハンディキャップという概念が不安（すなわちまずは大人たちの不安）を解消したいという秘められた目的や、近代的な従属の要請に適った人間たちを製造しようという意図のために、行き過ぎたものとなりつつあるだけならまだしも、介護や援助のプログラム化の実践は、的確な批判がなされないかぎりますます多くの子供たちを精神病という不幸に陥れるだけの、社会システムの増長を待ち受けるほかないような代物なのである。こんな代償――しかもそれを支払うのはあらかじめわれわれに主体性を抹殺されようとしている無実の人々である――と引き換えに拒絶されるのは、あらゆる形態の行動主義の利便さに屈することなく、制度をめぐる問題の基本は何なのかを適切な手法で研究しようとする努力である。わたしはその制度をめぐる諸問題の基本のことを以下のように要約したことがある。「コミュニケーションの法則（loi）および〈法（Loi）〉のコミュニケーション」。

徐々に介護事業――とりわけ予防的介護――と区別がつかなくなっている教育事業への介入の、さまざまな水準や審級の圧縮を推し進める行政研究の核心にあるのは、没主体化政策である。中央集権仕様の国家と社会が、学説

の簡略化と打たれ弱い順応主義に邁進するフランスでは、公共行政が名もなきひとつの集合政治を準備しているのに、それが真剣な批判の対象にすらなっていない。この機会に指摘しておけば、行政学——官僚組織の研究を担う諸学の不確かな一分野——が、ここで果たせるはずの役目から不幸にも身を引いてしまっているのは、産業システムにおける〈法〉および司法についての確固たる問いかけの不足によるところが大きい。

以上がぜひとも注意を向けてもらいたい一連の困難である。

第三章　規範化の基本的手順

規範化＝正常化。こうしてまたわたしはいかがわしい用語を選んでしまったわけだ。ここで、読者諸氏への最低限の教育的配慮として、方法に関する予備的な考察が必要だろう。規範化＝正常化する（normaliser）という表現には、われわれの用に適うような確固たる定義が存在しない。それをこれから作り出そう。

もう一度、構造についての社会的な知に助けを求めよう。パリのサン＝シュルピス教会でもモスクワのヤロスラブリ駅でも、足を踏み入れてみればそこには待つ人間がいる。かたや〈永遠の生〉を待ち、かたやシベリア横断鉄道を待つ、それはまったく同じことだ。必要なのは〈待機〉のために区切られた場所であり、その場所は歌や沈黙で満たされている。こんなふうに乗り継ぎ《トランジット》は機能する。椅子やベンチのほうがそこに腰掛ける人々よりも重要だ。というのは、構造において大事なのは死なないものだからだ。

この指摘からおぼろげにわかるのは、制度の仮借なき作用を通じた人間の再生産という観点から見れば、われわれの小さな個別性などものの数ではなく、われわれはあらかじめ供犠に供されているということである。宗教は、ラテン・キリスト教のような古典的なものであれ、ソビエト社会主義のような馴染みの薄いものであれ、すべてを要求することができる。仮にわたしが規範化の本質を要約しなければならないとすれば、大勢の人々が待機する光景に居合わせたとき頭に浮かぶ表現を取り上げてこう言うだろう。「無数の人々が殺され、呻き声ひとつあがらなかった」。

だがこの表現には裏面がある。お望みなら表面と言ってもよい。供犠の別の側面、それは善行である。制度システムは規範化のこの二つの様式を製造する。それは大量生産で殺人を製造することもできれば、まったく同じように公団住宅を大量に製造するのにも向いている。公務（中世のラテン法学では dignitas）についてのスコラ学の諸命題を読み直し、アドルフ・アイヒマンの裁判時の弁明をとくと考えてみるといい。制度はすべてを成し遂げることができるということがわかるだろう。厳密に言ってすべてを、しかも全般に及ぶ無罪原則のもとで。どうやって無実を作り出すのか？　これこそまさしく人間的な問いであり、構造に関するわれわれの認識に直接関わる問いなのである。

無実に話が及び、すでに定義が充実してきた。あるひとつの社会を規範化するとは、罪責を拭い取り、それでも片づかなければ他の誰かに押しつけることなのだと、すすんで言いたいところだ。しかし科学的な管理運営は、もっとうまくやるのだそうである。マネージメントによって人類をジレンマから救出するというのだ。規範化とはもはや全体主義の悪夢でしかないのだろう。

言いかえればマネージメントは、制度システムによる罪責の取扱いという人類学的な問題を抑圧しているのである。そのため、産業の発展は神話的な禁止の物語を解消してしまった、あるいは解消しつつあり、われわれをリベラルな組織形態へと引き込んでいると考えられるに至っている。そのリベラルな組織形態においては、人間的欲望の再生産をめぐる問題は、われわれが〈法〉と呼ぶもの――この謎めいた用語は、すでに言ったように西洋の法学者たちの間で遺跡のように残っているだけだが――に基づく社会的・政治的な諸技術をまったく相手にしなくなっているだろうというのだ。

だとしたら、マネージメントの賭を考察してみよう。新しい人間の登場に立ち会うことになるのだろうか？

いきなり最初の答えを出してしまった。新しい人間が、母親たちの姿を消した社会に現れるだろう。この答えが笑えない冗談でないのは、科学主義的プロパガンダがこのような仮説の現実味に信用を与えようとしているからである。もはや母親はいない、ということは近親姦はもはやなく、〈禁止〉を参照する〈法〉との関係もない。こうしたことすべては、管理経営的領域から体系的に除去されてしまった無意識の次元の再導入につながる。問題を明確にすれば次のようになるだろう。欲望と言語のエコノミーにおけるもっとも重要な神話的支えとしての母親は、消え去る定めにあるのだろうか。これは結果として以下のように言いかえることができる。各主体を限界づける機能である〈法〉を廃絶することはできるのだろうか。これらのテーマはもはや単なるSFにとどまらず、現代経済の悪影響を受けて際限なく技術革新を先取りしようとする、社会経営の言説で盛んに語られているのである。「試験管ベビー」の受精実験を発端に未来の人造ベビー産業の予測までした一部マスコミの、行き過ぎた熱狂を思い出してほしい。このような宣伝は全能性の幻想《ファンタスム》に属するものであり、それが規範原理として書き込まれてしまえば、たちまちとんでもないことになる。ともかく間違えないようにしよう。このようなプロパガンダは法を作っているようなものなのだ。

この点を強調する必要があるのは、それが規範化に直接関係しているからである。生殖技術に関する諸々のプロパガンダは、その変種や付随物（性転換手術市場、同性愛家族のための新たな民法の制定など）と手を組んで、人間における表象の生の大いなる謎を一掃したつもりになり、明らかに精神病的な要件の実行を促している。こうして産業的組織は、かつてない形のホロコーストへと向かう道に踏み込んでしまった。一見合理的な技術革新を拠り所とする新たな社会的殺人活動が姿を現すにつれて、狂気への扉は徐々に大きく開け放たれ、主体のことばへの参入はますます危いものになる。軽卒に欲望の論理に手を出すものではない。合法性や規範性の分析に行き詰まったわれわれの産業社会が、科学主義的なプロパガンダの作用を受けて、当然まったく認識のないまま、狂気をプログラムに加える羽目になることも十分に考えられる。子供たち――われわれの社会的慣行の最初の被害者であり、生まれつきの人質である子供たち――の間で、精神病の増大や臨床における実験的傾向の拡大を見ればわかるように、不見識のつけは日々高まっている。わたしに言わせればこうした臨床は、たとえばハンスおよびシビル・アイゼンクと署名された英米系の出版物に示されているような、新たな蒙昧主義の片棒をかついでいるのである。

再生産に関する科学技術的言説のねじれた現状は、以下のことの対当による（a contrario）証明にほかならない。つまり〈法〉の場所は、ゆがめたり仮面をかぶせたり、廃止したつもりになることはできても、すべてを消し去ってしまうことはできないということだ。それは論理的空間なのである。

だからこそわたしは規範化という語を選んだ。この語は社会的な抑圧への圧力に抗して、われわれが欲望の秩序の論理に取り込まれていることを思い出させてくれる。規範化するとは、直角定規を使うという意味である。ノルマ（Norma）、つまり直角。あらゆる社会は直角を駆使して供犠のエコノミーのために諸個人を捕捉し、代償を顧みずに直線を作り出す。自由をめぐる問題には必ずこの「代償を顧みずに」と主体性の問題の関係が告げられている。直角にするというコンテクストからこの問題を取り除こうとするのは、ごまかしであるばかりか、政治的な詐欺ですらある。

キリスト教化した産業主義的西洋人たるわれわれならば、いくつもの恐怖政治を歴史的に受け継ぐ者として、「代償を顧みずに」という表現の射程を理解するための材料には事欠かない。E・カントロヴィチがスコラ学的源泉に基づいてきわめて力強く研究した〈祖国〉と〈死〉の問題に、ここで立ち返ることはしない。ひとつだけ付け加えておくなら、ラテン的法律第一主義は他のあらゆる法律第一主義と同様に、わたしの言ういわゆる殺人の代謝において重要な役目を果たしてきたということである。あらゆる社会においてこの大問題は、無化（フロイトの用語の「死の欲動〔Todestrieb〕」と混同しないこと）の問題になる。つまり殺人は象徴化されねばならないということであり、この象徴化が社会的・政治的な争点となるのである。こうした殺人の制御、および法律第一主義によって切り開かれた、殺人を誘導する可能性、つまり合法的だが幻想のうえでは対等な代用品を殺人の代わりにする可能性から、国家は生まれたのである。

さらに注意しておきたいのは、直角にするという意味での規範化という概念は、ただ単に殺人をめぐる問題、言いかえれば角材を仕上げる事業にだけ関係しているのではないということだ。これはより広い視角、つまりいわば絶対主義的〈真理〉に仕えるものとして機能するような制度や法律第一主義に関わることなのである。この角度から見れば、社会とは仕えるべき〈真理〉のための秩序であり、この秩序においては諸個人ではなく種こそが何よりも優先される。かつて法学者たちが法の科学を数学的真理の水準に位置づけることで言わんとしていたものこそ、規範化の理念なのである。諸システムの再生産という観点からすれば、社会とは法的に機能する。十七世紀以降の国家の理論家たちがよく使った表現で言えば、幾何学的に（more geometrico）ということである。何ものにも勝るそのような真理なくして、制度の機能はありえないのだ。

この概念を展開してみよう。一見単純な事実をひとつ挙げることができる。正常（normalité）が何なのかは誰にでもわかっているという事実である。つまりわれわれは一般化した知という問題に直面しているのであり、この知の性質はいつの時代にもよく把握されていたものだった。わたしが思い起こすのは、アマゾネスの物語を語るトゥキュディデスのテクストである。そのテクストはアマゾネスの性別の発見の物語を羞恥心混じりに語っていた。規範化には罪責感を本質的争点として浮かび上がらせるような知が伴っている。罪責という効果的な――避けがたいと言うべきだろうか――手段によってこそ、人間は管理され統治されるのであり、さらには侵犯によってこそ規範化は、ある集団における普遍的な知、法的な性質の伝承に委ねられる知であることが明らかになるのだ。諸々の禁止は侵犯を契機にその力を最大限に発揮するのである。

C・レヴィ＝ストロースによる、作法と神話との論理的な関係についての研究はわたしに道を開いてくれたが、近親姦をめぐる無意識の問題に踏み込むには至っていない。それはつまり奇妙にもホラティウスによって見出された「いざ母のもとを離れよ」（『歌章』一・二三）という問題である。わたしのここでの理解によれば、規範化とは、人間の再生産の実現に欠かせない諸々の禁止の社会的な取扱いを基礎としている。だがこの取扱いは無意識を備えた身体の機能によってのみ、効果を発揮するのである。幾何学への言及がつまるところ隠喩でしかないのは、主体が動員される水準における〈法〉との関係の論理とは、要するに無意識の論理の問題であるからだ。言いかえれば、〈法〉との関係は、すでに見たように結び目の隠喩に属するものである。法の科学は、伝統的な法哲学にとってはそれがいかに奇妙に見えようと、誰にとってもその組立《モンタージュ》が抑圧されているような知に依存している。なるほど奇妙な知ではある。だがわれわれの幼児期の秩序における水面下の力関係の作用する場としての訓育というものと分かちがたく結びついた根本的な知でもある。つまりこの知はある文化におけるわれわれの人間化の第一の条件と分かちがたく結びついているのだ。

ここでブニュエルを参照するとしよう。映画『自由の幻想』のなかでは、礼儀作法の世界が逆さまになっている。この逆さまの世界では、食事のためにひとりで閉じこもり、用を足すためにみなで集う。罪責感の境界線が位置を変えているのだ。この意義深い例から、われわれは件の知に向き合うことができる。つまりありきたりの知ではなく、抑圧の秩序のなかにある知にである。註解者よろしく口を挟めば、伝承されてきた合法性が証認する訓育の伝統によって社会的に登録されたわれわれの礼儀作法は、正当化されるべきものではなく、歴史の反復のなかで明文的もしくは慣習的に法典化と改正を繰り返すのみなのだ。次の本質的な指摘ができるのも罪責の作用のおかげである。礼儀作法は法に基づいており、全知の・偏在する・無謬の〈法〉の同語反復的な意味において、それはつねに正しい。重要なのは絶対主義的準拠に依拠して身体を社会的に操作することだ。一言付け加えておくとすれば、何であれ罪責を揺さぶるものは至高の価値に触れるのであり、作法もまた価値なのである。

1　準拠の統治

社会生活は論証を背景に展開される。われわれは準拠の世界に、つまりそんなことを思いもせずに、ドグマ的真理の連続上演の只中で生きているのである。

まずはひとつの定式を提出してみよう。その意味は徐々に明らかになっていくだろうが、この先でモーツァルトが行った政治的実演を扱う際にまた触れることにしたい。その定式とはこうだ。「権力の裏側には真理が控えている」。

すでにおわかりのように、諸々のエンブレムや美的な表現をわたしは重視している。それらはわたしの解釈によれば無言のうちに法を定めているのである。同様にわたしは旗についての学や、軍事パレードで実演される振付け、それから商業広告がひじょうに巧妙に、しかしまったく盲目的に用いている勧誘技術に着目してきた。これらすべてのなかで、われわれと語りえぬものとの絆、つまり権力の彼岸への準拠が結い合わされているのである。この準拠なくして社会統治はありえないし、考えることすらできないだろう。

わたしはここで政治的有効性の基盤そのものに言及している。古来のエンブレムの銘文は的確にもこの基盤を次のような表現で言い表していた。verbo et signis efficax（言葉と記号によって効果をもつ）（図版3）[28]。数多くの大学人たちを大文字の〈知〉に酔い痴れさせている流行の理論化よりも、こちらの表現のほうが権力のメカニズムについいてよほど多くを語っているということに留意されたい。ここでは逆に理論など脆くも崩れ落ちて、何ぴとも他人よりよく知っているとはみなされない。というのも、知っているのは準拠だからだ。言いかえれば、エンブレムがそこにあって絶対的〈知〉の遮蔽幕となり、この大文字の〈知〉を神々の君臨する絶対的彼岸に据え置いているのだ。さらに言いかえれば、エンブレムの銘文は妄想に歯止めをかけるために機能する。権力を人間的なものにするための以上の手順について考察を深めてみれば、イメージや格言を現代の巨大な圧政に見合う規模で祝福するエンブレムや儀式が何をねらいとしているのかが、多少はよく推測されようというものだ。結局問題は、組織ではいつもそうなのだが、象徴にものを言わせて、きわめて非人間的で時にはひじょうに血腥い諸々の政治的手続を、完璧に自然な――それをわたしは人間的と言う――ものにすることであるのがわかるだろう。次のことは覚えておいてほしい。社会統治とは、まず真理を示し、諸々の謎でそれを表象し、解決によってではなく約束によって主体たちの期待を育むことのうちにある。

　科学主義的諸理念に逆行する以上の指摘は、それに相応しい方法によって検討されねばならない。社会におけることばについて、われわれが混濁した断片的な発想しかできず、産業を文化――この語のもっとも過激な意味での――的出来事として見直すために必要な考察に遠く及ばないとしたら、それはとりわけ、美学的なものの放棄と、わたしが「われわれの詩的法権利」と呼んだもの――語りえぬものと人間を結びつける根本的な絆に関わるわれわれの法権利――の過小評価に起因している。それゆえわたしは象徴の問題をしかるべく提起するために、理論なき理論の大家の一人たるA・ボッキ[20]に証言を求めたい。イタリア・ルネサンスの教養あるこの詩人からわたしが借り受けたのは、アルス・ドクタ（Ars docta）という主題である。

　アルス・ドクタすなわち教える技芸（art qui enseigne）を問い質してみよう。それは、あなた方に何を教えるというのだろうか。説明もせずに教え、ただ学んでいるだけのわたしの話をそこで聞いているあなた方に。要するにそれは、準拠とは何なのかということだ。

準拠とは、真理との関係を工作することである。この工作には決疑論者や解釈者が位置すべき、あるいは位置しうる水準の多様性に合わせてさまざまなものがある。われわれに関心があるのは、権力を受肉させてそれに信憑性を与える基本的な工作であり、わたしはそれを定礎の工作と呼びたい。ひとつの例を挙げよう。チェトマイの作による教皇ピウス六世のための公会議の衣装用のタピスリー（一七八七年）である。この逸品はいまでもヴァチカンで厳粛な式典などに利用されている。[29]

図柄を思い浮かべてほしい。紋章風のライオン二頭が、完璧な社会秩序の平穏を表す風景の前に旗を掲げて腰を下ろしている。真ん中に開いた空に現れる虹に腰掛けた三人の女性は、〈正義〉と〈慈悲〉そしてその二人を従える〈信仰〉であり、〈信仰〉の右手は手招きをし、左手の人差し指は天使が持つ聖書の一節を指差している。だがそれだけではまだこのタピスリーは不完全である。これは生きた身体の徴の容れ物として作られたものなのだ。つまり儀式の折には教皇座が中心を占めて人間的風景を覆い隠し、二頭のライオンは教皇の番人となって、アレゴリーの女性たちは天上の冠となるのである。言いかえればこれは教皇のための準拠を明示し、祝福し、機能させるための活人画の鋳型なのだ。すべての主体が完璧に理解しているこの無言のうちの指標を背景として、絶対的準拠が機能し、権力はそこで純粋な顕現となり、真理を表象する法の生産者として出来する。この場所の功徳のゆえに、それは法の生産者なのである。

美学的なものがわれわれに何を教えてくれるのかがこの例からよく理解できる。われわれが権力と呼ぶもの——十八世紀からの表現で言う立法の技芸（l'art de la législation）が帰される——には結集・接合の操作が伴うことを教えてくれるのが美学的なものなのだ。これを説明するには語源に遡る必要がある。唇や瞼のように一方の端と他方の端を出会わせることがその操作なのだが、象徴的（symbolique）という語の語源であるギリシア語の動詞 συμβάλλω（*symballō*）の本来の意味は、（「合流点で出会う」、「ひとつにまとめる」と並んで）このような唇や瞼の出会いなのだ。立法者としての権力には、一見形容しがたい二つのもの——それらを要素とか表面と呼ぶべきだろうか——の端と端を合わせて、そこから〈法〉を導き出すということがつきものだ。ここでは、チェトマイのタピスリーを使うことによって、教皇権力の作用のために以下の二つのものが近づけられているのがわかる。(1)神学的真理の詩的な練り上げによる〈宇宙〉の秩序づけ。(2)神託の口として機能する神秘的に疎外された人体の、的確な場所——生きた〈法〉が輝く中心の場所——での演出。つまり真理と名づけられたこのものと、教皇と名づけられたこのものとを近づけることこそが、図式的に見てまさしく、ピウス六世のもとの枢機卿総会議の指揮統制のために用いられた ars docta の論理における、わたしの言うところの基礎的な象徴的操作なのである。これが、権力を祝福することによってその権力を定礎すると同時にそれに続く諸々の法的産物を可能にする、つまり信憑性のあるものにする操作なのだ。権力が作用するのはそれが的確な場所にあるからであり、権力が人々を動かすのは、それがみずからに固有の絶対的真理への準拠に基づいて法を分節するからである。超人間的なこの真理は現実にはまったく根ざさず、現実を離れてわれわれを何ひとつ欠けていないと仮定される数学的な場所——神話的な場所と言ってもよい——に差し向ける。真理には何ら欠けるところがない。以上のことをラテン・スコラ学は〈立法者たる神〉についての理論のなかでみごとに説明していた。今日では西洋の民主主義理念とソビエト社会主義という現代的な二本の枝——後で確認するように、どちらもビザンツという共通の幹から生えている——が後を引き継ぎ、〈法権利〉の象徴的機能に関して、まったく同じことを述べているということだ。

　美学的なものはまた、われわれに次のことを教えてくれる。真理とはひとつの場所、空っぽで何もないと想定される場所であり、あるとしたらそれはテクストだけである。われわれは幾度となくこの点に気づかされることだろう。ドグマ的な何かが内実をもつのは、まさしくテクストのなかに住まう真理との関係においてだからである。準拠とはテクストへの準拠のことなのだ。言いかえればわれわれは語るテクストに直面しており、制度はテクストの真理に出会うのである。「テクストの真理に出会う」とはどういう意味だろうか。動詞 *συμβάλλω*（*symballô*）の多彩な働きによればそれはまさしく次のことを意味する。すなわち真理に衝突し、そしてこの好戦的な出会いを制御する、つまり厄払いすることである。

要するに、制度の象徴的機能——法システムはそこに由来する——とは以下のようなものだ。一方での敵対的な出会い、他方での契約や証拠など合意のための遵法主義的な諸技術。本来ならばここから西洋人にとっての法権利の象徴的機能の検討に向かうべきところだが、ここではただ、語源に遡って理解した「象徴化する」という概念から、準拠の社会的統治を理解する手がかりを得るにとどめよう。「象徴化する」とは社会統治を言語の領域に位置づけることである。これは制度における語りえぬものの問題も同時に提起した指摘である。

これはコミュニケーションをめぐる産業的な問題設定にとっての最重要課題である。シグナルやテレコミュニケーションについて、あるいはメッセージの発信や伝達のための新たなコード化プロセスへの人体器官の適応力についての発見を、みだりに制度の分野に持ち込む科学主義のプロパガンダの影響で、目下のところ行動主義的教条が全盛を極めてしまっているからだ。科学の見かけを隠れ蓑にした動物向きの心理学主義が推進する、客観と主観のほぼ全面的な混乱には、統治の手順を簡略化するという利点があることも確かだろう。だがそれによって社会におけることばの論理が絶滅させられたり、定礎の準拠の上演につながる関係としての権力の諸関係がその地位を失ったりすることは、絶対にありえない。言説としての語りえぬもの——〈マネージメント〉のテクノロジーのなかで主張されているような管理経営的合理性には属さない言説——の問題は手つかずのままなのだ。なぜだろうか。それは主として、象徴的操作は、メッセージの問題を心理‐社会学が担うマネージメント的単純化の水準にではなく、フロイトが無意識と呼んだものの過剰な介入とともに信仰の諸象徴が声をあげる水準に提起すると仮定されるからである。われわれが語りえぬものの言説と結びついていることの最良の証拠、要するに制度の象徴的機能の最良の証拠は、この段落の最初ですでに示してしまった。つまりそれは、無言のうちに法をなすということである。

このように、語りえぬものに言及することで、エンブレム的なものが姿を現す。そこでは語りえぬものは謎という形で告げられることになる。つまり、われわれに無理強いをするような暗黙のうちの表明だが、われわれもいわば喜んでその手口に乗っているのである。実際ここでは、われわれを真なるものの権力に従属させてくれる手口が問題なのである。従属とは、理論家による同意でも推論のうえでの結論でもない。ことさら難しくしようとはせず、深く考えてみもせず、説明もないまま服するということである。それこそが象徴的なものである。つまり巻き込むこと〔含意〕（implications）であって、展べ開くこと〔説明〕（explications）ではないのだ。エンブレムは理論や知的言説そのものを失権させる。十七世紀オランダのみごとな表現によれば、エンブレムは、intelligentibus[30] つまり目で理解する者たちに宛てられているのであり、理論家の知識人たちにではないのだ。

知識人たち——つまり理論を製造する者たちのことであり、理論とはどんなにしっかりしていても、似た者たちを罪なく統治するためのものであることに変わりはない——が、エンブレム的なものや旗の学などをおろそかにするのもゆえなきことではないのがわかるだろう。エンブレムとは、合理的な統治や科学の名における社会運営など存在しないことの証明である。法をなすのは準拠ただそれだけだからだ。社会理論が有効なのは、その実際上もしくは想定上の科学性のおかげではなく、単に合言葉の力によってである。知的権力がフランスのように（ある種の中央集権組織との緊密な結びつきのために）一定の歴史的な厚みを備えている場合、それが機能する背景には次のようなことがある。知識人たちと彼らの書いた物は、エンブレムとしての効力か、最悪の場合には（倒錯的手法に支配されて）フェティッシュとしての効力をもつのであり、合理的真理を説得するということからその動員力を引き出しているのではない。今日ではラテン・キリスト教やソビエト・マルクス主義などが実施している宗教や政治の広告の大げさな操作でも、事情はまったく同じである。

「合言葉」と言ったが、「鳥占い」や「勝利の兆し」など、象徴（symbole）という語の語源 σύμβολον（*symbolon*）にまつわるどの語を持ち出してもよかっただろう。問題なのは象徴的なものの社会的効力である。合理主義の氾濫——科学の大々的征服の副産物——が諸制度の定礎的真理との関係の象徴的代謝を見えにくくしているだけに、この点について考えるべきことは多いはずだ。われわれは、一人ひとりの主体がいわば真理を直接抱きかかえることを望み、真理は権力の行為によって表明されうるだけだということを忘れてしまっている。その結果が狂信の回帰、あるいはこう言うほうがよければ狂信の近代化であり、それはたとえば西洋的産業空間においていまや支配的となった心理‐社会学的な言説に、ラテン・キリスト教が適応していくプロセスを通して目の当たりにすることができる。アメリカのカトリック雑誌『ザ・ジュリスト』を読めば、信を告げる、つまり信を産業的な諸理念に見合ったものに調整しようとする、西洋スコラ学の新感覚に気づくだろう。だが信を〈マネージメント〉しても、遵法主義の論理を廃することはできず、信は新たな法的言語に従属し続けることになるだけだ。

この点に関しては基本概念に立ち戻る必要がある。古い法学者の言葉をそのまま引用すればわかるように、信とは象徴的な分節なのである。信の象徴——ユスティニアヌスの『勅法彙纂』が至高の三位一体（より正確に訳せば、最たる極みの三位一体）の項、および〈カトリック信仰〉の項において、sanctorum apostolorum dogmata（聖使徒たちが護持する真理の合法的教義）という表現で示しているもの——とは、全体を復元するための型にはまった不変の符丁という意味での合言葉なのである。ここからわれわれは真理の法的な手順について考えさせられることになる。つまり証拠や公証人をめぐってローマ法が『勅法彙纂』や『学説彙纂』の *De fide instrumentorum*（字義どおりには「手段への信について」であり、手段とは法的真理を告げるために形式に従って執り行われた諸行為を指す）の項で定義し組織していたような、真なるものの合法性についてである。

すべての規範システムの働きに伴う定礎的〈準拠〉についてのわたしの見解には、以下の補足が必要である。このような働きが存在しないものとして社会制度を研究するのは、わたしに言わせれば政治的な検閲にほかならないということだ。歴史主義に育まれているとしても、心理 - 社会学的な問いの立て方では、真理との制度的な絡み合いのエコノミーに踏み込むことはできない。毒づくか弁明するかが関の山で、取消しか誤認に終わる。時としてブルース・マズリッシュの場合のように博識であろうとも、心理 - 社会史（psycho-social History）には別れを告げなければならない。われわれは愚直さの境界にさしかかろうとしている。きわめて近いジャンルの歴史学である伝記理論――フロイトの導きの糸を着実にたどる研究というよりも、歴史的なモノグラフの山を築き上げる理論――ですら踏み越えるには至らなかった境界である。ハーバードの精神分析家エリック・エリクソンには敬意を払うとしても、今日の理論は制定された主体としてのわれわれの絆というものを無視し続けているように思われる。それはまさしく、あらゆる社会空間で真理――絶対的準拠のドグマ的作用により要請される真理――の法に依存するこの絆の性質を考慮していないからである。

2 〈法〉の技芸を操作する。すなわち人の身体を再生産の法に合わせて動かすための知を操作する

わたしの研究しているような規範化とは――これはけっして忘れないようにしよう――、有為転変を生きる動物種たる人類の問題である。ことばという現象、そして長期の教育を受けることが生存条件ですらあるという個体の未成熟性、これは二つの根本的な所与であり、大がかりな組織システムがそれを管理しなければならない。このよ

うな人類を引き受けて、それを製品とみなし、それを人間化することで、死に捧げられた個々人の幾世代を越えて欲望が永続するようにさせるのが制度である。制度的観点、つまりドグマ的観点からすれば、種が何よりも肝要なのだ。

したがって、単純化はあきらめて、個人と集団を対立させる安易な図式は放棄しなければならない。アメリカ流の不吉な社会科学を粉飾しようとして花を咲かせる諸教義の、「個人の心理学と集団心理学との間のギャップに橋を架けるために」（ウィリアム・ランガー）[31]などといった目くらましなど見捨てるべきだ。言いかえれば、われわれは人間の身体を〈法〉の秩序のなかで社会的空間として扱わなければならないのである。

〈法〉の秩序とは、物理的もしくは社会学的な意味での事実ではなく、言説的事実、それも法的に把握される言説による事実である。

〈法（Loi）〉と大文字で書くのは、絶対的真理の神話的コンテクストに関係づけられるシステムの合法性と、両性の交接として了解される再生産〔生殖〕の生物学的な法則との間の、ずれを感じ取ってもらうためである。すでに見たように法的規範性の生産の出発点である〈法〉には、欲望の印としての奇妙な要素、つまり謎が含まれている。法律第一主義は謎を基盤にしており、またあらゆる社会は謎についての知を育むことでそれについて何かを語り、その謎について語りうることを制定してきた。これは〈法〉の起源にまつわる秘密の問題である。古代西洋におけるこの問題については、アンドレ・マグドレンを読まなければならない。彼の仕事は祭司による啓示としてのLex〔法〕という宗教的領域におけるローマ法の歴史を刷新するものだった。

〈法〉の学問が秘密に立脚しているとは何を意味するのだろうか。このことを小説『審判』において通過儀礼の形で説明したカフカを参照しながら答えることができる。聖堂で僧はヨーゼフ・Kに〈法〉の入門書についての詩的な物語を話して聞かせる。その入門書には *"Vor dem Gesetz steht ein Türhüter"*〈法〉の前に一人の門番が立っている）という寓話が収められていた。ここで問題になっているのはまさしく〈法〉の秘密を守るということであり、この不可侵の秘密を表象できるのは寓話という美学的なものだけである。この寓話の締括りが、死の際に（in articulo mortis）告げられる一人ひとりの人生の真相となるはずだ。つまり〈法〉の秘密とは各人の死なのである。このような生きがたく、また人生には不可欠なことこそが、諸制度の創設的真理のなかにうごめいているのだ。このように、〈法〉の言説が幻想的なものを経由することで、はじめて法システムの端緒に死が書き込まれるのである。

さらに詳しく説明しよう。西洋的な法の発達史――それがわれわれの社会文化のなかで居場所を失っているのは残念なことだ――は、人間の身体つまり結果的には主体性の全体が、再生産と死のために制定された社会空間として最初に扱われるのはどの規範的領域なのか、ということを明らかにしてくれる。その領域は、ローマ法がこれを扱う場所にしたユスティニアヌスの『法学提要』の諸項目のうちにある。つまり基本的には、公法（ius publicum）に対立するものとしての私法（ius privatum）の諸項目である。産業主義的西洋はこの私法という細分化した領域を介して、「父性を生み出す」というあらゆる社会に必要なカードを出さなければならなかったのだ。しかし次の点も忘れるわけにはいかない。ローマ的な法律第一主義の組立《モンタージュ》は心-身主義（psycho-somatisme）と呼びうるものと結託しているのである。この重要な問題には後ほど立ち戻ることにしたい。

そこでわたしが強調したいのは、人間主体というこの制定された社会空間について語るためにわれわれが受け継いできた手法である。ローマ市民法によって取り扱われてきた幾世代を越えて、いま人類の一翼を担うわれわれにまで永続しているのは、欲望の歴史であり、そしてこの欲望の歴史とは不可避的に、ある永続する言説の歴史でもある。一見奇妙な〔欲望と言説の〕結びつきだが、構造とは動かしがたく、またわれわれの語り方が心-身主義に従属し続けていることを認めるのなら、それは根源的な結びつきである。心-身主義とはつまり身体と魂についての言説、あるいはわたしの表現で言えば、魂をもつ身体の言説である。このために、身体に関するフィクションの組上げの問題は、西洋人にとっては最初からきわめて錯綜しており、フロイトによる無意識の発見によって揺さぶられはしたが、それでもわれわれの伝統的思想はしっかり持ちこたえているのである。その証拠に、心理学は教えられているが、心‐身医学は教えられていない。そんな医学は袋小路の証拠にしかならないので、教えられないのも当然だということだ。要するにわれわれは、魂をもつ身体というものを、飽きず語り続けることの理由には事欠かないのである。そしてその理由は、〈マネージメント〉の骨の髄にまで及ぶ衰えを知らないラテン・キリスト教的法律第一主義の論理が支える、産業の活力の理由そのものでもあるのだ。

　フィクションの組上げという問題の行き着く先はいつも、政治の原材料である規範化した身体であり、それが〈法〉の言説の生きたターゲットなのである。困難極まりないこの土俵の上に、次の指摘で一歩を踏み出すとしよう。

　われわれの身体はわれわれを欺く。

この指摘はむやみに人騒がせなものと思われるかもしれない。とはいえこの事柄はそのバロック的な輝きのままに語られねばならない。われわれは身体の知、身体に書き込まれた知に支えられた、生まれながらの知者である。この知は欺くもので、術策を含んでいる。それは、真理すなわち人間の再生産にとっての枢要な機能と連動した組立《モンタージュ》のプロセスのことだ。この真理の機能が〈法〉を支え、〈法〉の支えとして再生産に奉仕し、もって〈法〉を言説に至らしめる。複雑なこの問題を註釈してゆこう。

　われわれは一人の新たな人間主体が出現するように、孤独のうちに生まれてくるわけではない。生物学的もしくは行政的な会計的観点はしばしばそう思わせがちだが。われわれは三人で三項関係のなかに生まれるのである。誕生の法的な管理は以下のことをわれわれに示している。フロイトが引用した表現によれば inter urinas et faeces

〔尿と糞の間の〕[21]である、出産という絡まりと引き離しは、再生産〔繁殖〕の生理学と人口統計だけが管轄するむき出しの事実ではなく、言説の出来事として〈法〉の知のなかに書き込まれる事実なのである。詳しく説明しよう。

先ほどわたしは、「われわれは生まれながらの知者である」と述べた。それは言いかえれば、われわれは〈法〉の知のなかに生まれる——人間的に生まれるに至ったとしての話だが——ということである。どうしてこれが事実でありうるのか。それを理解するためには、誕生の法的な組立《モンタージュ》を見てみる必要がある。それはフィクションの組立《モンタージュ》、つまり註釈学者の法的な命題によれば、演劇的な練成物であり、真理の形象（fictio, digura veritatis〔真理の似姿としての擬制〕）である。[32]法学者によれば、誕生に際してある知が争点となり、絶対的確かさの側と、根源的不確かさの側で、何かが争われるのである。どういうことか。誕生とは二つの言語的水準、つまり現実的なものの水準と象徴的なものの水準で機能するということだ。

法的観点からすると、現実的なものは母とともに作用し、象徴的なものは父とともに作用する。この二域を結び合わせ、誕生を人間的に成り立つようにさせるものが制度なのである。社会的な〈法〉の言説——法学者があらゆる人の身の丈に合わせて練り上げた言説——によるこうした政治的寄与にもかかわらず、誕生がうまく機能しないこともある。メカニズムが故障すると、主体が生まれるに至らないのだ。それが狂気と仮説される。精神病の想定要件のなかには、生理学や人口統計の管轄となる要素も確かにあるだろうが、故障しているのはフィクションの組立《モンタージュ》なのである。生みの父というものは、生身では存在するかもしれないが、子供にとっての母の言葉のなかの〈法〉の保持者として存在するわけではない。三項関係を〈法〉の知のなかで結び合わせる法的制度こそが事実——事実と認められるからわたしがそう呼んだもの——にほかならない。それは何よりもまず言語のエコノミーとの関係で扱うべき現象である。

誕生の法的管理は以下の古典的格言によってみごとに表現されている。"Mater certissima, pater semper incertus"

（母親は絶対に確かだが、父親はつねに不確かだ）・制度システムを定礎する真理という観点からすると、われわれが問題にしている二つの水準はここにはっきりと区別されている。〈法〉の知という問題に近づくためには、これらの水準の見極めが不可欠である。なぜならその見極めは、法的でかつもちろん神話的な意味でのある審級を認識することに関係しているからだ。象徴的な父は、遺伝子工学や生理学などの諸条件についてのわれわれの理解度とはまったく関係がない。そうした諸条件に関わる生みの親は、ここでは問題ではないのだ。極論してしまえば、生みの親が誰かということは、はっきり言ってほとんど重要ではない。必要なのは、〈法〉の審級として標定できる審級としての父なのである。西洋文化は父という制度と生みの親の介在をひとつにしてしまった（別の文化では、別のやり方で組み合わされることもある）が、制度のエコノミーを見極め、再生産のためにそれがどんな論理を持ち合わせているのかを理解するためには、生物学的なものと法的なものとの混乱を解消しなければならない。

メカニズムの原理については十分語ってきたが、次の点は強調しておかなければならない。欲望の作用は何よりもまず種に奉仕するということだ。それこそが法的経験の教えるところである。だからといって主体の欲望が社会的な振舞いの規則となるわけではないのは、以下のようなごく当たり前の理由からだ。欲望に従属した人間たちは、その謎や不安や過激さに耐えることができないのである。それに対して政治システムによる管理はこの点に易々とつけ込み、欲望を眠りにつかせ不安を体系的に除去してほしいという一般的な要求をすすんで受け入れる。検約して欲望すること、見落とされがちなこの点こそ個人と社会が出会う地点なのだ。

3　魅了する

続いて注目したいのは、欲望の社会的な捕捉である。しかもこの捕捉が極端な働き方をして、西洋の伝統からすれば狂気の瀬戸際にまで至る場合だ。規範化にはこうした不吉な出会いがつきものである。法的な歯止めが効かなくなり、悪魔的に統治せざるをえなくなったときには、どんな権力もそのような不吉な出会いを操ることができるのだ。この「悪魔的に（diaboliquement）」という副詞に留意してほしい。すぐに理由は明らかになるだろう。

先を急ぐ前に、広く蔓延する次のような知的幻想に対して注意を喚起しておかねばならない。人文・社会科学の貢献によって政治的な魅了のメカニズムの秘密は解明され、われわれのような解放された者たちはもはや絶対的な〈目〉とは無縁になったと考えるような幻想である。強がりを言わず、制度の面で「正気を失う」とは何を意味するのかを考えようという、わたしの提案に注意を払ってもらいたい。われわれがこれについて何ひとつ知ろうとしていないことの証拠は、一部の精神分析家が、特にフランスにおいて、フロイトやとりわけラカンという神格化された創設者の名に狂信を注ぎ込んでいることである。死に瀕した欲望という狂気について問うために、精神分析――今日では邪道に逸れることもしばしばだ――が当てにすらされていないというのは、人類にとっては言ってみれば幸いなのかもしれない。

こんな言い方をすると、わたしの言葉はアカデミックなカテゴリーでは受けとめようもないので、すぐさま科学主義のやる気を挫いてしまうだろう。だがそれは、確かな経験から次のことを知るようになった人々の努力には役立つものではあるはずだ。すなわち隷属とは理論ではなく、何よりもまず無意識による実践だということだ。この点についての考察を省いてしまえば、きわめてありふれた社会現象のひとつについて最低限の解釈を施すことすらみずからに禁じることになってしまう。産業的世界もこの社会現象を消し去ることができないのは、それがまさしく各主体の無意識の、わたしがしばしば歯止めなきドグマ現象と呼ぶものに基づいているからだ。これはドグマ的問題そのものに向かうために避けては通れない箇所なのである。死に瀕した欲望への言及にはここではどんな意味が込められているだろうか。

そこに込められているのは、西洋の〈テクスト〉から魅了（fascination）についての諸定義や決疑論に関する部分を削除してはならないという義務である。位相学的には、この部分は認識についてのスコラ的心理学の周辺に位置づけるべきものであり、それは神学とカノン法学と物理学という三者の区別が曖昧になるような場所である。〔神学・カノン法学・物理学という〕一風変わった取合せではあるが、身の毛もよだつ次のような企図を前に逃げ出さないだけの度胸があれば、これは注目すべきものである。その企図とはすなわち、圧政に対するわれわれの愛を、愛に従属したわれわれが何ひとつ拒みようのない権力の磁界を、明るみに出そうという企図である。政治学がマックス・ヴェーバーを差しおいても取り上げるべき、ドイツの天才イエズス会士アタナシウス・キルヒャー（一六〇二―一六八〇年）の『磁石論（*De arte magnetica*）』を繙いてみるといい。人類における愛が、狂気――キルヒャーの語る insanitas――とどれほどたやすく寄り添いあうことか、それにフロイトが転移性恋愛に関して爆発物の科学を連想しているのは、[22] どれほど弁に長けていたのかが納得されることだろう。

西洋的な魅了の理論――ラテン的宗教と科学的精神の保持者たる近代合理主義とに共通の幻想的なものを接げる理論――は、惑星や植物ばかりか音楽やあらゆる形態の愛にも関係する、引力に関する普遍的な理論たることを自任している。だとしたらそれを、十九世紀以来催眠の諸理論により扱われ、フロイトと精神分析によりとどめを刺された、目やまなざしによる支配という問題との関連だけにとどめておいてはならない。いずれにせよ目についての言説は、一般的な意味でのドグマ的なもののうちに、つまり厳密には医学と法学のうちにしっかりと根を張っており、この言説を通して、切り刻むことを基本とする身体の科学が表明されているのである。黒人文化ばかりでなくわれわれもまたそれを避けては通れないのだ。貞節な目という概念を扱ったグラティアヌスの盛んに註釈された短いテクストを参照されたい（*oculos castos servare*, C. 6, q. 1, c. 13）。それは精神分析家がじっくり考えてみるべき概念である。

魅了の理論はまずスコラ学（中世およびルネサンス以後の）によって、続いて十八世紀の未開撲滅の諸教義によって引き立て役に使われてから、すっかりさびれてしまった。『百科全書』（「魅了」の項）に短く想起されているとはいえ、合理的言説の末裔は政治学の分析に重くのしかかり続けたのである。ドグマ学的な骨組を含むためひじょうに貴重な、デル・リオやフロマンの論集は、迷信や魔術の撲滅という名のもとに〈反科学〉の烙印を押され、廃棄処分にされてしまった。ならばわたしはこう問おう。そろそろこの理論＝廃品について問い質し、どうしてそれが相変わらず――オカルト系出版物によって繰り返される、人気のある一部の愚言であるにとどまらずに――われわれを怯えさせるのかを調べてみてもよいころではないのか。言いかえれば、われわれは破損しても凶暴なこの理論のなかに何を発見してしまうのを恐れているのだろうか。またその理論はわれわれに何を教えてくれるのだろうか。けれども、魅了、言葉の魔術、磁気、奇跡、恍惚など、〈反科学〉の呪われた諸概念を甦らせるためには、実際に通用している政治用語に身を任せるだけで十分なのである。悪魔的なものがそこに回帰してはいないだろうか？すなわち熱狂＝帯電《エレクトリゼ》した群集についての議論がそれである。

ドグマ学的な理論は、いまや使い物にならなくなった諸概念を通じて、われわれに本質的な何かを教えてくれる。悪魔の行為に烙印を押すためにみずから魔術に依拠するその理論は、最終的な問題が何なのかを知らぬ間につきとめていたのだ。その問題とはこうである。悪魔的なものの作用とは何なのか？

それについて当たりをつけるには、語源に立ち返りさえすれば十分だ。ギリシア語の動詞 διαβάλλω（*diaballō*）とは συμβάλλω（*symballō*）の反意語である。つまりそれは「通り抜ける」、「遠くに投げやる」、「反対側に移る」という意味だ。隠喩的な意味に限れば、悪魔的作用をほのめかすことは、魅了を狂気の側に位置づける。それは象徴的なものが消し去られ機能しなくなっている側面だ。反対側に移る者、ことばと記号による合法的な人間空間を乗り越える者とは、つまり狂人なのである。権力の側からすれば、「魅了する」とは社会的な狂気の力を借りることなのだ。

もうひとつ補足しておきたい。魅了の理論は西洋文化における同一化の機能についての言説であるという点も、われわれには関心がある。自分のあり方を変化させて、猫や狼あるいは無生物になることは可能なのだろうか。男が女その他に変わることはできるのだろうか。どうすればわれわれの潜在的な狂気を働かせる、つまり人間化することができるのだろうか。ラテン・産業的伝統が練り上げた制度は、狂気の働きを逸らすのが得意ではなかったと言いたくもなる。ヨーロッパが生み出し、〈理性〉と〈法〉についての植民地的言説を売りさばきながら地球全体に広めたのは、そのような制度なのである。ジャン・ルーシュやクリス・マルケルの詩的映画はこれらの問題の重要さをわれわれに気づかせてくれるはずだ。

魅了の理論は社会衛生に関しても無力ではないことを、最後に付け加えておく。自己に魅了されることは病をもたらすというのがこの理論の教えであり、それはこの点に関していつもナルシスの物語を引合いに出していた。

4　ことばを統御する

この問題を提起するのはわたしにとってひじょうに困難なことだ。読者を苦しめることになるのではないかと危惧している。いくつもの障害を自分で乗り越えてからでなければ、ことばについて問うことや、社会によることばの取締り方について問うことなどできないとわたしは考えているからだ。それを乗り越えた先でようやく、人間の群の飼育場である制度という城塞がいかなるものなのかが、わかるようになるのである。最良の政治の場合でも、われわれの自由は厳しく監視されている。お望みならばそのことを〈超自我〉と呼んでもよい。個人的そして社会的な〈超自我〉、フロイトが言うには〈文化的な超自我（Kultur-Überich）〉である。あらゆる種類の警察機構が支える想像的かつ神秘的な監獄の他にも、各人が――クリス・マルケルが考えた痛切な表現によれば――自分の個人的な傷を持ち寄る監獄があるのだ。人間的な傷なしでは、ことばは立ちゆかない。

つまりことばと言ってもいろいろなのだ。ではここでは何が問題になるのだろうか？

ここでの問題はたったいま述べたような社会によることばの取締り方を見定めることである。それによってわれわれは、ことばがどの社会でも危険物とされていることに気づき、また多種多様なことばの問いのあらゆる混乱を避け、ひいてはことばの回収の手法を見分け、ことばの生産を統治するという、そうした目的をもつ特定の法的手段が存在するということに気づくことができるのだ。言うなれば、社会のなかではどんなことばも行き場を失うことなどない。叫びでさえ、封殺された言説でさえ、恐怖の大義を称える言説でさえも、無駄に消えることはない。

今日心理‐社会学主義が盛んに活用している科学主義的プロパガンダは、個人間コミュニケーションの社会空間のなかでとんでもないことばの理念を撒き散らしている。これを背景に興隆を極めているのは、マネージメントの安直さや、超近代的な小細工のための脳天気なもの言いである。「マイクロカウンセリング」と題されたアイヴィとオーティエの論考や、ハリソンによる「フェイス・トゥ・フェイス」の研究を参照してほしい。科学的かつリベラルな精神を装ったこの種の書き物が、語る存在をどれほどの愚鈍さにまで貶めているか、確認できるだろう。こんな類の仕事を参照しなければならないのも、さまざまなことばの平面をひとつに圧縮すること――こうした攪乱の帰結を見届ける手間を惜しんではならないだろう――は、わたしがかつて用いた表現で言えば、鼠の群を相手にした名もなき絶対主義というカードでも切らないかぎり、構造的に不可能だということを理解するためである。なぜ「名もなき」かと言えば、この前代未聞の全体主義そのものが、言語の外、権威の原理という人間的条件の外に位置するようなものだからだ。精神分析を形式的に参照することで見繕いするようになってはいるが、心理・社会学主義とは結局のところ闘争的な教義であり、指図し規制するものなのである。それはいまでも使われているいい加減な概念で「群集」と名づけられているものの統治に役立つのだ。

ドグマ的メカニズムの観点からすれば群集《マス》などなく、ただ真理の詰まった重厚《マシフ》かつ不壊の社会的言説があるだけである。ここで使える操作概念は、わたしが先に示した〈主体なきテクスト〉である。これはあらゆる制度のうちで第一のものである言語という制度——これに関するソシュールの発言に注意——のなかに巻き込まれ、法的に定義された空間の再生産のために結ばれ合った、語る主体たちを考慮に入れるためのものである。ラテン的伝統は、次のみごとな表現でこれを説明していた。vivi lapides つまり生きた石材たちである。[33] われわれは制度の素材であり、われわれのなかに反響する〈テクスト〉の文化的——つまり宗教的かつ政治的——再生産のための、必要不可欠で必ず交換可能な部品なのである。

この難解な言い方を補足しておこう。制度システムは人間たちの搾り出したような声、あるいはこう言ってよければ合成された声とともに、さらには沈黙とともに機能する。無名の話し声と静寂があらゆるシステムには組み込まれているのである。

いかなる体制の社会組織であろうと話すことを禁じる力は持ち合わせていないということに留意されたい。巨大システムはただ単に監視するだけであり、人間たちを相互の間で分断し、各主体の内部に政治的な境界線を引いて、その境界線を操作しようとしているのである。ここで言う社会組織とは、各主体に二重に語らせ、この二重の言説をできるだけ効果的に機能させるもののことだ。

二重に語るとは何を意味するのだろうか。ローマ法によって西ヨーロッパに伝えられた法規から基本的な例をひとつ取り上げてみよう。ユスティニアヌスの『勅法彙纂』の第一篇は、至高の三位一体やカトリックの信仰を取り扱うと告げた後で、以下のことを付け加えている。et ut nemo de ea publice contendere audeat つまり文字どおりに訳せば「また何ぴともその主題について公には議論を起こさぬこと」。これは二重の言説を推し進めるための政治的な布石である。公的には真理はあらゆる者のためにあらかじめ定められた言説に従って告げられなければならない。だが私生活つまりローマの法学者たちに倣ってわれわれが私的と呼んでいる空間においては、話は別である。そこは二番目の言説すなわち私的なことばの支配下にあるのだ。

私的なことばとは何だろうか。

この問題は文化によって扱い方がまちまちなので、簡単に手をつけることはできない。近代の諸々のイデオロギー――そのなかにわたしはマネージメントも、他の平和主義的になったプロパガンダ（たとえば世界的競合のなかで驚くほどの武力を備えた、カトリックへの改宗のためのプロパガンダや社会主義の普及のためのプロパガンダ）と同等のものとして加えている――が、産業的な単純化に服さない諸文化の抹殺を、推進もしくは完遂させていることに注意しておこう。テクノロジーを武器とする今日の世界的な対立は有無を言わせぬもので、征服の精神が色々装いを変えているだけである。これらのイデオロギーを注意してみれば、それらが少なくとも次の点で一致していることに気づくだろう。真理はいまや青天井で機能しており、われわれには神秘のない制度と、二重の言説の終焉が約束されているということだ。そこでは次のように問うことも無意味である。もし誰もが本当のことを言うようになったら、いったいどうなるのだろうか。

繰り返しになるのは承知のうえでこう答えたい。普遍的狂気が訪れるだろう。

真理を知り、各人にその真理を言わせる。これが普遍的友愛のなかにあっての現代の迫害のひとつの現れ方である。オーウェルが『一九八四年』のなかで）みごとに描き出した絶対的支配者「偉大な兄弟《ビッグ・ブラザー》」を思い起こそう。再びこう主張しておきたい。二重の言説とは防壁なのであり、それのおかげで主体性には社会的なだけではない領域の可能性が開かれ、嘘のための場所も残されるのである。この場所を消し去ることができないのは、それが主体の人間化における欲望の第一の隠れ家であるというごく単純な理由による。

ここで余談を挟んでおこう。諸々の統合的イデオロギーが何と言おうと、制度システムはことばを規範化し、社会関係の碁盤の目の上に沈黙を配置しているということは、肝に銘じておかなければならない。その際に制度システムが従う論理は、やはり諸々の信号を扱う科学の領分に属するようなものではない。わたしが〈主体なきテクスト〉と述べたものは、それぞれに固有のドグマ学的歴史を通して、つまり〈法〉の真理を神秘的に問い質すための固有の知を通して、文化的に見極めることのできるそれぞれのシステムのことなのだが、それは精神分析においてわれわれが「主体のテクスト」と呼ぶものに相当している。言いかえれば〈主体なきテクスト〉からは、神経症の重要なニュアンスや、時としてあからさまになっている精神病の可能性も、当然ながら読み取ることができなければならないはずだ。

したがって、わたしが自分の発言の拠り所にするのは自分にあてがわれた場所だけであり、またわたしは自分が慣れ親しんだ経験——つまりひとつの伝統のなかで意味を与えられてきた西洋的経験——からしか例を取り上げないだろう。

制度は「かのように」の支配下にある。この表現は、主体の語ることばを重視せず、あらゆる空間を区別なく混ぜ合わせる破滅的プロパガンダへの反駁である。言いかえれば、ことばの統御という問題は社会による見せかけの整備という問題も提起するのである。かつてわたしは自分のこの表現を次のように註釈したことがある。制度とは主体のことばの場所ではない、と。ただしこの註釈は、主体のことばには見せかけが含まれないということを意味しているのではない。必要なのはむしろこの表現を一般化し、以下のように述べることである。制度の諸水準を区別することは同時に見せかけの諸水準をも区別することであるが、精神分析がわれわれに熟考を促しているように、主体のことばはどんな状況下でもつねに謎めいた不確かなものなのだ。したがって強調すべきは、公的空間とは何よりもまず、そしてもともと、諸々の儀礼の場、法的組立《モンタージュ》の場、仮面をつけた会話、あるいは外交術的な意味での駆引きの場であるということである。私的空間となると問題は違った様相を帯びてくる。両者を厳密に分かつことはできないものの、わたしの学生のアントン・シュッツが会話術（ars conversationis）の古典[34]のなかから見つけ出した格好の隠喩が、〔両者の〕混同は不可能だということをうまく示してくれている。つまり寝室のことば（表現はシュッツによる）は国家のことばにはなれないのだ。寝室では何がなされ、国家では何がなされるのか。いまや争点は明らかであるはずだ。つまり社会においては誰がことばを享受し、またどのようにそれを享受するのかを知ることこそが争点なのである。

これらの考察を実りあるものとするためには、法的な確実性から出発する必要がある。制度の対象にならないものは存在しない。あらゆる法学者にとってこれは疑いようのないことであり、読者にとってもまたそうであることを願う。それならば以下のことも容易に理解できるはずだ。

一、ことばは権力の属性である。目下のわたしの関心は制度の戦闘的な作用のほうにあるわけではない。その作用に意味があるのは、それが言語を武器として用いるからであり、その言語とは形式であって、空疎ではあるが意味の練り上げという政治の働きによっていくらでも満たすことができる形式なのである。統治は言葉でなされる。つまり言葉を法的に承認することによってなされるのだ。だがここでわたしが着目するのはこの点ではない。

ここではことばの統御と罪責の統治との関係に注目したい。制度システムのなかで、ひとはことばによって何を享受しているのだろうか。権利を行使することなく享受するなどと言うときのように、十全に法律第一主義的な意味において、何を享受しているのだろうか。享受するとは、ここでは罪責の精算を済ませたということである。ことばが人間の欲望の条件であるとするなら、罪責なしに享受することなど考えられないのではないだろうか。われわれはここで政治に関する問題の最難関に直面している。西洋における転覆の歴史は主にこの問題をめぐって繰り広げられてきた。なぜなら革命の名に値するあらゆる〈革命〉の根本的な争点は、語る身体の管理だからだ。

ここヨーロッパの碩学フリードリヒ・ヘールがまったく正当にも「革命たちの母（Mutter der Revolutionen）」と呼んだ転覆とは、ドグマ的心理学に関係する、ある逆説的な作業の歴史である。悔悛をめぐる法権利の庇護のもとで生まれた諸々の決疑論は、すでに破壊されてしまった。そしてそれらはいったん破壊されてから、諸々の革命的な大混乱から生まれた国家の利に適うように作り直され、近代化されたのだ。同じ〈法〉の言説の枠内で転覆がなされるのである。人間の再生産に、したがって制度にもまた、構造というものがあるのだとすれば、これは驚くにあたらない。

要するに転覆の作業はもっとも頑丈なものに挑んだのだ。つまり身体に関する法的な言説にである。スコラ学的な人文科学は、まるで砦が陥落するかのように崩れ落ちてしまった。しかし同時に以下のことが、思いがけず明るみに出された。権力はそれが絶対的真理と結びつく地点において、何らかの心理学による裏打ちを必要としており、またその心理学は不可避的にドグマ的な知、つまり本質として絶対主義的な知とみなされることになるのだ。グラティアヌスに始まる十二世紀の法律第一主義を例にとろう。S・クットナーが仔細に研究したように、この法律第一主義は人間の不幸の諸原因を詮索して、それをいくつもの綱や亜綱に分類してみせた。それによれば一方には内在的な諸原因があり、それはさらに内面的原因と内奥的原因とに区分される。他方には外在的な諸原因があり、外面的原因と外奥的原因とに区分される。刑法および道徳神学と不可分だった旧来の心理学は、刃物を用いて魂の内部つまり身体の内部をためらいなく腑分けし、何万単位で再生産される範例的な人間を製造していたわけだ。罪責を取り扱う技芸の性質を見極めるには、警察の隠語が役に立つことだろう。「料理する」や「質問術」と言われるのは、ローマの古い法律用語では拷問術のことなのだ。

スコラ学的な再生産はすべて過去のものとなり、破壊されてしまった。エロティシズムの問題について考えてみてもらいたい。サドのよき理解者でもあるF・ヘールが、ヨーロッパの革命史のなかに位置づけ直したこの問題を、わたしは近々必要なかぎり詳細に取り上げてみるつもりだ。それは身体とことばの統御についての言説に関わる本質的な問題である。合法性が息を吹き返し、転覆をめぐる事態が複雑になるのは、もはやここだけなのだ。法律第一主義が甦るとすれば、それは何を意味するのだろうか。

それはすなわち、罪責が相変わらず制度の重要な一角を占めており、ことばの社会的な配分はその影響を受け続けているということである。われわれは自分の欲望に確信がもてず、自分の罪責感を他に転移させる——たとえば愛や自由の名のもとに——ことで、それをできるかぎり取り除こうとする。わたしはそのことを強調したい。諸々の制度的な働きというのもやはり、何であれ力関係に奉仕しつつ、ある者たちを無実とし他の者たちを罪ありとするという調整から成り立っているのである。人類は欲望の戦争のなかにある。主体たちばかりではなく、彼らを統治する制度もまたそうなのだ。このため政治的愛や〈大義〉のための死は、システムのなかの恒久的な賭金であり続ける。ここにある奇怪さは次のように言えばさらに強まるだろう。どんな〈大義〉にも一定の数の刺客がいる。わたしからすればこれほどの謎もまたとない。殺すためには死なせる必要もないということを考え合わせれば、謎は一段と深まる。ことばを殺すだけで事足りるのだ。では社会的なことばの殺害はどのように機能するのか。これは警察国家だけの問題ではなく、われわれのリベラルな体制にとっての問題でもある。この体制は、条件反射を生み出すために、つまり最終的には反逆者のいない社会で全能性の幻想を力ずくで実現するために、鍛え抜かれた数多のスペシャリストからなる傭兵部隊をほとんど無自覚に利用しているのだ。

二、儀礼の社会的優位。自発的表現なる理念を推進し、儀礼の問題を普遍的創造性より見劣りする茶番として片づけようとする流行の短絡主義に抗して、ぜひとも次のことを銘記しておかなければならない。社会的コミュニケーションは儀礼を制定すると想定されるのである。あらゆるコミュニケーションは、方法はどうあれ力ずくで押しつけられるものである。なぜなら力関係は敬意を強要するからであり、そしてこの敬意は演出・尊い対象との距離・沈黙の操作を要請するからだ。社会においてヒエラルキーへの讃辞は単なる言葉にはとどまらず、実際に遂行されるものである。西洋におけるラウデス〔讃課〕(Laudes)の伝統を扱ったE・カントロヴィチの著作を熟読されたい[35]。なぜ権力は祝祭なしでは考えられないのかがよくわかるだろう。それなしには、われわれは政治のために動き出すことも、普通のことばと語る権力を区別することも、わたしがかつてメッセージ＝メッセンジャーと呼んだものと一体化すること、つまり詩的かつ神聖な社会的コミュニケーションの作用に参入することもできなくなるだろう。テクノロジーの効果により今日では新たな展開を見せているこの問題は、現実には産業思想の専門家たちから蔑ろにされてしまっている。

この章の問題についてはすでに別のところで議論を発展させた〔ダンスについて、そして一般的な意味での詩について〕が、付け足しておきたいのは、西洋音楽史はわれわれに多大な教訓をもたらしてくれているということである。ただしそれはやはり合法性の移り変わりや法律第一主義の観点から音楽を考察することが条件である。音楽ほど制度的なものもない。たとえばJ・カステンが研究したキリスト教古代の典礼表現[36]"Una voce dicentes"(ただひとつの声で唱える)を見るとよい。〈ひとつ〉という幻想――〈主体なきテクスト〉のエコノミーにおいてはきわめて重要な幻想――への参照を通して、そこにシンフォニーの原初概念があることや、基礎的な制度の組立《モンタージュ》、法的な「かのように」の概念が、存分に描き出されていることに気づくだろう。

文献案内

規範化について、それに無意識的な近親姦のファンタスムに関係する定礎的禁止については、ラテン文学がこれらの問題にある種の軽やかな優雅さで取り組んでいたことに注目しよう。わたしはオウィディウスを挙げておく。

『愛のさまざま』には男性の不能についてのみごとな解釈を見出せるだろう（三・七・七七以下）。オウィディウスは近親姦的な愛へのノスタルジーに関してもやはり援用すべきである（古典的な自然法の教義にとっても重要な引用）。それは母親が息子と、娘が父親と一緒になる（et nato genetrix et nata parenti iugitur）（『変身物語』一〇・三三三以下）という箇所だ。近親姦を人間的に統御することは、いわば鶏小屋状態を否認することなのである。

われわれが〈法〉という語を用いるときには、きわめて複雑なローマの概念が問題になっていることを覚えておこう。その起源については、A・マグドレンの基礎研究が刊行されている。A. Magdelain, *Loi à Rome. Histoire d'un concept*, Paris, Belles-Lettres, 1978.

アルス・ドクタおよびヴァチカンのタピスリーについては、M・ペリーを参照。M. Perry, "*Candor Illaesus*: the *Impresa* of Clement VII and other Medici Devices in the Vatican Stanze", *The Burlington Magazine*, vol. 119 (1977), p. 679 ff. カントロヴィチの次の著作も同じく参照のこと。E. Kantorowicz, "The Sovereignty of the Artist. A Note on Legal Maxims and Renaissance Theories of Art", *Selected Studies*, p. 352-365〔E・カントロヴィッチ「芸術家の主権――法の格言とルネサンス期の芸術理論についての覚書」、『祖国のために死ぬこと』甚野尚志訳、みすず書房、一九九三年、一一三―一三三頁〕。

心理＝マネージメントの生み出しているものも見落とすことはできない。A・アイヴィとJ・オーティエ、およびR・ハリソンを参照。A. Ivey and J. Authier, *Microcounseling. Innovations in Interviewing, Counseling, Psycotherapy and Psychoeducation*, 2e édit., 1978; R. Harrison, "The Face in Face-to-Face Interaction", in *Explorations in Interpersonal Communication*, édité par G. Miller, 1976 (Sage Annual Reviews of Communication Research, vol. V), p. 217-235.

B・マズリッシュがもてはやす心理‐史などより、むしろF・ヘールなどの仕事を参照されたい。B. Mazlish,

"What is Psycho-History ?", *Transactions of the Royal Historical Society, Fifth Series*, vol. 21 (1971), p. 79-99 ; F. Heer, *Europa, Mutter der Revolutionen*, Stuttgard, Kohlmanner Verlag, 1964.

閑話休題

真理が位置する権力の場
映画に関する注記

このあたりでわたしの教えを何らかの形で書き記しておかなければならない。わたしの言説からは明らさまに追放されている教育という言葉が、めずらしくわたしをその気にさせているわけだ。子供たちに、つまり各人の幼年期に属する何かに訴えかけるということは、わたしにとっては〈法〉についての学が存在の幼年期についての学以外の何ものでもないこと、そしてT・S・エリオットがまったく正当にも「思想の感覚的理解（sensuous apprehension of thought）」と言い表したような考えを想起しなければ理解できないことを、思い起こしてもらうことである。

わたしがイメージを頼りにするのはそのためである。もっとはっきり言えばわたしは、自分の映画についての教え、そしてこの『講義』に随伴する二本の重要なフィルム——イングマール・ベルイマン翻案の『魔笛』（一九七四年）とジャン・ルーシュの『気狂い主人たち』（一九五三—一九五五年）——への参照を、正当化しようとしているのだ。だがなぜわたしはこの二本のフィルムに着目したのだろうか？

それはまず何よりも映画の以下のような性質をわたしが確信しているからだ。つまり映画は、制度の築く観察しがたいこの領域において、科学信仰を相対化し、言説という概念自体を、ことばの社会的・政治的なステイタスという本質的な問題のなかに戻してくれるのである。語りえぬもの、謎、そしてわたしがメッセージ＝メッセンジャーと呼ぶものとの一体化、また叙情性を介して真を知る技芸、これらは人間のドグマ的部分の機能におけるあまりにも本質的な争点であるため、それを理解してもらうには何らかの手段——ここでは映画という非常手段——を用いざるをえないのだ。

さらに、以下のことを思い起こしてもらうのがわたしの願いであったからでもある。つまり映画は自然のものではなく、組立《モンタージュ》へのわれわれの愛——西洋的法律第一主義によって合法的に制定された、偶像破壊的な諸伝統とはあまりにも異質な愛——と歴史的かつ構造的に関係しているのだ。これにはどんな背景があるのだろうか。それについてわれわれは何を知っているのか、そして現代においてそこから何かを学ぶことにどんな意義があるのだろうか。〈法〉および真理の〈イメージ〉に関して映画は人類に異変をもたらすのだろうか。

とりわけ映画はわたしにとって、身体——つまりわれわれが身体と呼ぶこの制度的フィクション——をめぐる諸問題を問い質し、西洋の心‐身主義という組立《モンタージュ》を、数あるドグマ的言説のなかのひとつとして本来の神話的場所に位置づけるための道具であった。

モーツァルトのオペラのベルイマンによる反復を通して、法律第一主義が用いる諸概念の死活的な重要性が容易に理解できるようになる。そのフリーメーソン的性質、つまりヨーロッパにおける主体の社会化を支えるドグマ的システムに従った諸実践からかけ離れた通過儀礼の実演に関する、伝統的な註釈のあからさまな嫌悪の類を挙げておくべきかもしれない。だがこのように不安を覚えるということ（たとえば雑誌『ラヴァン・セーヌ（*l'Avant-scène*）』一九七六年、第一号の対訳シナリオに付録の優れた文章や、学識豊かなR・ストリケールの著書『モーツァルトとそのオペラ。フィクションと現実』〔R. Stricker, *Mozart et ses opéras. Fiction et vérité*, Paris, Gallimard, 1980〕にすら、いまもって顕在している）こそがまさしく多くを物語っているのである。なぜならその不安は、われわれの文化の特徴のひとつに注意を向けさせるものだからだ。その特徴とはすなわち〈法〉——再生産の社会化に欠かせない、無意識によって理解される〈法〉――のドグマ的な設定における諸々の複雑な装置の廃絶である。言いかえれば、われわれにはもはや理解できない何か、より正確に言えばわれわれがもはや理解できないかに装っている何かがそこにはあるのだ。われわれが属する西洋の文化にとって、オペラとは本来欲望の称揚を展開するものであり、人間の欲望の学にとっての〈真理〉を論じ、なおかつ同時に欲望の〈真理〉を〈父の法〉――〈母〉にも課される〈法〉――の記される詩的言説の空間に位置づけるものであることを考えてみれば、『魔笛』とは単なるもうひとつの文学的な事例にすぎないことがわかるはずだ。だがわたしが自分の教えを図説するためにこのフィルムを選ぶことで示したかったのは、ベルイマンの手腕が、フリーメーソンを参照することで、モーツァルトにおいてすでに顕著だったフィクションをさらに倍増させている（幕間のショットが強調され、スペクタクルのなかのスペクタクルであることが告げられていたことを思い起こそう）ということである。だがこのフィクションでは何が問題となっているのだろうか。

ごく単純に神判の終わりが告げられる場面をその答えとすることができる。死の試練をみごとにかいくぐった恋人たちの場面である。タミーノとパミーナはザラストロの手下たちが一同に会する前で再会する。では欲望への試練の至高の主人たるこのザラストロとは何者なのだろうか。わたしの註釈は彼を次のように名づけるだろう。彼は〈真理の主人〉の役目についているのである。この点はわれわれの考察の土台をなしているが、この考察はわれわれの文化よりも通過儀礼をもつ諸文化にとってのほうが容易である。われわれの文化においては、〈真理の主人〉の役目が政治秩序に横取りされ、あらゆる支配のための役目と混同され、次第に差異化が困難になっている諸権力のマグマのなかに、政治科学言説の合理主義的手法で統合されてしまっているのだ。

ついでながら指摘しておきたいのは、われわれの知的慣習から法的素養が取り除かれることで、われわれにとっての解釈者的思考が結果的に貧しくなっているということである。主人と奴隷の弁証法や支配（maîtrise）の効力などのように、主人（maître）という言葉が一義的で結局はきわめて単純であるかのように用いられているのもそのためである。しばしば指摘してきたように、フランスにおいてとりわけ顕著な、哲学のこうした取扱い方は、十九世紀ドイツの伝統とは対照的に、ローマ法に由来する知的概念を一掃する教育法に準拠しているが、私見によればヘーゲルのような桁外れの理論家に肉薄するにはそれらの概念が不可欠なのである。同じように政治‐神学の用語がラテン語の dominus を領主（seigneur）と訳してしまうのは、ローマ法学者よりも封建制の法学者が作成した語彙に照らして、生ぬるい解釈を、われわれが鵜呑みにしているからだ。ローマ法学者は真理を教える主人（maître）と地主（propriétaire）を区別していた。それはこの二つの概念に明確な関係がないということではなく、重要なのはわれわれが混乱から抜け出すことである。つまり主人＝地主は物を取り扱い、真理の主人は意味づけるということだ。それによって言説の秩序内に本質的な差異がもたらされるが、複数の水準をもつこの合法性の秩序を、わたしが話題にしている映画作品はみごとに上演しているのだ。

　言いかえればわれわれが直面しているのは、権力と呼ばれるものの多様な人間的水準を区別するという問題である。水準のひとつはフィクションによる人間化であり、そこでは権力は、保証人の役割以外の何ものでもない。つまり、欲望へのアクセスは身体を含む負債と引き換えであり、また権力へのアクセスは潰えた幻想を覆うヴェールでもあることを、あらゆる主体――無意識的欲望の主体――に知らしめる役目だ。通過儀礼的な組立《モンタージュ》はそれを行っているのであり、またそれにより父の機能は、権力の形象や隠喩以外では語りえぬ〈真理〉の秩序における〈法〉のフィクションとして提示されるのだ。人類の再生産の争点という観点から制度をめぐる諸問題を考える際に根本的な問題となるのは、（諸々の組織システムが昔も今も――私見によればかつてほどではない――巻き込まれている倒錯や混乱以上に）結局このことなのである。

　同様の争点は『気狂い主人たち』からも窺い知ることができる。これはわたしの教えにとって、わたしの意図に何の疑念も残さずに問題を提起してくれる格好のフィルムである。産業システムがそれだけで自足したものとして文化的メスなしに観察されるものであるとすれば、現代的人類学に関わる仕事に立ち入ることはできない。モーツァルトによる表現にも、ルーシュがフィルムに収めたハウカ[23]（Hauka）たちによる犬＝贖い者の供犠にも、同様に死の神判を見出し（『ガーナへの移住』〔J. Rouch, *Migrations au Ghana*, Paris, Société des Africanistes, 1956, p. 151-154〕収録の、このフィルムに関する彼の注記を参照）、流行の科学主義——しばしば語ってきたように人種主義に染まり、産業秩序を人類の〈法〉から解放されているかのように扱う科学主義——と、断固として手を切らねばならない。さもなければモーツァルトも無意味である。なぜなら彼が上演しているのは、「魂をもつ身体」、つまり欲望の暴力性についてのわれわれに固有の言説なのだから。

『気狂い主人たち』は制度における〈理性〉をめぐる問題のみごとな実演であると言いたい。イギリスの植民地的な儀礼を参照しつつ組織された典礼空間において、みずからの憑依場面を演じるハウカの精霊の信奉者たちにとっては、心‐身主義的言説など、理解できないほら話で、常軌を逸した納得できないものに思われることだろう。その意味でこれは、われわれが異論の余地のない科学的な所与だと考える精神と身体の二分法を、神話的な場所に戻してくれるフィルムである。だが認識論がどれほどそれを拒んでいるかを見てみるといい。たとえば性転換願望という身体を取り替えようとする欲望は、「プシ〔心理〕」の諸科学の取り分となり、政府はそれを合法化するための法的文書を作成するよう圧力をかけられているのである。だがいったいわれわれはそれについて何を知っているだろうか。そして特にわれわれは、どういうことならそれについて社会的に語ってもよいと認めているのだろうか。ひとつの魂が身体を取り替えるということに対して、どうして現行の社会権力は興味を示さないのだろうか。言いかえれば、諸々の同一化についての西洋的な科学とはどんなものなのであろうか。以上が興味深いいくつかの問いである。

第Ⅱ部　歴史から論理へ——ローマ法の帝国

第Ⅱ部ではことのほか厄介な考察を展開することになる。厄介な、というのは、この考察は産業的現象の生まれた諸国においては消滅の途上にある問いかけに関係しているからだ。

管理経営的な合理主義によれば、社会が夢や幻を見たりすることはない。だがそうは言っても、社会は夢も見るし、幻も見るのだ。ギリシア語ではドグマの語がしばしばこういった意味で、誰かが自分の夢や幻について語るときに用いられる。わたしが〈主体なきテクスト〉と呼ぶ集合体において、われわれがまず見出すのはこのようなドグマ的なものであり、それを通して社会的思考という錬成物が表明され、伝達されているのである。この思考が狂っておらず、したがってわれわれがこの思考と歩みを共にすべきであることを保証するのが、法律第一主義の諸産物の特徴である。そしてその保証からただちに連想すべきは、真を語る権力の論理、および〈法〉による締めつけ——ゴルディオスの結び目の意味での締めつけ——である。

ローマ法の歴史は、今日では件の合理主義によって産業システムの視野の外に追いやられてしまっている。たしかに、この歴史は不可解な代物である。とはいえ、だからこそそれはわれわれにとって、歴史的な非時間性というトリックとして興味深いと言わねばならない。言いかえれば、ローマ法の歴史の標的は構造（わたしがこの語に与える意味においての〉なのである。それは〈主体なきテクスト〉という装置——西洋文化という生半可な表現で名指される空間における制度的再生産のための意義深い装置——を下支えするひとつの概念である。西洋的な〈法〉の学問は、真理のエコノミーという、どんな凡庸な歴史記述でもそれが——ローマ帝国の様式とラテン・キリスト教の様式という——二重のローマ的な様式をもつことを知っている神秘的なエコノミーに依拠しつつ、明示的もしくは暗示的に人間の位置の定め方を反復してきたのであり、ローマ法の歴史の妥当性と永続性はそれに依存している。以上のことすべてを、われわれはこれからいくつかの探求を通して検討してゆく。それが次のわたしの指摘の重要性も明らかにしてくれるだろう。

ユスティニアヌス法典から切り離して産業システムを研究することができないのは、コーラン抜きでイスラームを研究したり、トーラー抜きでユダヤ教を研究することができないのとまったく同じことである。

第一章　制度の父性、テクストの継承

ローマ法の歴史がきわめて特殊な歴史であるのは、それが単なるテクストの年代記や事項索引にとどまるものではないからだ。それは西洋的再生産の構造そのものと重なり合っている。

ここでわたしは構造（structure）という語を、アウグスティヌスが structura caritatis という表現――文字どおりに訳せば愛の組立《モンタージュ》――でこの語に賦与したような意味に理解している。ここからわれわれは第一級の社会的現実を新たな光のもとで理解しようというのである。それはすなわち、〈法〉の諸学が築き上げた諸々の操作技術のことだ。つまりわたしは、あらゆる種類の混乱にもかかわらず諸テクストは何ら損害を被らなかったかのように、また無限に拡充されるコーパス内でのテクストそのものの継承や発展それ自体は何ら重要ではないかのように、ローマ法の歴史を取り扱おうというわけだ。とはいえわれわれは同時に、歴史記述のための最良の道具を用いつつ、事象の歴史的展開を見落とさないようにも努めたい。言いかえればわれわれは、われわれ独自の関心事に応じた解釈者として振舞おうとしているのだ。それはつまり、ローマ法というこの書かれたものの体系《システム》の本質的な機能を理解すべく努めるということである。今日的な手段を用いつつその手段によってわれわれ自身の身の丈を測るために、わたしの立場である政治的・人類学的観点からローマ法の問題を再検討することが、われわれの目指すところである。

ローマ法の問題はヨーロッパのドグマ学者たちをつねに奔走させてきた。すなわち二つのスコラ学（中世と近代）の註釈者や十七―十八世紀の自然法学者、十九世紀のパンデクテン法学者やそれ以後の碩学たちをである。神話学や詩学の分野の面々は挙げないにせよ、そのなかのバッハオーフェンの名は思い起こしておかなければならない。この類まれな博識家の『母権制（*Mutterrecht*）』（文字どおりには母の〈法権利〉であり、母の力能の〈法権利〉という意味に理解されたい）は、いまもってわれわれに必須の文献である。

あらかじめ読者にある宿命をお伝えしておく。わたしが雑然と書き散らす全般的考察のなかを、われわれは掻き分けながら進むことになるだろう。目下のところ必要なのはわたしの言うところのいわゆる理解しない権利、つまり最小限の謎の感覚を取り戻すことであり、その謎なくしてローマ法に接近することは不可能なのである。ローマ法とは難攻不落の要塞なのだ。それに気づいてもらうことにわたしは専念したい。

こう始めてみよう。ローマ法の歴史という概念に問いを投げかけることは、真理の言説に問いを投げかけることであり、産業秩序はこの言説に結びついている。産業的な制度の真理とはどんなものだと考えればよいのだろうか、またこの制度がそうした真理の効果として機能していることをどう理解すればよいのだろうか。問題は〈法〉に基づいて真と偽とを区別することであるからには、これは論理の問題である。

この点についてあらためて考えてみよう。ローマ法の歴史は論理の弁護を買って出ているのだが、その論理とは〈善〉と〈正義〉の論理である。〈善〉と〈正義〉というこの二つの概念は、国家や権力などを嚙みくだいたものとしてではなく、諸々の社会的実践と真理の秩序との結び目として理解しなければならない。この真理の秩序を古代ギリシア――ローマ法はそれと死活的関係を取り結んでいる――は〈倫理〉と呼んだ。〈倫理〉を支えるものこそが〈理性〉についての言説である。ローマ法の歴史はそのようなものとして、われわれ産業的西洋人にとっての論理そのものであり続けている。それは、われわれがどこにいようとあらゆる点で〈理性〉と結びつき、また結びつくことを望んでもいるという意味においてである。ユスティニアヌスの法典を特徴づけるために中世に作られた雄弁な表現をここで紹介してみよう。ユスティニアヌスの書物とは、「書かれた〈理性〉(Ratio scripta)」だというのだ。

先にわたしは、産業は真理の法権利を行使するのだと述べた。ローマ法はわれわれを制度システムの内奥へと誘う。そこでは制度システムはみずから〈理性〉の普遍帝国――ヨーロッパの伝統的表現はローマ法を用いながら「〈帝国〉の理性は〈理性〉の帝国である(ratio Imperii, imperium Rationis)」と述べていた――をもって任じ、錯乱しない権力の保有者であるかのようだが、その土台をなす組立《モンタージュ》こそがまさしく産業の組立《モンタージュ》でもあるのだ。

産業システムは構造を解釈する。それは民法により構成される創始的な設定――これから見るようにそれはいつまで経っても創始的である――の演劇的再解釈である。次の根本的な定式を肝に銘じておかれたい。西洋が文明(civilisation)と呼ぶのは本質的には民法(droit civil)の文化のことである。これほどまでに認識されにくい定式をわたしは他に知らない。

つまり産業的な再生産の秩序は、ここでは語の隠喩的な意味での表象の秩序、すなわち解釈の学として捉え直すことができる。ローマ法の歴史に立ち入ることでわれわれが足を踏み入れるのは、メッセージの論理であり、それはすなわちテクストの論理なのだ。

テクストの論理に言及するにあたっては、ローマ・産業的な解釈の学を他のシステムから差異化しているきわめて重要な点を指摘しておかなければならない。われわれがここで直面している論理とは、隠されないものによる伝承とでも言えるような伝承の論理なのである。言いかえればこのシステムは、秘伝とはまったく無縁の道筋で定礎され発展し、〈法〉への秘儀的な入信儀礼《イニシエーション》を拒絶しているのだ。このことは諸々の知の儀式やヒエラルキーの原理そのものに多くの帰結を生まずにはおかない。

隠されないものによる伝承とは何を意味するのだろうか。ローマ法の歴史が絶え間ない脱神話化や、曖昧さに対する明晰さ、仮面を貶る素顔というカードを切ってきたことは、ぜひとも指摘しておきたい。それがよく感じ取れるのは、中世スコラ学による古代神話のキリスト教的な取込みの絶頂期において（ヤウスがこの取込みをみごとに研究している）であり、まさしくその時期に、註釈学者の専門用語が権威の言説を合理化し、法的な註解からまばゆいレトリックやその自然な詩的支柱を除去しようとしていたのだ。〈権力（Pouvoir）〉（potestas の文字どおりの訳）というすたれることのないテーマは、効果的に調整された正しい知を製作するための分類技術に属している。たとえば以下のような区別を見られたい。充溢した権力、もっとも充溢した権力、充溢の弱い権力（plena potestas, plenissima, minus plena）。法学者たちのこのような定式の合理化への性向に注目しておこう。明晰かつ精確で、曖昧な返答に敵対する〈理性〉、それが〈法〉というもっとも曖昧な領域での西洋の神話なのである。以下でこの点の理解に努めよう。

1　操作の技術、すなわちフィクションの場から発するメッセージの論理の構築。〈すべてを受け入れる書物〉（Pandectae）と〈息をする法〉（Lex animata）に関する所見

ユスティニアヌスの法典——ひとつのコーパスを形成するために集められた諸テクストからなる、産業組織のシステムの土台をなす巨大な集合体——は、制度の再生産の西洋的様態に関して何を表象しているのか、それを理解することがここでの課題である。伝承されたさまざまな版や、諸々の学派が分類した註釈の歴史をたどり直したとしても、ユスティニアヌスに依拠した作品の結構そのもののなかで、われわれが直面している技術の根本的な要素について考察するよう、あらかじめ促しておくのでなかったら甲斐ないことになるだろう。その根本的な要素とは

「分割」である。

分割を製作することによって制度が製作される。まずこのことを考えてみよう。

この概念に近づくのがひじょうに微妙なのは、われわれは常識の示すがままに、制度とは一つひとつ切り離された単位のように次々と足し算されて集団を形成する凝集した諸個人に関係するものだと考えがちだからだ。言いかえれば、分割はまず諸個人を身体ごとに切り分け、続いて集団ごとに切り分けるというわけである。だが実情はそうではないので、ある社会のドグマ的秩序はそれよりもはるかに複雑な操作を必要としている。諸々の制度的作用は無意識をあてこんでいるのだ。つまりひとりの人間主体の内部で、多様な分割を包括する全般的な分割の原理、要するにわれわれは自分の思考やことばや行為のなかで自分を見失わずにいるのがひどく苦手だという事実が念頭に置かれているのである。われわれは自分自身のうちで分割されているのであり、さまざまなその分割の仕方のなかには、群の刻印を受けた者としてのものも含まれている。われわれはあらゆる政治にとって家畜であるというのは、古代およびローマ・キリスト教の統治学の隠喩であり、それをこのローマ法の歴史の再評価においてけっして忘れないでおきたい。

関係心理 - 社会学をベースとする現代の管理経営的な知が、その順応的・合法的な役割を発揮するのはここである。人間の生すべてを残酷に騒々しくしている矛盾のマグマ現象に蓋をすることで、それらの知は古典的な司法技術の仲間入りをするのである。あらゆるシステムは、人間存在を動転させる火山的とでも呼ぶべき力を押し戻すのを事とする、みごとな法律第一主義の手を借りて、諸矛盾のマグマを取り扱いそれに化粧を施しているのだ。マグマなど何も知らないというのが、いまではよく見られる個人の症候であり、それは大がかりな社会的秩序づけに取り込まれているのだが、わたしならそれはわれわれと真理との関係を寝かしつけることなのだと言いたい。

周囲の何人かの人々とともにわたしが目撃した場面を用いてわたしの見解を図示してみよう。それは分割についいての精神分析の教えと照らし合わせてみれば教訓に富んだ場面である。

この場面を要約してタイトルにしてみる。自殺した息子の亡骸に抱きつき、一本の赤い薔薇で彼と隔てられた母親。

この光景に誰が不在なのかに注意されたい。父親である。しかし同時に注目したいのは、陳腐な仰々しさで母と子を引き離したのが一本の赤い薔薇だということであり、この薔薇は語りがたい分割を参照させるものとして、死者の指の間に挟まれている。精神分析の決まり文句で言うとすれば、抱きついた女性はまず何よりも父親に対する娘という身分でそこにいるのであり、抱きついた相手は彼女自身の近親姦欲望のマリオネットなのである。そして子供＝遺体は死んだ息子ではなく、系譜的エコノミーにおける通貨であり、このエコノミーにおいて息子（孫息子でも同様）が存在するためには、人間的な矛盾の耐えがたさが、各々の主体自身にとってのいくらかの犠牲と引き換えに――なぜならそれが再生産の法であるから――、やはり耐えられねばならない。法律用語で言えば、善と衡平の術が成就し、各人は借りを返さなければならないのである。だが無意識に付加された象徴的エコノミーにおいて、義務とその法的な絆（ローマ法で言う juris vinculum[1]）が顧みられなければ、系譜も正義も途絶え、混乱と錯綜が訪れる。この例は子供の自殺が系譜的な破局を表すような、父の隠喩の機能不全の物語である。

わたしのこの悲痛なエピソードはわれわれにとって何の役に立つのだろうか。主としてそれはある社会のなかで同一化の運営を保証するものに対する法の機能を明確化するのに役立つのである。人間が再生産するとすればそれは、親族の法的構造によって定められた場所に到達するためのシニフィアン（父、母、子などの法的カテゴリーによって体現される）の法に従った系譜的伝承、継起的な秩序があるということであり、その親族の法的構造自体はまた法権利の政治によって定められている。法権利の政治とは何だろうか。それはバッハオーフェンが絶対権力を Mutterturn と Vaterturn――これを翻訳するのはきわめて困難だ（母体主義〔Matrisme〕と父祖主義〔Patrisme〕？）

――の二つに分けることでみごとに示したことに関係している。この働きのなかで――法という輪差《わさ》結び（noeuds coulants）を介した衡平なやり方で（十二世紀の註釈学者ロゲリウスによる衡平の定義、「法の輪差結びへの括りつけ〔laqueis iuris innodata〕」を念頭に置いている）[2]――方向づけること、それこそが象徴的企図であり、混乱した錯綜や狂気による殺戮を免れるための企画なのだ。言いかえれば、再生産が機能するためには殺人的な同一化を食い止める必要がある。つまりすべての主体が〈法〉を幻想的に自分のものとするための法的な諸条件を生み出す必要があるのだ。これらの主体は、ファルスとの想像的関係に取り込まれた神話的に平等な――男女を問わず――主体たちである。死にたくなければこのファルスとの関係を代謝しなければならない。この関係が精神分析で問題となる分割の基礎をなしており、フロイトはこの分割を、精神病やとりわけフェティシズムとの関連で、継続的に取り扱ってきた。無意識的分割の原理――フロイトの言うファルス――がある種の逸脱（Ichspaltung〔自我の分裂〕）を被れば、幻想が猛威をふるって、われわれ各人のうちで現実に成し遂げられることのみを求め始める。こうして一時的にせよすべてがひとつになることを熱望するゼリー状の家族や集団が繁栄し、そこでは他者と自己の区別がつかなくなる。そうして人間同士の捕え合いが働いて、本当の殺害によって中断される捕囚状態となり、そのときには愛の言説がその隠れ蓑になるとともに、〈法〉の弁証法――書物と刃物の間で機能する弁証法――はもはや不可能になっているのだ。

　わたしが示したいと思っているのは、法システムが人間的に機能すること、またこのシステムは右記の分割をめぐる問題に依存していること、ただしそれは両価的な形で、すなわちこの法システムに担われる主体たちにとってみればもっとも危険な形でだということである。つまり一面では、以下でユスティニアヌスの法典が示してくれるように、法システムは再生産というカードを切っている。それは再生産が真理の場所の論理を必要とする点においてであり、まさにこの絶対主義的真理から、Mutterum と Vaterum の概念すなわち〈母〉の帝国と〈父〉の帝国が神話的かつ論理的に導き出される。それが先ほどの映画の実例で示した意味での、再生産の文化的前提としてのドグマ的秩序である。しかし他面、ローマ法の歴史が示すのはまた、諸々の制度システムは、歴史的現実における人間種の具体的な再生産のためにみずからが果たす機能から切り離すこともできるということである。その機能とはすなわち生物学的なもの、無意識、社会的なものの三つが各個人のなかで結びつき、その個人が欲望の最低限の地位にたどり着いて今度は自分で再生産するようにさせるという機能である。この機能を離れた制度システムは、言説の現象、あるいはまさしく法的な組立《モンタージュ》を介して言語《ランガージュ》とことば《パロール》に勝負を賭ける〈主体なきテクスト〉としても現れる。言いかえれば、言説としてのシステム自体の再生産もまたシステムの目的であるということだ。これは産業の構造においてわれわれは何者なのかということに関わる重要な点である。以上の指摘を踏まえたうえで、ユスティニアヌスと彼の法典《コレクション》を取り上げることにしよう。

わたしはユスティニアヌスの法典《コレクション》をあるがままに組立《モンタージュ》として示すことにする。再生産の西洋的構造——本質的な分割の原理を実現する構造——における組立《モンタージュ》である。この分割の原理は、諸々のテクストを、諸々の異なるコレクション、特定のまとまりへと、いわばパック詰めにして分配することに関係している。一方には『学説彙纂』、他方には『勅法彙纂』とその補足の『新勅法』。問題をよく理解するために、膨大なこのテクスト集の歴史を、前史と後史とに分けて一瞥しておこう。

前史。王政から共和政そして末期ローマ帝国までの、さまざまな技術的処置の移り変わりのなかで用意された諸テクストの積み重ねによる、長期にわたるドグマの沈殿作業。末期ローマ帝国は、キリスト教のための伝統の活用と、多様な帰結をもたらした東と西との分裂によって特徴づけられる時代である。帝国の西の部分は、異民族による侵攻の波の後に、新たな歴史的分配の争点となった（四七六年——ローマ滅亡の象徴的年号——に西ローマ帝国そのものは存続しなくなる）。ユスティニアヌス一世（五二七—五六五年）——ビザンティウムに座しながらも無欠の普遍帝国という政治的フィクションによればローマの皇帝——の企図は、これまでのローマ法全体からなる遺産を自分のものとし、近代化の必要な専門的規則を改訂することであると同時に、典礼的形式を踏まえた皇帝尚書院による成文法の形での立法活動を再開することでもある。ユスティニアヌスの法典《コレクション》は解明と立法を行う。それは焼き直され、新たな使用に耐える、種を抜かれた（『学説彙纂』の長い表題に記された表現 iuris enucleati による）法権利を提示し、かつてのあらゆる法権利を合計（ex omni vetere iure collecti libri...）したうえで、これまでの皇帝たちの作品を分類・補強し——五二九年と五三四年の二つの版が知られる『勅法』と、その起草に続く『新勅法』（つまり新憲法）の目的はそれである——、最終的には諸制度（institutions）の教科書的な要約をまさしく『法学提要（*Institutiones*）』——文字どおりには（いと神聖なる皇帝の）「教理集」——というタイトルで提示するのだ。

これらすべてに通底していることは何だろうか。この組立《モンタージュ》の原動力とは何なのか。それはこれらの法典《コレクション》の後史、つまりユスティニアヌスから今日までを考えることで理解できる。

これらすべてに通底し、ローマ法の歴史に内実を与えているのは、制度的再生産の構造である。この構造という概念は、すでにわたしがアウグスティヌスを参照しつつ定義した意味に理解してもらいたい。つまり愛の組立《モンタージュ》であり、『学説彙纂』（五〇・一・三三）に記載された「ローマはわれわれ共通の祖国である（Roma communis nostra patria est）」というエンブレム的な格言のなかに詩的な形で認められる組立《モンタージュ》である。ローマ法の論理は普遍的な祖国愛の論理なのである。祖国に言及したことに留意されたい。われわれはまもなく、殺人と自殺の観点からそれに立ち戻ることになるだろう。

後史と呼んだ歴史をもう少し詳しく検討してみよう。ヨーロッパ、それも産業的なヨーロッパは、みずからの組織システムの全体——転覆のための固有の法的手段を含むシステム——の鋳型と土台をこしらえるためにユスティニアヌスの法典《コレクション》を流用したのであるから、このヨーロッパにとってみればビザンツの身体〔コーパス〕（ユスティニアヌスの法典の全体）の発見は、きわめて特異な逸話である。この発見は聖職者や俗人からなる学者的な政治家の集団によって、十一世紀末から十二世紀前半にかけて、まず断片的に、続いて全面的になされた。それは文献的な出来事というよりも、まさに神の驚異であり——十九世紀以来のわれわれの案内役サヴィニーが伝える、戦闘中に奇跡的に発見されたという伝説的な逸話を伝えておこう——、再会という現象である。西洋が再度わがものとしたローマ法は、十二世紀の封建時代においては社会的に理解不能であったが、政治的には基礎であり続けていた。それは西洋の人間に対して、人民 *λαός*（*laos*）に向けての言説つまり典礼という形で、西洋人がつねに知っていたとみなされることをあらためて知らしめているからだ。つまり制度の神的な真理がローマ的であること、それも二重にローマ的であるということをである。ひとつには普遍帝国が証言している系譜的なつながりによって、もうひとつには教会によってである。コンスタンティヌス（四世紀）以来法的にローマ化していた教会は、ヨーロッパにおける古代の終焉（五世紀）から十一——十二世紀にかけてのいわゆる蛮族の時代という見かけ上の停滞期に、ローマ法のローマ性に対する人類の神秘的忠誠を繰り返し表明していた。教皇ヨハネス八世の言葉を引いておこう。“Venerandae romanae leges, divinitus per ora principum promulgatae”. 字義どおりには「皇帝たちの口から神的に教えられたローマの諸法を敬わねばならない」。これはグラティアヌス——スコラ学はみずからの材料をこの情報処理学者に負っている——に見出すことのできる格言である（二六・三・一七）。キリスト教によるローマ法の完成、これはけっして忘れてはならない主題だ。キリスト教はユダヤの掟を完成させたと主張するのとまったく同じように、ローマ法を完成させたと宣言することも忘れていなかったのである。

以上の指摘にいくつか補足しておこう。ローマ法とキリスト教を結ぶ絆の複雑さ、古代の公会議——その決定はヨーロッパの思想の命運を握っていた——で論議の交わされたキリスト論の争点の重み、そして西洋によって激しく覆された——ラテン・ヨーロッパが今日でもギリシアの分離《シスマ》と呼び習わしているものによって十一世紀に決定づけられた転覆――ギリシア的準拠、これらのことをけっして忘れてはならない。正教と呼ばれる――産業の論理を生んだ西洋スコラ学から切り離された――キリスト教の形態が帰属する、この広大な歴史の織目の下には何があるのだろうか。この正教とは、ロシア世界の拠り所となっている宗教の第一の鋳型であり、今日ではソビエトの組織様態として改革（この用語はラテン法律第一主義が十六世紀の宗教改革よりもはるか以前から認めていた意味で用いている）されているものだ。ローマ帝国の一部つまり pars orientalis〔東の部分〕が抜け出して、ヨーロッパ註釈学者の合理主義を逃れたのだ。構造における組立《モンタージュ》という観点からしてここで問題になるのは、至高の神託の至高な解釈に忠実に、入子状のヒエラルキーをなす解釈のシステムとしての法権利を構成することであり、要するにローマ法は、つまるところ神託の中央集権化を拠り所としていたのである。ギリシアにおける神々の言葉 τὰ θέσφατα (*ta thesphata*) の解釈の神話的伝統からすれば愕然とするものだとはいえ、ローマ法とはやはりそういうものなのである。ローマ帝国が生み出したこの至高の神託の権力という制度は、まぎれもない帝国の反復たる西方教会の法的な切札となった。教皇システムをきわめて効果的に発達させたに違いない imitatio imperii――文字どおりには皇帝の模倣――という主題を参照されたい。二分裂ということから汲み取るべき主な教訓は、ごく簡単に次のように要約できるだろう。つまり一つの普遍帝国は二つの普遍帝国を勘定に入れることはできず、真理をめぐる計算は、本当のことを語る二者、つまり神とその解釈者のどちらかという粗野な会計にかかっている。考えてみれば、これは神判の論理そのものであり、この論理は秤にかけた真理ほどに絶対的な何かに依拠しており、それが動かしがたい証拠なのである。この証拠、それは真理と包擁した人体そのものである。さらに言っておくならば、西方と東方の意見が合わないのは、まさにこの証拠をめぐってなのである。これについてはまた立ち返る機会があるだろう。

西洋がローマ法を再度自分のものとするための道具、ユスティニアヌスの法典《コレクション》に戻ろう。理性的‐読み手(rationa-liseurs) としての合理主義的習性をうち捨てて、「狂人」のようにテクストを読むことを学んでもらわなくてはならない。これがひじょうに難しい点で、テクストは狂っており、読む者を「狂人」にするのである。テクストは情報を運ぶ資料だと考える立場はここでは役立たない。というのは、問題は抱擁、つまりエロティックな事柄だからである。隠語を使って繰り返すなら、テクストとの取引は賭場なのである。

『法学提要』の冒頭を読んでみよう。この一文の神秘的な不可解さの迫力が目に見えるように、句読点を多く打って訳してみよう。「皇帝陛下。汝は武器で飾られるだけではなく、法でも武装されねばならない (Imperatoriam maiestatem non solum armis decoratam, sed etiam legibus oportet esse armatam)」。続く箇所で述べられているように、裁判官にして軍人たるローマ皇帝は〈勝利者〉と呼ばれる。言いかえれば、法的な真理を表明し、社会と殺人との謎めいた関係を保持することが彼の勝利なのである。これを解釈すればすなわち、知と殺人との均衡を保つことだ。われわれが真の敵たちと呼ぶであろう敵に対する勝利という企図のなかに、ドグマのエコノミーが含まれている。さらにラテン語の表現を字義どおり追っていけば、なぜ皇帝が〈勝利者〉と呼ばれるのか、その理由が見出される。彼は「法の神的な著者と絶対的に抱き合っている」のだ。“iuris religiosissimus” という運命的な表現はこう翻訳することができる。なぜこの表現が運命的なのか。それは法的産物全体と神託的な神のことばとの抜き差しならぬ関係を告知しているからだ。このローマ皇帝の組立《モンタージュ》においては、法こそが fatum つまり神々のことば、神託による fata――ギリシア的な *τὰ θέσφατα* (*ta thesphata*) の概念がそこに見出せる――を引き継いだのである。『法学提要』の見出しに書かれているように、法は神託を告げる口から発される。「皇帝……〈敬虔なる者〉、〈幸福なる者〉、〈輝ける者〉、〈勝利者〉、〈戦勝者〉」(ユピテルの古い呼び名) が語る。だが彼が語るのは、典礼における祈願の要請するところによれば、「われらが主イエス・キリストの〈名〉のうちで」である。“In Nomine” は「名において」よりも「名のうちで」と訳しておきたい。この訳に納得してもらうためにも、三位一体を扱ったユスティニアヌスの『勅法彙纂』第一勅法を読んでみてほしい。このテクストはカトリック教徒たちの名が「接吻される」よう命じている。「歓喜のうちに接吻される（amplecti）」である。ここに、この組立《モンタージュ》に手をつけるにあたって最初に標定される要素がある。それは聖なるエロティシズムであり、われわれはこのエロティシズムをその対象であるテクストそのものから切り離すことはしない。

ユスティニアヌスの法典は単なるテクストの寄せ集めではないことをまず確かめておこう。この法典は「そう書いてある」として機能する。権力の聖なる〈名〉がそこにあるのは、闇商品を包み隠してその真正さを告げ、書いてあることは書いてあるのだということ、つまり真の形式をまとっていること、真をめぐる合法性のなかにあることを保証するためだ。一方に『学説彙纂』、他方に『勅法彙纂』（およびその補遺である『新勅法』）という法典の分類を検討することで、この点を掘り下げてみたい。

Pandectae〔学説彙纂〕とはラテン語化したギリシア語である。Ὁ πανδέκτης（*O pandektès*）は、すべてを受け入れるもの、すべてを領収するものを意味する。その複数形であるΟἱ πανδέκται（*Oi pandektai*）に、ユスティニアヌスの任命した編纂者たちは、やはり複数形のDigestaという語を同意語として付け加えた。このDigestaは字義どおりには分類されたもののことである。PandectaeあるいはDigesta（フランス語ではDigesteと訳されている）が目指すのは、すでに述べたように、かつての法権利の全体を素材として（ex omni vetere iure）、再度の使用に適うよう焼き直され、種を抜かれた法権利（iuris enucleati）を製作したような操作である。その帰結としての収集後の完成品が、五十冊の〈書物〉である。それには以下のような複雑な前書が付されているが、これが皇帝の〈名〉から始まっていることに注意しておこう。"Domini Iustiniani sacratissimi principis, Digestorum sive Pandectarum iuris enucleati ex omni vetere iure collecti Libri Quinquaginta". これが以下の翻訳――それは容易なことではない――のための素材のすべてである。「いと神聖なる皇帝ユスティニアヌス大君より、すべての古い法権利に基づき、種を抜かれた法権利のディゲスタもしくはパンデクテンの五十冊の書物の集成をここに」。

ひとつの著作に編纂されたこの五十冊の書物を一瞥してみれば、著者の名を付して持ち寄られ、表題を付してまとめ直された無数の断片に気づかれるだろう。たとえば売買を扱うことを示す表題や、奴隷の解放、あるいは花嫁の持参金、もしくは遺産相続などである。表題ごとに分けられたこの五十冊の書物は、ローマ法の歴史を知るうえでの貴重な源泉であり、引用された著者たちは古典期のさまざまな年代にわたっている。ユスティニアヌスの企てがなければ、これらの著者たちの大部分は名前すら残さずに消えてしまっていたはずだ。しかしこの企ては、歴史を再構築しようとしたものではなく、法権利を焼き直し、消費に適う新たな法権利を製作することが目的だった。ユスティニアヌスの命でこの編纂作業の指揮をとったトリボニアヌスなる人物は、敬うべき古い法権利を脚色することを命じられていた。そこで彼は、好ましくない節を削除し、語彙を変え、自己流の表現を付け加えて意味合いを歪曲することで、テクストに細工を施した。この細工が認められる産物、つまりは加筆のことを、専門語では「トリボニアヌスの修正（toribonianisme）」と呼んでいる。十九世紀には厳密なローマ法制史学が、トリボニアヌスの修正を取り除いてユスティニアヌス以前の古典的な法権利の変遷を再現しようとしたが、われわれの関心はそこにはない。

われわれが問いを向けるのは真なるものの合法性である。古代の法学者たちのテクストを、諸々の見解を単に説明したものとしてではなく、法的に正しいテクストとして収集するという操作とはいかなるものなのだろうか。要するにこれらのテクストは、まったく同一でありながら変化しているのだ。トリボニアヌスによって修正されていようといまいと、テクストは本来の著者の名を冠したままでありながら、まったく別ものになっているのである。この収集の操作に加えられると、テクストはたちまち地位を変化させる。わたしが問いたいのは、この「たちまち」とはいかなる性質のものかということだ。

この問いに答えるため、二世紀の博識な哲学者でラテン法学者だったゲリウス[24]の助けを借りよう。彼の発言はしばしばローマ法の歴史の理解にとって啓発的だ。状態を変えるということを問いながらゲリウスは、「死とは何か」という問いをめぐる、彼のギリシア人の師タウルスを囲んでの食卓の論議を伝えている（『アッティカの夜』七・一三）。そこで目ざとくも参照されているのは、『パルメニデス』（一五六d）の、プラトンがまさに「たちまち」の性質（τὴν ἐξαίφνης φύσιν〔tèn exaiphnès physin〕）を定義した箇所である。問題となるのは成長によって準備される絶対的瞬間に似た何かだ。成長するものは「たちまち」のおかげで特徴を変える。この場合それはあるものが正反対のものに変わる中間の一瞬のことである。「たちまち」とは中間を示す刻印であり、時間の連続性の切断なのだ。

以上のことから、ユスティニアヌスの操作の位置が明確になる。古代の法学者たちのテクストは状態を変化させ、「たちまち」を刻印される。この「たちまち」によってこれらのテクストは、廃棄されたものという地位ではなく（著者たちは著者であることをやめたわけではない）、別のもっと複雑な、中間の印、刻印の押される瞬間を伴うような地位（すべてを無に帰すような地位とは対照的な）を授けられる。このような時間的連続性の切断から、以下のような根本的示唆を得ることができる。みずからに固有の歴史性から「たちまち」切り離されたテクストは、年表から引き剝がされてはいるが、その代わりに、これらのテクストを歴史から引き出して純粋な論理空間に位置づけた刻印は、皇帝の権威の徴をテクストに書き込む――しかしこの権威自体はテクストをみずからの作品だと主張することはない――という効果をもたらす。たとえばウルピアヌスやパピニアヌスのテクストは、三世紀に起草され、当時の法的問題との関連で意見を述べたものである。それがユスティニアヌスの収集操作に取り込まれると、「たちまち」三世紀という位置を失うが、かといってユスティニアヌスのテクストになってしまうわけでもない。その代わりユスティニアヌスは、たしかに著者ではないのだが、何らかの肩書でこれらのテクストを所有している。彼はテクストに皇帝の刻印を押し、中間というこの抽象的瞬間において、みずからも学説解釈のゲームに参加するのだ。言いかえれば、テクストの状態変化は相互性の論理空間において機能するのである。プラトンの「たちまちの性質」についての熟慮が示すように、この空間で語られるのは二つ——別々に把握された二つ（ここでは学説のテクスト＋皇帝の権威の刻印）——であり、二つそれぞれが、みずからの方向を目指しながら、同時にみずからと反対のものに変化することが争点だとみなす必要がある。この操作の意味を表すために、『パルメニデス』は *μεταβάλλω*（*metaballō*〔変わる、変形する〕）という動詞を、二つそれぞれに対して用いている。われわれはそれを「代謝する（métaboliser）」と呼ぶことにしよう。

きわめて難解な以上の指摘を有益なものとするため、次のように問うてみることにしよう。何を代謝するというのだろうか？

問題は分割を代謝することである。つまり、結びつける分割の原理とでも呼ぶべきものを、社会秩序のうちに設定することである。これが逆説的で理解しがたいものに思えるのは、われわれが人間の再生産に不可欠なものであるドグマ的現象を、もともとかつて〈自然〉に準拠していた科学の論理ではありえないフィクションの論理から解放させたと思い込むかぎりにおいてのことだ。社会における再生産ほど、自然とは無縁のものもないのである。なぜなら再生産が動員するのは生物学的＝肉体的なものだけではなく、〈法〉に対する人間の従属という観点からすれば、むしろ「かのように」の論理だからだ。

ここでまた分割の概念を見出すことで、ユスティニアヌスの法典の操作とその論理的射程についての理解が容易になる。結びつける分割の論理、それは〈法（Loi）〉の論理そのものであり、われわれがこの〈法〉を仰々しく〈　〉つきで記さなければならないのは、以下のことを喚起するためだ。神聖なる皇帝の名を冠した、ローマ法のさまざまな修辞的《レトリック》言辞は、絶対的な〈場所〉の不可欠な演出のための煙幕——香の幕と言ってもよいが——であり、そのやり方は『魔笛』においてオペラの舞台装置がザラストロの神秘的な場所を謎で包み隠していたのとまったく同じである。つまり〈ユスティニアヌス〉は囮であり、〈民主主義〉や〈階級闘争〉が、国家システムにおけるあれやこれやの法的展開を基礎づけるために持ち出されうるのと同じことなのだ。要するに修辞的な仕上げ——どんな社会も省略できない詩的な刻印——は、〈法〉の機能を設置し、ドグマ的なものに固有のコミュニケーションの仕方によって〈法〉を告知するという機能をもつのである。繰り返すが、ドグマ的コミュニケーションにおいては、宛先は虚構《フィクション》の受け取り人を想定する典礼的操作によって作られる。このフィクションの受け取り人、それは λαός (*laos*) すなわち〈人民〉、それも計上可能な個人たちの寄せ集めではなく、神秘的な一体性としての〈人民〉であり、それに向けて絶対的な〈場所〉——何であれ神のようなもの——が語りかけるのである。

したがってわれわれは、この『学説彙纂』と『勅法彙纂』の区別において、オペラの場所と同じように、虚構を作り出すための舞台装置に直面している。問題をよく見極めることが大切だ。ユスティニアヌスと彼の『勅法彙纂』+『学説彙纂』はともに舞台装置の一部だが、それぞれ資格を異にするのである。

これを理解するには、われわれが法的現実と呼んでいるものに対峙しなければならない。この現実、それは諸々の規則を言明し、分節の連続によってひとつのコーパスを形作るテクストである。だがこれらのテクストとコーパスが法的である根拠はどこにあるのか。その答えは同語反復ともみえるだろう。つまり法があるのは立法者がいるからである。しかし吟味してみれば次のことがわかってくるだろう。法があるのは、立法者というフィクションがあるからである。では立法者とは何なのか。

立法者とは場を占める者である。ユスティニアヌスはちょうどザラストロの位置で、そこにはない何かを現前させている。それは絶対的な〈著者〉であり、この〈著者〉の名が——ただ名のみが——、法の起源はこの〈著者〉のうちにあることの、やはり絶対的な証拠となっているのだ。同語反復とみえるのは法の定義ではなく、論理的に必要なこの想定上の〈著者〉の定義である。ユスティニアヌスの法典《コレクション》では〈神〉が auctor[3]〔著者、定礎する者〕と呼ばれている。『魔笛』ではそれは〈法〉と名指されている。ユスティニアヌスとザラストロは、〈名〉を演劇的に代表しているのだ。この〈名〉はある不在の名、〈場所〉の聖なる名であり、ドグマ学的論理（無意識の論理でもある）においては、この〈場所〉こそが「どこから来るのか」という究極的な問題――Unde ?〔どこから〕の問い――の答えになっている。法はどこから来るのか？　絶対的な知の場所からである。

こうした事情であれば、法が――とりわけローマ法が宗教的な素朴さで示すように――演技＝解釈のシステムであると定義されることも理解できる。ユスティニアヌスは演じ＝解釈している（interpréter）だけである。なぜなら皇帝に化身している神秘的〈他者〉の演劇的論理によれば、彼自身が舞台装置であるからだ。ここではカントロヴィチが解明した中世ヨーロッパの註釈学者たちの諸説、あるいは教皇や皇帝のことを述べた註釈学者たちの次の優れた格言を参照してもらいたい。"Omnia iura habet in scrinio pectoris sui."[4] 文字どおりには「彼はその胸中の書庫にあらゆる法を携えている」。だがとりわけ目につくのは、一人の人間を生きた〈書物〉や〈法〉の化身（「息をする法〔Lex animata〕」〔生きた法〕という皇帝に対する詩的な称号を参照）にすら変えてしまうことで、法システムが脱‐現実化の過程に取り込まれていることだろう。このことはことさら強調しておきたい。なぜなら、それはまさしくフロイト的な意味での排除（Verwerfung）の過程だからであり、この過程のおかげで人体は、まさに社会的レベルでフェティッシュの高みにまで登りつめるからだ。このことはとりわけ、人類による大がかりな制度的練り上げというほとんど研究されていないメカニズムを理解させてくれる。この点に関してローマ法はきわめて明解なのだ。同時にローマ法はまた分割に関しても新たな地平を切り開いてくれる。

フェティッシュの問題はまた後ほど扱おう。まだその点に立ち入らないのは、ここではただ分割の機能という事実を突きとめるためだけにユスティニアヌスの法典を研究しているからである。われわれはその一例をいましがた目にしたところだ。つまり立法者たる〈神〉を代表する皇帝という組立は、次の二つの認識を明白に告げているのである。(1)法的機能の論理的原則としての〈法〉、そして(2)この原則の人間化すなわち実演のための代弁者としての皇帝。ここでは『学説彙纂』と『勅法彙纂』の原理に則して分割された法典の観点から、この実演の意味するところを明確にしておかなければならない。

このローマ的システムの紹介においてわたしが示そうとすることのなかでも、とりわけ難しい点がこれだ。ローマ法の歴史によって鍛えられ、産業メカニズムのなかにローマ法の制度的テクニックを保持している西洋人たちが、実際にどうやって分割を代謝しているのかを理解してもらわなければならないからである。それはどんな分割なのか。慎重に述べてみよう。「書いてある」との関係、「書いてある」という真理との関係が、それなしでは血腥い関係でしかなくなってしまう、そのような分割である。

これが理解しがたいものだということはわたしにもわかっている。世にはびこる科学主義が、われわれと真理との死活の関係という事態を忘れさせる、つまり検閲するよう強いているからだ。書字立法の諸文化において――つまりわれわれにとって――この関係はテクストの取扱いのなかで、言いかえれば媒介を経由して作用している。この媒介が解釈の学である。ここで、聖書の一節を読んでみずからを去勢したオリゲネスに関するわたしの指摘を参照してほしい。解釈システム――このシステムをわたしは政治的と形容する――について問い質してみなければ、このオリゲネスの逸話は想像しがたいものだろうが、それと同様、わたしが先ほど「結びつける分割の原理」と呼んだものについての考察を避けたまま、近代国家の法的メカニズムを、戦争と平和をめぐる合法性のメカニズムとして記述した気になっても無駄である。この分割原理は次のことを意味している。あらゆる法システムは、みずから統治する社会のために、近代法学がグロティウスおよび自然法論者の一派（十七―十八世紀）以来極力解明しようと努めてきた諸条件のもとで、テクストの真理との死活的つながりを保持するために必要とされているのだ。筆舌に尽くしがたい供犠の可能性、真理の〈大義〉のために自殺することの社会的な要請は、あらゆるシステムのうちにある。このような要請をパラノイア的と形容すべきだろうか。おそらくそうなのだが、われわれはここで政治学がこれまであえて立ち入ろうとしてこなかった領域に足を踏み入れているのである。

検閲されたとしても、書字的《エクリチュール》な法システムのこうしたパラノイア的攻撃は、テクストを駆使する大規模な殺人の企て（第三帝国下のナチスによる帝国的伝統の横取り）や、管理経営的な産業秩序に対する反抗の勃発（たとえばイスラームでの）に際して、しばしば唐突に西洋人の前に姿を現す。みずからの殺人行為が果たされたその事後に、これほど理性的な西洋人たちはなぜ茫然自失するのだろうか。

『学説彙纂』と『勅法彙纂』の分割は、この驚きから立ち直り、西洋的な書字《エクリチュール》のシステムや、殺人の諸効果を再生産する——もしくは阻止する——その能力について、われわれが見誤っている点に立ち入るためにこそある。ローマ法は二つのタイプのテクストを上演し、すでに述べたようにその二つは相互性のエコノミーのなかで機能するのだが、この二つはまたテクスト＝資料の地位向上と、生きた〈文書〉による神託的解釈の独占の双方に依存している。

手短に解説を加えておこう。『学説彙纂』としてまとめられた資料集は、根本においてはあくまでひとつの資料集であり、諸説の培養池であることに変わりはない。同じことは『勅法彙纂（*Code*）』にも言えるだろう。素材としての著作であることを暗示するラテン語の codex が、そのことを示唆してもいる。ローマの法律第一主義がテクストをいわば情報処理的な発想で考えていたことは確かである。外交用語でいまだに用いられる証書＝道具（instrumentum）(5)という発想は、まさしくひとつのまとまりとして考えられ扱われてきたローマ法によって西洋に一般化したのである。この点でわれわれの官僚的・文書的合理主義は、このローマ法の伝承と固く結びついている。

だが西洋人たちが、彼らの流儀の解釈を覚え、彼らなりに殺人の諸効果を制御することを学んだのも、やはりそれを通してなのである。ローマ法はまた、法学者の学説と皇帝の布告が語る解釈とを、政治秩序のヒエラルキーに応じて機能的に区別することによって、ヒエラルキー的な理念や、神託的解釈の独占状態（これによりその解釈は古代の神託概念自体からはるかに隔たったものとなった〉をも広めたのだ。この構図は本質的なことを示唆している。つまり西洋人にとってのテクストとの一体化は、〈息をする法〉つまり皇帝だけに、その後中世の反復的効果を受けて教皇だけに、そしてやがて近代国家だけに認められた発言という形で現れるのである。ヨーロッパの合理主義は結果として、殺人の〈大義〉の問題をある種のやり方で――ローマ的なやり方で――扱う分割の代謝の副産物ということになる。西洋で死の支配者となったのは国家だということを忘れてはならない。この指摘には留意しておこう。

2　伝承という現象としてのローマ法の歴史

ユスティニアヌスの法典が以後の西洋の歴史のために解き明かした、ローマ法の操作とはつまるところ、システムは二つの水準で、あるいは産業的レトリックの機械論的用語にこだわりたいのであれば、二重のコマンドで機能するということだ。この表現を活用しよう。

困難を際立たせるためにこう言い足してもよいだろう。法システムとは伝承のシステムである。だが一口に伝承と言ってもさまざまだ。

整理してみよう。第一のコマンドは典型的な情報処理の練り上げである。第二のコマンドは神話的手段、つまり「書いてある」の真理への準拠を用いる。この準拠を構成するのは、われわれが見出した組立、つまり一方には場を占める者としての皇帝、他方には神の〈名〉によって特定されるその由来となる場所――Unde〔どこから〕の場所――という組立である。情報処理的伝達によってもたらされるのは文書的な知だが、Unde の場所への準拠とわれわれの絆を視野に入れる伝承は、まったく別の秩序に属している。この場所はドグマ的論理におけるひとつの審級であり、想定上の神秘的な場所である。

ユスティニアヌス的情報処理については、いくつかの註釈が必要である。情報処理と言うとき、わたしは文書という観念を一般化して考えている。六世紀に実現したテクスト装置の総体が、今日の管理経営的な決まり文句では「情報」と呼ばれるものを手作業で獲得するための具体的な材料を構成しているのは確かである。中世スコラ学の註釈学者たち――近代のすべての法学者のための土台を築いた註釈者たち――がそれを抜かりなく行ったことは、教育用に書き込まれた註釈を読めば一目瞭然である。というものそれは、それぞれまとまりをなすとみなされるさまざまな法典《コレクション》からなる編纂物全体を網羅する検索カードと同じようなものだからである。この種の知を考察することはきわめて重要である。なぜならわれわれは、ローマ法の伝承に際して、コミュニケーションのえせ理論で腹を膨らませた管理の専門家たちが、望むと望まざるとにかかわらず染まっている実証主義的な雰囲気のなかでは理解しがたい、ある謎めいた問題に直面しているからだ。それは、科学の歴史と科学による統治の歴史とに関わる、以下のような問題である。すなわち、法学〔法の科学〕は変容しうるのだろうか。さらに問うなら、ローマ法学という意味での法学は、産業の発展によりもたらされた混乱の影響を受けて、何か別のものに場を譲ったり、あるいは譲ろうとしていたりするのだろうか。種々の統治術の進化のなかで、ローマ法の歴史はどのような状況にあるのだろうか。

一見何の変哲もない問いだが、人を尻ごみさせる性質の問いでもある。実際のところ種々の統治術の進化という発想自体が厄介だ。人間の再生産にとって、統治術は生物学と同じように、闇雲にいじりまわすと危険なのだ。きわめて繊細なメカニズムが作用しており、外観や大ざっぱな仮説だけでお茶を濁していては、このメカニズムはいつまでも謎のままである。〈法〉を扱う知に関してなら、われわれはさして進んではいないのである。管理の理論家たちの怠慢や、情報処理と聞いただけで最近までびくびくしていたフランスの法哲学者たちの保守主義を、証拠として挙げたいところだ。だが公認の思想家たちの体たらくにもかかわらず、人類は狂ってなどいないとも言い張れるのは、いくつかのＳＦ小説の最高の知性がその証拠を示してくれるからである。ユスティニアヌスの編纂物に関するわたしの見解を理解しようと思うなら、ハックスリーやヴァン・ヴォークト、オーウェルらを水先案内人にするといい。『すばらしい新世界』[25]や『非Ａの世界』[26]、それにビッグ・ブラザーの世界でも万事が順調にいくとしたら、それは、科学的な統治が愛の主体に毒されておらず、また親子関係の原理に関わらないという条件あってのことである。〈主体なきテクスト〉のレベルでは、ＳＦ〔サイエンス・フィクション〕と管理の実践は分かちがたく結びついており、〈法〉のフィクションが再び顔を覗かせているのだ。

西洋における諸科学の歴史はローマ法の歴史と結びついている。なぜなら諸々の知の網目には真理の問題が潜んでいるからであり、また〈法〉との関係を問題にしない人間の知はないからである。

言いかえれば問題は、社会の運営に用いられる諸々の科学的知の遵法主義的な効果について、いま問うことである。われわれが生きる社会においては、法学者たちの問題設定は解体され散逸し、そのため法システムは、規範化のレトリック内ではもはや法的ではない伝承の称揚にお株を奪われて、科学時代の到来とともに数あるテクニックのひとつでしかなくなってしまったかのようだ。われわれは新種の法律第一主義の誕生に立ち会っているのだと言ったほうが正確なのかもしれない。この法律第一主義に仕える新世代の法学者たちは、心理屋や社会屋、経営屋などと呼ばれて法学者だとはとても見えなくなっている。こうした本質的な点を問題にするためには、つまり新たなタイプの統治術の再構築と〈法〉表現主義の再編を問題にするためには、そのメカニズムの構造と論理を怖気づかずに把握することが不可欠である。ユスティニアヌスの試みからわれわれが学ぶべきことは、産業的運営には論理を破棄する力はないということだ。

さて、統治術の論理とは、〈法〉という幻惑的な組立《モンタージュ》に準拠すべく書き込まれたメッセージ〔「これが命令である」

という意味の）、つまり定礎的フィクションの機能に組み込まれたメッセージの伝承の論理である。みずからのメッセージの内容を修正するのに長けた西洋システムの効率の条件を左右するのは、一方の情報的なもの、他方のフィクションというこの機能の二つの水準を識別する能力である。ローマ法が古代の諸制度から近代国家、商業社会などに至るまでに被ってきた改変の多様さは、法制史にはっきりと示されている。しかしその一方で先ほどわたしが示したようなユスティニアヌスの法典に働いている分割の原理は、まともに認識されてこなかった。歴史記述は事実や逸話を並べた年表のなかで途方に暮れているのだ。創設的なフィクションは忘れ去られ、法システムは社会的な記録の技術のひとつ、つまりある社会や時代のつねに変化する状況によってしか説明のつかない、無限に改変可能なメッセージの情報処理でしかないとみなされる始末である。言うなれば、社会のテクスト性が次第に脱‐規範化され、〈法〉の知など産業時代以前の遺物にすぎず、オーギュスト・コントが告げたような物事の単なる経営がわれわれの面前で実現していると考えられているのだ。

これは致命的な思い違いである。おそらくどうとでもとれるのだろうが、社会の自己管理を目指す心理‐社会学のメッセージが実証主義的であるのは、見た目だけのことにすぎない。オーギュスト・コントの語った社会が日の目を見ることはけっしてないだろう。心理‐社会学は広告とまったく同じように、法を制定しているからである。法を制定するとは、メッセージ――それがどれほど脱‐規範化されていようと――は『学説彙纂』の論理的な場所に新たなメッセージとして登録されるという意味である。産業社会が使用するのはメッセージ＝文書である。しかしこうした文書が力を発揮するのは、それが科学的な性質をもつからでもなければ、心理‐社会学者たちによる社会体の科学的な腑分け作業がもたらしたという、社会の幻想からの解放の効果によるものでもない。その文書の力は〈法〉という組立のなかに組み込まれたメッセージとしての性質に由来するのであり、この組立に関係するテクストの状態変化のことをわたしは、「たちまちの性質」に言及しつつ語ってみたのである。管理経営的な心理‐社会学は「たちまち」法を制定する。人間たちに、神秘的な群に、λαός（laos）〔人民〕に語りかける心理‐社会学は、執筆した学者たちが望まなくとも、〈法〉という第二の水準、つまり囮とフィクションの水準に投影されることになるからだ。こうして心理‐社会学者たちは、超科学的社会における新手の法学者――その名はないが効力はある法学者――となる。真理のドグマ的エコノミーにおいては、神が消え去ってもその代わりはいくらでもいるのであり、権力抜きの科学の共鳴者たちの〈科学〉が代わりとなることもあるからだ。結局のところ優先されるのは機能＝職務に穴を開けないことなのだ。

したがって産業システムが残りの人類とは縁のないシステムだなどとは考えないようにしよう。ひとつの組織体のタイプが力によって、また己自身の無分別によって広まっている。この組織体は差し出がましく真理を押しつける。今日では慈善的な言辞も、諸文化の生存競争のなかで力と無分別の役に立つ客寄せでしかない。重要なのは、西洋的装置を伝承の装置として、真理の再生産という観点つまりは力の観点から吟味することであろう。この装置の特徴は論理的であることだ。『学説彙纂』という大発明によって働く論理、つまりまず文字どおりの情報源として提示され、ついで神秘的時間の作用――「たちまち」が刻印される理念的瞬間の作用――によってフィクションの装置に回収されるような情報の論理のことである。他の制度システムはこうした投資――文書そのものの上に賭けること――をやらない。他のシステムのドグマ的エコノミーは、テクストをまったく別のメカニズムに従って区別なしに取り扱い、そこではテクストがそれ自体フェティッシュの地位にある（それがおそらく多くのイスラーム諸国のケースだ）。われわれの場合には逆に、テクストは文書にランクを落とし、フェティッシュは受肉した権力の側に置かれている。

さて、続いての問いを提起してみよう。科学の洪水に浸りきった産業組織において、ローマ法はどういうわけで法をなすことを求められるのだろうか。繰り返し指摘してきたことだが、年代記述にしがみつく法制史はいまだにこうした問題に手をつけるに至っていない。したがってわれわれは構造の問題により深く踏み込んで、テクストの後裔という観念の理解に努めることにする。わかりきったことだが、後裔には親たちが、父と母とが必要である。制度の論理においてはどうだろうか。

●第一の指摘。ローマ法はわれわれにとって創始の言説〔開会あいさつ〕として機能する。

まずこの表現について理解しておこう。創始の言説とは何か。

ごまかせない難問とはこのことである。流行の歴史記述に頼りながら及び腰に答えて、ローマ法をこもごもの遺物のなかに葬ろうというのは、あだな誘惑である。ローマ法はかつて一時代を築き、すでに役目を終え、いわゆる発端あるいは端緒に位置づけられる。これが常識的な考え方であり、このような見方は、真理は行為のうちに現れると主張する諸学説の術中にあるのだが、これらの学説は効率(efficiency)——同じくスクラップ送りにされたスコラ学的コンテクストからついに解放された概念——やプラグマティズムの実証性、要するに理論などないという理論の実証性にしがみついている。今日ではローマ法は、いくつかの連続する流れの上に立つひとつの歴史のなかに解消されてしまった(時代遅れだと非難されるのを恐れる法制史家たち自身がその手助けをしているのである!)。直線的な進化の諸段階であるこの歴史は、われわれが勝利者であることが始めから決まっている勝負のようなものである。

そうは言っても、この抑圧の作業は定礎者としての一面ももっており、何かの役には立っているのだ。この作業のおかげで産業社会における〈理性〉の理想は刷新されるだろう。歴史主義も、神秘的時間——ドグマ的なものはつねにこれに準拠する必要がある——という概念のいささかの平板化も、この理想を脅かすことはできない。制度の真理は通時的な時間の外にあるので、時間から守られていなければならない。数々の政略に使いまわされてきたRatio scripta つまり〈書かれた理性〉——スコラ学から十九世紀ドイツのパンデクテン法学に至るまで法学者たちはローマ法をこう定義してきた——は、超‐産業時代の思考統制からの要請に見合った、別の表現形式に場を譲ることになる。こうした表現形式のひとつが〈マネージメント〉であり、科学的研究の消費がそれにとってのスコラ学となり、それが「時間の外」の組立を再興するのだ。言いかえれば、それが統治する。なぜなら論理がそう望むからである。〈マネージメント革命〉についてもっともわかりやすい本を一冊を紹介しておこう。A・チャンドラーの『見える手[6]』である。

なぜこうしたことが重要なのか。それはわれわれが常時、絶対主義的準拠を必要としているからである。この準拠なくして社会的な信はありえず、われわれはメッセージを正しく受けとめることもできなくなるだろう。言うなればわれわれは、〈理性〉の働きのうちにあり、〈理性〉とけじめある関係にあると感じていなければならないのだ。〈理性〉とはすなわち、システムを保証する絶対主義的な準拠のことであり、これら準拠と歯車を噛み合わせることによって、近代的秩序もわれわれも理性を働かせているのである。

つまりローマ法を文化財として葬り去ることとは、時代遅れで迷惑な表現だけを埋葬して、ローマ法の論理は別の形で祝福して実行に移すことなのである。同じ制度の論理を語るために、ユスティニアヌスを思い出すまでもないのだ。

西洋法制史の全般にわたって、法学者たちは理論家として己の糧としてきたローマ法に対して、独特の不安を抱き続けてきたことは指摘しておくべきだろう。彼らは時間に脚光を当てることで、ローマ的な諸概念を、今日われわれがしているように何の躊躇いもなく利用し、ニュアンスを変え歪曲することができるようにならなければならなかった。これを実践した中世の註釈学者たちを見てみよう。得るものがあるはずだ。

十二世紀において解釈手順の革命に取り組んでいた初期のスコラ学者たちは、法的言説の諸事項を分類するのに歴史学的な手法に訴えることはしなかった。十六世紀ヨーロッパのキュジャス[27]学派のそれに比されるような目録は彼らにはなかったのである。しかしそれは、彼らが論理的時間の問題をくぐり抜けるためのひじょうに精確な指標を練り上げてこなかったという意味ではない。彼らは「それは歴史的なことだ」とは言わずに、むしろこう述べていた。「それは時間的なことだ」と。彼らは彼らなりのやり方でローマ法を位置づけていたのであり、わたしに言わせればきわめて雄弁なその手法は、「時間に関して(tempore)」という表現に要約されるような演算によるものである。この表現は「当時は(dans le temps)」という慣用句にとても近い。つまりこういうことなのだ。当時はローマ法があった。

　こうした指標によってローマ法の位置づけはある傾向、つまり系譜物語という傾向を帯びることになる。スコラ学はそのきわめて厳格な様式によって、ローマ法を〈法〉の言説の伝説的系譜という題目で上演しているのである。このように系譜に訴えること、つまり諸々の名——著者の名、テクストの名、制度の名——の系図に訴えることは、スコラ学の作り出した呼び方に倣えば、法権利の時間あるいは時代として姿を現す。これこそが創始の言説である。それは言い伝えや単なる学問的カタログあるいは歴史の目録ではない。それはわれわれが科学的に考える「過去」という概念からはみ出してしまうような労作なのである。そのため、思い起こされる事柄やテクストは、非歴史的なものとしてそこにあり、何か別のことを語ることになる。創始の言説におけるこの何か別のことについては、再度詳しく述べよう。

　法権利の時間や時代という観念について補足しておかなければならない。わたしが編集を目指して研究中の十二世紀の逸名著者を模範としよう。ローマ法を位置づけるために彼が用いる表現は、Antiquitate et tempore(7) というものであり、これを文字どおりに訳せば「古代と時間によって」である。だがここでの古代とはルネサンス以降一般化した概念と同一ではない。この語は謎めいた意味に受け取り、われわれが形見の品々と、つまりかつて役目を果たしいまもわれわれに役立っているテクストと、あるいは亡骸と、友好関係にあることを言うものだと考えなければならない。言いかえれば、すでに失われてはいるが論理的にはまだわれわれの問題であるような歴史との友好関係である。わたしならこう訳すだろう。われわれをその正統な後裔とする伝説によって。

　これを教訓としておこう。この種の準拠はわたしの言う法的言説の創始に典型的なものだからだ。合法性という観点、つまり真理であることの承認という観点からすれば、問題となるのはドグマ的操作を代謝することであり、こうした操作はどれもが例外なく（つまり科学的とされる管理に身を委ねているわれわれの社会のレベルでも）、真の準拠のための戦い、あるいはむしろ正しい準拠のための戦いに参戦しているのである。ドグマ的経験には好戦的傾向があり、弁護士たちを（『新勅法』の法文が弁護士に用いた militare という動詞の意味で）動員しているということは忘れてはならない。創始は戦略的で神聖な事柄なのであり、われわれが正しい真理の大義をめぐる死を賭けた戦いで有利な陣営につけるのもそのためである。イギリスの神学者でかつ法学者であるジョン・アロースミス[28]の隠語を参照してほしい。彼の『神聖解講（*Tactica Sacra*）』――諸説のみごとな寄せ集め――のなかには、多くの者にとって考えさせるものとなるであろう表現がひとつ含まれている。「われわれは娼婦のような（meretricius）言葉遣いで論争してはならない」というのがそれだ。娼婦のようなやり方の対極にあるのが、諸々のテクストの位階秩序を尊重することである。このような挑発的姿勢をよく覚えておこう。それはテクストの継承に関するわれわれの考察の進むべき方向を示してくれるだろう。〈母〉の統治に関する事柄こそがその方向である。アロースミスは matronalis という形容詞を用いているが、そこにバッハオーフェンが生み出した Mutterturm（〈母〉の支配）の名を読み取ろうではないか。この点にはまた後で立ち返る。

　創始についてもう一言。なぜわたしはこの語を選んだのだろうか。創始の言説は実際のところ何ひとつ創始しない。言われるべきことを言い、なされるべきことをして、言説とそのテクストをしかるべき場所、つまりわれわれと神々との――論理的・歴史的に見出される神性との――関係のなかに置いて、人々に知らしめるのである。知らしめとはどういうことか。われわれが知の保証者とけじめある関係にあるかどうか、論理的に想定される全能性の秩序に収まっているかどうかを知ることである。神々あるいは〈神〉、つまり寓話的な〈他者〉の場所を占めるものに何かを語らせて、われわれにその何かを知らしめてもらわなければならない。それからようやく物事はよい方向に進むのであり、このよい方向とは当然 Fatum つまり神々の意思の方向、あるいは神的な知の場所に由来する正義から見ての正しい方向である。創始（inaugural）はローマ法のもっとも古い分野である卜占〔鳥占い〕（augures）の知識に関係がある。創始には確かさの場を再認識する、つまり神的領域——そこには知る者がいる（où ça sait）——を再認識するという意味があるのだ。そこではそれが知られるところとなる（où ça se sait）と言うべきだろう。法律第一主義の操作が動き出すのは、法学者たちの言説を、保証された〈法〉の知の擬制的審級のなかに書き加えることによってであるのだから。この審級はドグマ的表明そのものを基礎づけるために絶えず動員される。言いかえれば、創始的言説は一度表明されればそれで終わりなのではない。法学者の雄弁な表現でわれわれが言うように、必要に応じてそれは機能するのだ。

●第二の指摘。起源の幻影について。西洋における〈法〉神話の堅固な形式としてのローマ法。

ローマ法は西洋において〈法〉の起源の問題を揺り覚ます。この問題をよくよく考え直してみれば、そこには人間の本源的な問いがあることに気づかされる。われわれの幼年期の幻想が絶望的にすがりつき、われわれがけっして手放そうとしない問い、そしてまた制度の作用により、すべての社会が向き合わなければならない問いである。

古典古代の悲劇や崇拝がすでに告知していた教えのなかから、精神分析はとりわけ次のことを甦らせた。人間主体のことばへの参入や欲望の再生産は、系譜的な位置の指定によって最初の秩序づけの言説が動き出さないかぎりありえないということだ。わたしはこの問題を、諸々のシステムの政治的再生産のレベルで次のように言い表してみたことがある。権力はわれわれを作るためにどのように振舞うのか。言いかえれば、いかなる意味で制度はわれわれの両親なのだろうか。

主体にとってと同様文化にとって、つまり〈主体なきテクスト〉の社会的空間においては、当然その答えは言語を介して――この場合には法的記述による確定を介して――もたらされ、ひとつの解釈を語の強い意味において製作する〔でっち上げる〕。要するに、形而上学的な慰藉を演出し、演じ、祝福するということだ。社会の口から神話が発され、同じことが幾度となく失われてはまた学ばれるのである。

ニーチェが好んだ「形而上学的慰藉」という表現を借りたのは、西洋が神話のようにアレンジしてきたローマ法の気高い英雄的素質に気づいてもらう必要があったからにほかならない。ドグマ的系譜に関する事柄についてもまた、英雄、すなわち存在することの苦悩の表象に訴えかける必要があるのだ。

合理性という理念と理論家的思考法に拠って立つ順応的な世界ですら、神話を廃することができないのは、母体からの分離という神話的作業や、禁止と向き合ってわれわれの欲望を〈法〉の諸々の要請に釣り合わせるという困難は、われわれすべてに関わることだからだ。このようないわば人間存在そのものに関わる必然性、人間たちを慰める、つまり分離や分割や絶対における欠如を操るという必然性は、制度システムが最初に当てにするものである。この操作はわれわれの無意識的な近親姦欲望を、煽っておいて失敗させる。この種の話をわたしがするとき、どこか滑稽にアカデミックなところがありはしないだろうか。こうした滑稽さを免れさせてくれるのが神話なのだ。

産業システムとローマ法の歴史の関係を理解するためには、「伝承する」とはどういうことなのか、よく見極めておかなければならない。ローマ法は、生きるに欠かせない真理への執着のひとつの形として影響力をもった。真理とは、われわれを〈法〉の起源の純粋な真理へと結びつけるような父祖伝来の真理のことである。こうしたことが好戦的なものになるのは、「書いてある」が真となるためには原初の保証が必要だからである。ある秩序を課すとき最初にすべきことは、なぜそれが真なのかを語ることでその秩序を基礎づけ、後に続くすべてを正当化することである。身近な伝承の例としては、キリスト教や共産主義、あるいはもっと最近の例では、書いてあるという真理への社会的準拠の新ヴァージョンたる精神分析主義を参照してもらいたい。伝承されるのは年代を特定できる著作物ではなく、〈名＝保証人〉の諸言表に照らし合わせるための原理であり、註釈はこの原理の上に成り立っているのだ。ドグマ的働きとは何よりまずこのような伝承を働かせること、つまり真であるとの父祖伝来の宣言を祝福することである。要するに、原初の真理の正しさを想定しなければならないのだ。

ローマ法の歴史は、物語機能あるいは幻影的な性質の純然たる現前を介して、独得の仕方で神話一般の問題を明るみに出している。ユスティニアヌスの法典は、註釈されるより前からすでにそこにあり、合法的真理という形でただそこにあるだけで、〈法〉に関する起源の真理を現前せしめている。法典のなかに含まれる技術的規則、分類項目、民法・公法の諸原理などは、セメントのような補強材である。それらは結果として機能し影響をもっているにすぎない。西洋的制度の再生産の研究は、こうした神話学的な観点からなされなければならない。

さらに詳しく述べてみたい。まずはユスティニアヌスの法典が西洋においてどのような仕方で影響力をもったのかを考えてみよう。専門化した歴史学――それが何たるかは繰り返し言及することで示唆してゆこう――ならばここで十二世紀の「受容」あるいは「ルネサンス」を喚起し、有名なボローニャ学派を中心とする興隆を思い起こすところだ。当初は文法的な註釈を基本としていたこの学派の文献的仕事は、二十世紀の法律第一主義に至るまで註釈学者たちに深く影響することになる。この学派はユスティニアヌスの編纂物にメスを入れ、「註釈する」と呼ばれるものを準備することでヨーロッパ的な科学を育み、もっとも研ぎ澄まされたスコラ学を流通させたのだ。たとえば Status つまり国家というきわめて効果的なフィクションをわれわれが手にしたのもこのスコラ学のおかげであり、彼らテクストの達人たちがこの概念を入念に製作したのである。こうした細部はさておき、「継受」という扱いの厄介な歴史学的なテーマに手をつけてみよう。問題を以下のアフォリズムにまとめてみる。

ローマ法はまずドラッグとして伝承された。しかもハード・ドラッグとして。

「継受」のエコノミー。そこにはすぐに使える法律関係のテクニックに頼るという意味合いはない。規範化の崩壊などのために必要となった技術移転の問題ではないのだ。争点は何よりもまず〈真理の勝利〉という帝国的かつ宗教的な策である。十二世紀にユスティニアヌス法典をめぐる興隆が起こったときには、ヨーロッパはすでにローマ的であることをやめて封建的・蛮族的になっていた。しかしながらヨーロッパはラテン・キリスト教〔ローマ・カトリック〕を通じてローマと理念的に結びついていた。ラテン・キリスト教では、教皇位はその神話的な法の力によって皇帝の位置を占めていたのだ。すでに教父の諸テクストが、とりわけアウグスティヌスの記念碑的著作――西洋的刻印の本質をなす著作――のおかげで、ローマへの法的準拠の灯火とも呼ぶべき役目を引き受けていた。蛮族侵攻の真っ只中の五世紀、古代ローマ帝国〔Romanitas〕の崩壊の只中にあって、アウグスティヌスはキケロにあらためて光輝をもたらしたのだ。それはつまりauctoritas〔権威〕やpotestas〔権力〕など、われわれが政治を考える際に用いる概念すべてからなる、父祖伝来のローマ的諸原則に光を当てたということである。『神の国（*De Civitate Dei*）』は、ローマ法によって産業に同化したわれわれにとっていまもって基本的な教説であり、形而上学的な慰藉という観点からすれば、それは〈法〉の諸技芸――わたしが〈法〉の諸技芸と呼ぶもの――を人間化するために不可欠な言説なのである。法権利というものもこうした諸技芸のひとつとして位置づけられねばならない。

だがヨーロッパをローマに帰着させることは、単に聖なる歴史記述にとどまるものではなかった。それは虚偽を使って真理を発明するというような、もっとも極端な好戦的技術を足がかりとしていたのである。虚偽とはきわめて複雑な概念だ。ユスティニアヌス自身も、編纂委員のトリボニアヌスに、加筆が不自然でないようにテクストを改竄するよう指示していたことを思い出してほしい。ここではひとつのテクストを示すだけにとどめておこう。近代の合理主義的観点からすると理解しがたいが、好戦的な情熱の要請を浮彫にしてくれるこのテクストは、多くの点から見て、多少角の取れた霊感的言説の現れとみてもよいものである。『コンスタンティヌスの寄進状』の名で

知られる *Constitutum Constantini* がそれだ。古代末期の偽作者たちによって恭しく作成され、カロリング期（九世紀）に流布、十二世紀以降体系的に註釈された（『グラティアヌス教令集』九六・一四）この文書によれば、皇帝コンスタンティヌス（四世紀）は教皇に帝国を寄進したことになっている。マフェイによればこのテクストを操る論争家たちの信念は固く、論敵もいないので虚偽であるのもわからなくなるほどであった[8]（十九世紀）。

　これでわかるように、〈法〉の起源の問題は神話的な問いを提起するが、この問いは、真実と虚偽の区別が流動的になる水準、つまり通常よりは複雑な水準に立てられるのだ。そこにあるのは通常の言説ではなく、武装化した言説だ。それに、〈法〉のローマ的な基盤をめぐるドグマ的な操作とは、どちらを向いても対立のなかで機能するような闘争的操作なのだ。帝国あるいは世界帝国という概念についての神学論争を参照してほしい。この世界帝国という概念は、八〇〇年に起きたローマ帝国復興という驚くべきエピソード（シャルルマーニュが教皇レオ三世の戴冠を受ける。これについてはロベール・フォルツのみごとな仕事を見よ）以降、二十世紀に至るまでヨーロッパを攪乱させてきた。実際、第三帝国は、ビスマルク・ドイツの破綻の後で、今度はみずからがローマ帝国の超近代的な創設たらんとしたものであることを忘れてはならない。したがってこれらの事柄は強烈で、西洋人のドグマ人類学、つまり〈普遍世界〉において宣言される〈真理〉のための戦いについての科学に直に触れるものなのだ。このテーマについては、きわめて親しみやすく時にきわめて詩的なスタイルをとるテクストを読むことができる。たとえば『グラティアヌス教令集』（九六・一〇）の、文字どおりには「確かに二つある」（つまり権力には二つある）と訳しうる断片（*Duo sunt quippe*）である。教皇ゲラシウス（四九二—四九六年）のものとされるこの断片は、世界の法的秩序についてや、教皇の権威と皇帝の権勢による権力の分有について語った重要なスコラ学的断章であり、すぐれて神話的な意義のあるテクストなのだ[29]。

「継受」とはこのように何よりもまず祝賀的な言説であり、真理の宣告である。そこから出発して、われわれの神話概念は明らかになりうるのであり、またわれわれに直接関係するものにもなる。この点に関して、人類学の業績、とりわけレヴィ＝ストロースのそれの限界は、ローマ法の歴史の捉え方のうちにある。編纂された集合体としてただ「そこにある」という事実だけでそれは神話の価値をもつのであり、あえて言うならそこにあるということのほかには何ら言い足すべきことはないのだ。この点はきわめて重要である。

上記の指摘を無駄にしないためには、バッハオーフェンに立ち戻る必要がある。古代の「母権制（Mutterrecht）」についての歴史家である彼は、ローマ法の歴史が「母性（Muttertum）」と「父性（Vatertum）」の分裂——これについてはまた後で触れる——に深く関与していることをよく理解していたからだ。構造の作用そのものが説話《レシ》としての価値をもつ。これこそがバッハオーフェンの研究——一見無秩序であるために過小評価されている——の最大の関心だった。レヴィ＝ストロースよりもローマ法に通じていたバッハオーフェンは、あるひとつの論理に属する諸要素を垣間見るに至ったのであり、主体の無意識についてであれ社会の法的案配の言説についてであれ、問われるべきは結局のところこの論理だけなのである。謎めいていて自己完結したすし詰めのテクストの量塊的な現前における「そこにある」としてのユスティニアヌスの法典を支えているのはそうした要素であり、これらの要素を介してこそわれわれは神話を捉え直さなければならないのだが、そのためには神話という語の語源がもつ射程を念頭に置くことが必要となる。*Μῦθος*（*Mythos*）とは、口頭で言われたことのすべてであり、真実と嘘の区別のない言説のことなのだ。わたしとしては派生的な意味のなかから選び取りたい。つまり悲劇の筋書という意味である。悲劇としてのローマ法の筋書とはどんなものなのだろうか。これこそがわたしの問いである。

したがって人類学（根本的には産業的西洋の肩をもち、元野蛮人や後進地域の人々ばかりに目を奪われていることを、わたしが非難してやまない人類学）が提示するような、非産業主義的な社会組織の叙情的・創設的な説話としての神話表現を西洋に探し求めても無意味である。こうした表現をわれわれが見出すことがないのは次の根本的な理由のためである。すなわち産業システムには脱神話化した――つまり芸術やあらゆる形態の叙情性を取り除かれた――技術的な規則がつきものであり、このシステムはそんな骨抜きにされ（ユスティニアヌスの言葉では、種を抜かれ）明確化・明瞭化した技術的な規則を唯一の〈法〉の表現として提示するのである。われわれは構造――愛の骨組という アウグスティヌス的だが超近代的でもある意味での構造――においてこそ筋書を見出すのであり、それは結婚と国家を軸にした西洋のシステムを定礎する筋書なのだ。

伝承についての研究の進むべき方向がこれで明らかになる。諸々のテクストや学派の時系列的な展開が思想の問題だとするのなら、社会愛はそのような問題ではない。唐突ながら説教口調で、法学者の法学者たるゆえんは以下のような特徴であると言っておきたいところだ。すなわち彼らには思考するなどという思い上がりはなく、ただテクストを上演するという社会的な技芸を実践するのみなのである。だからこそ法学者の一団は、関係がないときに思考を腑分けすることに熱中する今時の専門家たちから恐れられているのだ。このような熱中は法権利と科学との関係や法律第一主義一般の性質についての誤認の現れなのである。

法律第一主義は本質的には伝承の問題である。つまりある所定の社会とその社会の神話を基礎づける愛の筋書との間のコミュニケーションの問題なのだ。社会はその筋書を糧とし、これを民法、私法および公法の制度へと象徴的に翻訳するのである。

われわれが筋書を覚え込むことができるのは厳格な形式を通して――この表現（durch strenge Formen）[9]はバッハオーフェンから借りている――である。この形式とは、産業的人類をローマ的な権力理念のなかに閉じ込めてきた当のものにほかならない。ではこの権力理念とはどのようなものなのだろうか。

それは両親への愛に賭金を積み上げるような理念である。この指摘がどれほど突飛に聞えようと、やはりそういうことなのだ。ローマ法の歴史は、〈資本主義〉や諸々の〈革命〉の到来の前にも後にも、無数の仕方でいじりまわされてきたユスティニアヌスの法典によってわれわれと結びついており、ヨーロッパ社会はこのローマ法の歴史を首枷にして、社会愛と殺人という大博打をつねに打ち続けなければならなかった。フロイトを読めばよいだろう。彼が『トーテムとタブー』でかろうじて言いえていたことこそ、ここでの争点である。つまり人類を癒すためではなく再生産させるために、ある賭金を取引材料にして愛と殺人を取り扱うことがそれであり、この賭金をわれわれは、父というもっとも曖昧な表現のひとつを準拠としつつ法的に名指しているのである。ローマ法に基づいて統治される人類とは、この父への準拠を帝国的な悲劇の取扱いの原理に合わせて秩序づけるような人類である。

専門的歴史家たちはどんなことをローマ法の「継受」の功績とみなしているのかにも注目しておこう。すなわち彼らによれば「継受」による技術的道具立てが近代国家という政治的独占形態を準備し、ヨーロッパにおける軍人＝領主の封建制の没落につながったのだ。ローマ帝国という組織体に基礎を与え、しばしば論評されてきたこの好戦的な独占形態には、しかし詩的な側面もあるのだ。帝国の創設者アウグストゥスは、暗殺されたカエサルの仇討ちをしたのである。[30] 新たなオレステス[31]たるアウグストゥスが、養父の仇を討つ。

十九世紀の該博な歴史学がすでにしていたこの指摘について、あらためて考え直してもらいたい。〈贖い〉という象徴的エコノミーにおける養子的な親子関係は、西洋の制度の核心をなしているからである。組織システムを縛る法的外装としての国家は、すべてこのような殺人の代謝と関わりをもち、フィクションに基づく父への準拠という装置の上に好戦的独占形態が分節されている。殺された父とその殺人の贖いとを同時に――理想的な神話の時間に――上演する、複雑な装置である。言いかえれば、好戦的な独占形態には、無実についての理想的な教え――祖国愛の機能にとって欠かせない教え――がつきものなのだ。われわれがここで直面しているのは、社会による殺人の引受けというひじょうに微妙なメカニズムであり、このメカニズムは――すでに記したような――〈母なる祖国〉に捧げた自殺（バッハオーフェンの言う母性〔Mutterturn〕との関連）としてばかりではなく、〈贖い〉という父的な視座（父性〔Vatertum〕との関連）においても機能するのである。ローマ帝国を作動させ、結果としてアウグストゥス的な準拠も作動させたラテン・キリスト教は、新たなオレステスという古典的な切札をも出したわけだが、思うにこのことはわれわれが慣れ親しんできた一連の表象を少しばかり混乱させるだろう。こうした表象によれば、悲劇の原理と理論的な世界把握——周知のとおりRatioすなわち近代的理性およびそれが法的文書と結託して謀る小細工に支えられた世界把握——は、あまりにも唐突に対立してしまうのだが（ニーチェを見よ）、これは間違いである。わたしに言わせれば、帝国の刻印を受けたあらゆる公法的組織は（ラテン教会の位階層的組織、および註釈学者の用語で定義される国家）、愛と無罪をプログラムする制度としてその地位を占めているのだ。

●第三の指摘。ローマ法、そして二番目の母としての父というフィクション——「父より生まれし者（ex patre natus）」。

これまでの指摘が混乱を招くものであってはならない。なぜならここで言う父への準拠とは、その政治的帰結や家族への刻印をも含めて、法学者による諸テクストの扱いにおいて作用するものだからだ。ローマ法の性格を簡単に決めつけるようなチェック・リストを用いてユスティニアヌスの編纂物を取り扱うといった、行動的心理学主義風の短絡に陥らないようにしよう。むしろ逆に、歴史的な賭場に向き合おうではないか。つまり人々の手から手へと渡るにつれて徐々に夾雑物に覆われてきた、これらの法典にである。こうした夾雑物は産業的西洋の制度の多様化を測定する目安になる。にもかかわらず存続して、数多の世紀や革命を経ても威力を保っているのが、この技術的法規の集大成の論理である。われわれがその論理の本質を推し量ることができるのは、この技術を支える神話の真理のおかげである。その真理をわれわれは信じ、またこの真理が、再生産に不可欠の社会的な同一化作用を統御している。われわれは何ものかが伝承していることを信じ、われわれの親族関係のシステムに全幅の信頼を寄せ、野蛮な古代人と違ってわれわれは国家の統治のもとで暮らしているのだと納得している。われわれは自分のいる位置がなぜそういうものなのか知る必要がない。われわれはただそれを生きればよいのだ。というのもわれわれは二度生まれているからである。

ここからこの二度目の誕生を、法的伝承という現象に関連させながら取り上げていきたい。

ローマ法の帝国とはフィクションであり、まさにそのおかげで西洋人は、政治的征服と改宗という強力な手段を駆使しつつ、われわれが父と呼ぶものを発明しえたのである。この観点から見れば、伝承とはつまるところ父への信という複雑な構成を組み上げることにつきる。この組上げは権力の同一性と権力への同一化の秩序において何らかの効果を生み出すために、何らかの形で様式化されている。

この問題こそまさしく近親姦の取扱いの問題、つまりは〈法〉という問題設定の取扱いの問題であることを、われわれは精神分析から学んだ。この領域において人類学が親族構造の機能を整理してくれたとするなら、ローマ法の歴史はわれわれをもう少し先へと導き、制度システムの核心におけるさらに複雑な近親姦の諸問題に気づかせてくれる。無意識的幻想は根絶不可能である以上、法的な規則によって統御し誘導するしかない。ローマ的な仕組の解析をこの方向で進めれば、諸々の社会空間――主体自身もそのうちのひとつに数え入れてもらいたい――の幻想のエコノミーに関してわれわれは多くを学ぶことができるだろう。言いかえれば、近親姦は親族システムの統御だけに関わるものではないのだ。たとえば西洋的な一夫一婦制の結婚を、テクストに依拠しつつ以下のように定義することは容易だろう。つまり母――夫にとっての母も含む――を製作する制度、すなわち母／子の近親姦的関係を引き受けてそれを婚姻へと社会的に転換するための制約なのだと。ゲリウスの『アッティカの夜』(一八・六)に見られる巧妙な定義を参照されたい[10]。われわれがここで提起しているのは、社会的な法律第一主義と無意識との関係を射程に入れた問題設定である。とはいえその射程は長い。問題となるのは想像的な近親姦を社会がどの程度まで許容するかや、何らかの政治秩序がそこからどんな恩恵を引き出せるかといったことなのだから。

以上の指摘はバッハオーフェンによる母性（Muttertum）と父性（Vatertum）の区別を相対化するものである。この点については読者に判断を委ねたい。

その代わりわたしが強調したいのは父の組上げについてである。父とは何か？〈法〉を表象し、この〈法〉が他の人間に無意識的な効果を及ぼすまでに至らしめるという男——原則として男——のための役目は、いかにして組織立てられているのか。考えれば考えるほどわれわれの政治了解と切っても切れないこの役目は結局のところ何なのだろうか。

法システムにおいては、真の意味で自然な両性の関係についての考え方など存在しない。あるのはつねに構築なのである。この点ローマ法のいくつかの鋭い法諺はすぐれて悲劇的な格調を備えている。アイスキュロスからストリンドベリ——『父』と題されたきわめてスコラ学的な戯曲の作者——に至るまで繰り返されてきた、しかしつねに新しい悲劇である。「父の機能」——制度と言語との錯綜をかくも深める機能——についてのラカンの発言をこれほどまでに裏づけてくれるものは他にはない。ローマ法の論理に立ち入るためにもその法諺に立ち返ることが必要である。要するに法学者——無意識の扱いの名手——は次のことをきちんと記していたのだ。われわれには母親しかわからない（mater certissima）。

この明白な事実の前に伏さねばならない。そこから始めてこそ、あらゆるものに先立つ根本的な法的フィクション、すなわちわれわれが父と呼ぶフィクションが、いかにして成り立ちうるのかを思い描くことも可能になる。**Peter semper incertus**〔つねに不確かな父〕という格言——ヨーロッパの伝統的法学者が家族法の基本を要約した格言——に関してすでに述べたように、父は推定されたものとしてしか存在しない。だがこのフィクションを実演する必要があったローマ法は、「自然の模倣（imitatio naturae）」として提起された養子縁組という極端なやり方でそれを行った。養子縁組の法的な儀礼に関する有名な表現のいくつかは、バッハオーフェンの集成のなかに見出すことができるだろう。[32]そこで扱われているのは二度目の誕生、最初の誕生を模した誕生である。皇帝ネルウァ[33]（一世紀）の養子トラヤヌス[34]以来、養子縁組は「夫婦の床ではなく、ユピテルの初夜の床の前で（nec ante genialem torum, sed ante pulvinar Iovis）」神殿において繰り広げられてきたのだと言われている。他の意義深いテクストは、古代の市民の養子縁組で養父からローマの人民に向けて述べられる儀礼的な祈願の言葉である。そこには ex patre natus という文句――文字どおりには「父より生まれし者」――が、明記されている。これでわかるように、二度目の誕生とは些細な事柄ではないのだ。同様に注目しておきたいのはこの ex patre natus という表現の政治的・宗教的重要性である。この表現はキリスト教にとっても、神でありかつ人であるというキリストの二重の出自や、またそれを受けて人類の〈贖い〉のエコノミーを養子的な親子関係へ登記するといったことに関する神秘的な教義において、きわめて重要なものであった。この点については『恩寵論（*Liber gratiae*）』の著者であり法学者たちによく知られた中世の古典学者、ボーヴェのウィンケンティウス[35]（十三世紀）を参照してほしい。その書においては（一・五）この難問が簡潔に扱われている。

　ローマの養子縁組に話を戻そう。わたしがこの制度にこだわるのは、基礎的な法的フィクションがどのように機能するのかを強調するためである。フィクションに含まれる「かのように」は、きわめて現実的なものに差し向けられている。つまり人間の身体にである。「父であること」には「母であること」に比べて「かのように」が含まれている。これは精神分析家にとって大変興味深い指摘である。というのもこの指摘は、権力そのものについての考察や、バッハオーフェンが母性（Muttertum）と呼んだものと権力との関係についての考察に結びつくからだ。実のところこの母性（Muttertum）が主体にとって認識できるようになるためには、〈法〉の秩序内の何ものか――すなわち父性（Vatertum）というフィクション――と結びついていなければならない。父なるもの（du père. *Vatertum* の訳語としてはこれが一番よいのではなかろうか）、つまり〈法〉があるためにはフィクションが必要であり、さらにこのフィクションが母の欲望に差し向けられていなければならない。母の欲望は子供が向き合わなければならない他の二つの欲望（自分自身の欲望と父の欲望）からは区別される。主体にとって父とは、母の欲望のなかに絡め取られた人間である。父という対象（objet-père）——取り替えることもできる父——の定義づけがこうした父の立場との関連でなされるのは避けがたいことである。以上のような働きを抜きにして主体の人間化はありえず、母もまったく存在せず（母性〔Muttertum〕の意味での母は存在せず）、ただ狂乱状態の癒着があるだけだ。養子縁組についてのローマ法の指摘はきわめて強力である。なぜならそれは無意識相手の初歩的な制度的操作に関する覆しようのないひとつの論理を定めているからだ。今日の社会主義化政策が、われわれから父の機能を免除しようとするときに突き当たる障害を示してくれるのがこの論理である。父を合成で作り出すことができるのだろうか。象徴的なものの論理にどこまで手を加えることができるのだろうか。

ローマ法の歴史は養子縁組という熟慮に値する例をわれわれに提供してくれる。実験室的な法科学の観点に立って、この養子縁組の論理を見て見ぬふりを決め込もうとすることもできる。動物飼育的な行動主義のテーゼを一般化し、「プシ〔心理〕」の知をプロパガンダに変えてみさえすれば十分だ。別方面で行政的・財政的処置がとられて、こうして生み出された人類——一種の社会規模の生ゴミ——のリサイクルを徹底し、心理学的なケアの制度のなかでの再生を心がければ、効率も保証されるだろう。だが行動主義を一般化すること、つまり象徴的エコノミーを見損なうことは、結局は高くつく。さまざまな狂気や深刻な混乱という代償を払わなければならないのだ。では、社会化をめぐる政治の争点とは何なのだろうか。

進行中の事態を理解する手段を身につけ、フィクションの二重化という問題に対処することこそが必要である。父という概念そのものが、欲望と〈法〉の論理におけるフィクションとしてしか働きをもちえないとすれば、合成品の父、つまり社会制度が製作を請け負って機能させるような「父という対象」は、フィクションをさらにフィクション化することになる。問題は生物学的なことではなく、ドグマ的な組立《モンタージュ》である。「父という対象」はみずからの場所、つまりまさしく「父の機能」という論理的な場所に位置していなければならない。錯乱することなく病的な効果を生み出す恐れもない組立が信憑性をもつためには、欲望という大問題のなかに——Muttertum と Vatertum の複雑な結びつきのなかに——組み込まれていなければならないのだ。言いかえれば「父という対象」は、主体がそれを母の欲望のなかに絡め取られた対象として特定できなければならない。これこそが問題である。

文献案内

ローマの法システムおよび西洋的規範の展開についてのあらゆる研究が頑なに保持すべきは、諸々の手管の組立という考え、つまり聖なる人民——わたしが記したような意味での「人民」——を取り仕切る言説のメカニズムという考えである。アウグスティヌスの表現である「愛の組立《モンタージュ》」を何よりも先に検討すべきなのはこのためである。この表現を対象とした研究が存在する。護教論的なところがあることに目をつぶれば、学識豊かな情報収集であるという点で価値ある研究である。B. Fischer, "*Tamquam Machina quaedam*..., Ein Wort Augustins (ep. 55, 39) zum Ethos der Liturgiewissenschaft", *Miscellanea in onore*... G. *Lercaro*, Paris-Rome, Desclées, 1967, II, p. 85-93. この研究はとりわけ西洋におけるローマ法の歴史が教父学——古代から中世へのテクストの伝播に欠かせない継目——を抜きにしては語れないことの証左である。

教父学（patristique）という表現について一言。キリスト教の文献では伝統的にこの表現は教会教父たちの教説とこれらの教説の研究の両者を意味する。patrologie という用語はこれと同義である。俎上に載るのはキリスト教古代および中世初期の有名な（正統という曖昧な概念よりもこの形容詞のほうが好ましい）著述家たちである。「教父」という称号は「博士」とは別であり、後者は教会の権威による特別な認可を必要とする。「教会博士」と呼ばれる何人かの博士は、ビザンツ教会において特別な権威を享受していた。大バシレイオス、ナジアンゾスのグレゴリウス、クリュソストモスがそれに当たり、ローマではさらにラテン教会博士としてアンブロシウス、ヒエロニムス、アウグスティヌスそして大グレゴリウスの四人が加わる。こうした序列の展開は東方と西方の間で、続いてキリスト教が多様化するにつれて西方の内部で、歴史的・政治的な争点となった。権威の原理はこのような教義の取込みという点でも機能してきたのだ。古典的な歴史記述としては、フランス・カトリックの側からのF・カイレによる以下の要約を参照。F. Cayré, *Patrologie et histoire de la théologie*, Paris, Desclée, 1953, I.

だがもちろんわれわれが中心に扱うのは十二―十三世紀である。次の二つの大きな法典に対するスコラ学の仕事の検討こそがここでの課題だからだ。(1)ローマ法については、ユスティニアヌスの編纂物。(2)カノン法については、一一四〇年ころのグラティアヌス教令集――『矛盾教会法令調和集（*Concordia discordantium canonum*）』というその名称に要約される計画に基づき、それ以前のカノン法を集大成した教令集――、および初期の教皇令集、つまりある意味で西ヨーロッパ全土に広まっていた文書による手続で直接提起された質問に対する、教皇尚書院の答えを中心とする集成――十二世紀末から十三世紀初めにかけてのこの集成は一二三四年のグレゴリウス九世による公式な教皇令集に至るが、これはまさしくユスティニアヌス法典と対をなす編纂物である――、さらには一二九八年にボニファティウス八世が公布した、グレゴリウス九世教皇令集を補うための新たな教皇令集であり、こうした理由からこの法令集は *Sexte*（*Sextus liber decretalium* つまりグレゴリウス九世以降の五書に続く「第六書」）の名で呼ばれる。以上の巨大なテクスト装置がスコラ学の註釈の対象であった。この集合全体に関する研究はとりわけここ三十年来目覚ましい進展を見せているが、ヨーロッパとアメリカのさまざまな機関において国際的規模で連携して進められているにもかかわらず、フランスではほとんど知られていない。カノン法の学識に関しては、*Monumenta Iuris*

Canonici がステファン・クットナーの監修により目下刊行中であることを知っておく必要がある。

文献案内としては、第一章つまり少し前の一〇八—一一〇頁の指示を参照してほしい。文献表の煩雑化を避けるために、ここではすでに古典的な——つまり今日になって蓄積された研究とは無縁の——しかし優れた入門書が、ラテン語のわかる研究者には用意されていることだけを付け加えておく。A. Van Hove, *Prolegomena ad Codicem Iuris Canonici*, Louvain-Rome, 1945（この表題は著作の目的を表したものである。すなわち、一九一七年のカノン法典に対する註釈の準備）。

伝承という概念はスコラ学者たちの積年の研究対象であったことを忘れてはならない。十三世紀の著述家デオのヨハネスは教皇令集がグラティアヌスの著作につながることを示すために次のように記している。「教皇令は教令（つまりグラティアヌス教令集に集められた教令やカノン）の娘と呼ばれる（decretales dicuntur filie decretorum）」。これらの教理についてはさまざまな雑誌のなかで実り多い研究がなされており、もっとも知られているのは『サヴィニー財団雑誌（*Zeitschrift der Savigny-Stiftung*）』である。この雑誌は二部構成になっており、ひとつはローマ法の部（*Romanistische Abteilung*）、もうひとつはカノン法の部（*Kanonistische Abt.*）である。たとえば次を参照。H. Kantorowicz, "Das Principium decretalium des Johannes de Deo", 1922 (KA). 引用箇所は四四二頁。

フランス語では、もっともよく知られた二十世紀の学者はガブリエル・ル・ブラであった。一九六五年に彼に捧げられた玉石混淆の寄稿集の巻頭を飾る彼の著作リストを参照のこと。G. Le Bras, *Études d'histoire du droit canonique*, Paris, Sirey.

ローマにおける権力についてのいくつかの基礎概念にも着目する必要がある。マグドレンの二研究が基本文献である。Magdelain, *Auctoritas principis*, Paris, Belles Lettres, 1947 ; *Recherches sur "l'imperium". La loi curiale et les auspices d'investiture*, Paris, Presses Universitaires de France, 1968. 神託という概念のギリシアにおける本来の

意味については、J・フォンテンローズの研究が権威である。とりわけ以下を参照のこと。J. Fontenrose, *The Delphic Oracle. Its Responses and Operations, with a Catalogue of Responses*, University of California Press, 1978.

最後になるが、脱神話的イデオロギーの時代である今日には、基本概念に立ち戻って、H・ヤウスが中世について試みたような神話の蓄積の歴史を振り返る必要がある。H. Jauss, "Allégorie, "remythisation" et nouveau mythe. Réflexions sur la captivité chrétienne de la mythologie au Moyen Age", *Mélanges C. Rostaing*, Liège, 1974, I, p. 469-499.

第二章　真理の証拠を生み出す

産業は真だからこそ制度をもつ。

われわれはこの定式を研究すべきだ。それはわれわれがローマ法とキリスト教にいかに植え込まれているかを理解する手がかりとなる。産業が真であるのは、ローマ法やキリスト教がやはり真であるのと同じ意味においてなのだ。

これまでの記述で、制度システムを解釈の網目として思い描くための準備は整った。しかしこの網目はある根本的な隠喩《メタファー》の働きを前提としており、西洋の法的伝統はこの隠喩を語ることにかけてその才能をいかんなく発揮してきた。トマス・ホッブズと彼の語った「リヴァイアサン」を考えてみればいい。あらゆるドグマ的システムはみずからの出自を心得ている。というのは、ドグマ的システムは Unde?〔どこから?〕の問いに〈主体なきテクスト〉のレベルで答えなければならないからだ。われわれが実践しているような歴史学の助けを借りて、「クールに」つまり科学的にそれを知ることもできる。だがドグマ的システムはとりわけ、定礎的フィクションという回り道を介してそれを知るのだ。このような神話的レベル――システムみずからの再生産はそこで繰り広げられる――においては、システムは隠喩的にしかそれを知りえない。あるシステムにとってみずからが真であることの確証はこうして書き記され、制度を用いた社会運営の正当性も無限に再生産されるのである。言いかえれば、社会統治もまた父性に関係するフィクションを用いている。なぜなら社会統治が諸々の法や公認の解釈者たちを製作するためには正当性が必要だからである。

真理を想定すること、それは同時に〈法〉を非時間的な論理の水準に設定することであり、保証つきの〈法〉を設定することである。言ってみれば、〈法〉があればわれわれは保証されているのだ。何に対する保証なのだろうか。制度と政治を扱う際に立ちはだかるのはこうした問いである。

問題の重大さを理解してもらうために、ユスティニアヌス『新勅法』一四六、および中世スコラ学におけるユダヤ人の地位に関する西洋の法的装置の総体に目を向けてもらいたい。そこでは次のようなことが述べられている。ユダヤ人は狂っており、常軌を逸した解釈に身を委ねている。[11] どういうことだろうか。その答えは無意識における最大の争点になるに値するほど素朴である。ユダヤ人は悪魔の息子つまりペテン師の息子になったということである。この隠喩は、ユダヤ人の系譜がテクストの真理からすればペテンで偽りだということを意味する。とりわけ父の位置づけに関するユダヤ教とキリスト教の二つの聖書解釈の方法の両立不可能性や、割礼と洗礼の問題（使徒時代のエルサレムで催された最初の会議、エルサレム使徒会議で扱われた問題）について、ここで長々と論じるつもりはない。誰がアブラハムの真の後裔で、何が真の証拠なのか？　われわれはここで殺人をめぐるいくつもの争点に接近しているのだ。

この例からは論理というものの抗しがたい性質を汲み取っておきたい。ここで言う保証とはすなわち、われわれはユダヤ人に対して守られ保証されており、またわれわれの解釈は狂っていないということである。だが諸々のテクストに権威を与える原理が、〈理性〉を切札にローマ・キリスト教的帝国システムの位階的組立《モンタージュ》のなかで機能するものである以上、保証の適応範囲は無限である。この点については後ほど詳しく述べることにする。というのも西洋史はこの点に関して予期せぬ効果をいくつか生み落としたことがあるからであり、またいわゆる人文科学や社会科学の方面では、その効果は少なくともいまのところほとんど理解されていないからだ。

ところで、文明という概念自体を自分たちに関するかぎり葬り去ってしまったわれわれには、このような理性的権力やテクストの保証といった論理をまだ理解することができるのだろうか。これに関してはあらかじめはっきりとさせておかなければならないことがある。産業システムとは――スコラ学的再生産と勝手に手を切ったつもりでいても――われわれの文明なのであり、それ以上でも以下でもないことをわれわれは学び直さなければならないのだ。

文明とは何か？　定義は無数にあるわけではなく、むしろ同語反復的で今日ではいささか突飛になってしまった定義が、厳密に言ってただひとつあるだけである。人類学は恐ろしく征圧的なこの定義で武装してみずからの知的事業に着手し、キリスト教以外の人類の諸制度を晒し者にして産業世界帝国に戦利をもたらしたのだ。これらの諸制度は〈人間社会〉の珍品リストに――ひじょうに巧妙にではあったが（神判についてのケーニヒスヴァルテル[36]の一八五〇年の研究を参照）――加えられた後は崩壊を余儀なくされてしまった[12]。文明とは、この語の歴史的かつもっとも理解されていない意味において、民法の帝国以外の何ものでもなく、西洋文化とはそれにつきるものなのだ。

良識ある方々にはお気の毒だが、民法の文明とはせんじつめればこの拡大志向の論理につきる。そうなるとわれわれは、産業的真理がいかなる手直しにも抗い、ただその真理を現実世界で実行に移す組立の頑丈さのみに依存していると考えざるをえない。諸々の力関係の影響でぐらつく恐れがあるのはこれらの組立のほうである。ドグマ的論理は一向に動じないのだ。

なぜここで民法（ius civile）という古い表現――何度も形を変えながら古典古代より西洋に伝えられた表現――をあらためて導き入れるのだろうか。この表現はローマ法の全体を指し示すと同時に、近代法システムのなかで制度化した人間の条件の主要なフィクション――自由、親子関係、負債、債権――が定められる部分を示してくれるからである。同じように重要な理由がもうひとつある。ローマ人由来の意味によると、民法というテーマは裁判手続の歴史と密接に結びついている。裁判手続とはそれ自体訴訟についての学であり、これはローマとその継承者であるスコラ学者たちの手により発達した、真理はつねに証明されなければならないという有名な問題を、仔細に検討するための優れた知的テクノロジーである。

こうしてわれわれはもっとも切実な問いかけに直面することになった。つまり真理を証明するとは何を意味するのか？　先ほど記したように、真理をめぐる訴訟は、諸個人の地位や契約や所有といったきわめて具体的な問題に根ざしている。今日では超産業的社会におけるドグマの役割の官僚化と呼ぶべき事態の影響で、訴訟についての学は影が薄くなってしまったようだ。社会関係の管理経営的なプログラミングは、「書いてある」の〈真理〉よりも、〈幸福〉への進歩という啓示に身を任せたいのである。というのも超近代的な統治の理想によれば、〈科学の勝利〉――奇怪だがとても人気のあるテーマ――は訴訟を扱う法学者の学問とは何の関係もないと考えられているのだ。

だがしかし、われわれが文書《エクリ》の統治下に生きていること、そして純粋な資料としてのメッセージという規範と理念に従い運営される科学技術社会といえども、証となるものを扱うための古典的なドグマ学者たちの問いを免れられないということは肝に銘じておきたい。プロテスタント改革の時代のメランヒトンの言い方を借りれば、問題となるのは testimonia〔証言〕の価値であり、資料の価値や性質を問うことであり、次の疑問を発することである。証言となるこれらの文書は何なのか、そして何を証言しているのか？

産業に制度があるのは産業が真だからであると、冒頭でわたしは述べた。だがこの発言にはどこか不適切で受け入れがたいところがある。もしわたしがこう言う代わりに、産業は〈幸福〉の観点から発展を管理する必要があるからであると述べたならば、より自然に思われ、たじろぐ者もいなくなるだろう。

われわれは真理の文明のなかに幽閉されているのである。つまり完全に論理的な歴史、ローマ法という論理の歴史のなかにだ。われわれはこの論理のおかげで、人間の言説をあらしめるための真理という機能の、ある種の扱い方をもつに至った。わたしはここでこの機能としての真理を二度にわたって検討していくが、それは産業文化といえどもやはり以下のような制度の必然を免れることはできないということを示すためだ。つまり身体に真理を語らせ、この身体をフィクションとして取り扱うことである。このことがどれもきわめて理解しがたく思えるとすれば、それはわれわれが新たな科学幻想の占拠する社会の主体として、残りの人類とは縁を切ったつもりでいるからだ。なぜこれがまったくありえないことなのかを、われわれは以下で理解していきたい。

1　科学史のなかのローマ法

西洋のドグマ的な賭場を間近に眺めてみれば、近代科学の出現が法学の興隆——中世にわれわれの文明概念が形成されたのはこれのおかげであろう——と関係していることに気づくはずだ。諸々の解釈システムの直線的な進化——われわれはその金利で暮らしている——という考えが頭にこびりついているため、われわれは——歴史家ソーンダイク[37]の、あるいはリュシアン・レヴィ＝ブリュルが主張した古典的社会学の良き弟子として——魔術や宗教などを科学の起源だと考え、魔術・宗教・科学をめぐる係争は一度で決着がついてしまったかのようにみなしがちである。ソーンダイク自身が十二世紀のローマ法ルネサンスに言及するとしても、言うなれば単に初期スコラ学の知的雰囲気を再現しようとしただけのことにすぎない。近年の人類学はと言えば、古代のテクノロジーと野生の思考とを結びつけようとするレヴィ＝ストロースの試み以降は洗練されてきたとはいえ、現代の科学技術立国の地にあえて足を踏み入れ、当代の管理経営世界の科学主義イデオロギーに惑わされることなく、産業システムのドグマ的側面を明るみに出すのに適した方法論を欠いていたのだ。

科学史の欠陥、そしてその帰結としての人類学の仕事の欠陥は、それを社会的な合法性装置の内部での諸々の知の扱いに関係づけてみれば当然のことだとわかる。この合法性装置は、諸々の知を公認もしくは公然の認識論の公準に基づいて分類するだけでなく、われわれ自身の文化的な従属度に応じて序列化するのである。言いかえれば、ここで言う欠陥とは実際には機能的な誤認なのだ。

西洋の法律第一主義の歴史はこの点においてこそ有益なものとなる。とはいえそれはこの歴史が我慢できるものだとすれば、の話だが。この歴史が文字どおりの再生産という現象についての学識を切札として用いつつ、〈法〉の問題に謎の深みを取り戻させ、あらゆる種類の法的操作——つまり科学的な装いをしたものも含めて——を、無意識への呼びかけという本来の場所に復帰させるものだとしたら、それでもまだこの歴史は我慢できるものだろうか。それはまったく心もとない。今日幸福をもたらすつもりの知識人たちが飾り立てている組織システムを、古代人や未開人などの生み出したものと同列に扱い、誤認されてはいるが避けがたく人種主義的な争点を俎上に載せることは、多少なりとも骨の折れる企図ではある。それは心得ておかれたい。

ローマ法およびその下にあるテクスト、あるいはスコラ学の業績によるローマ法の歴史的な拡張と関係のあるテクストを、科学史と呼ばれるもののなかに位置づけること、それがここでの課題である。この科学史というきわめて一般化した形式は、どちらかと言えば新しいここでの問題設定に、教育的配慮をしつつアプローチするには相応しい。まさにこの手がかりに取り組んでみよう。

西洋人の客観主義的な精神状態をつねに考慮に入れておかなければならない。〈理性〉を脅かしそうなものに対しては何にでも慎重になる、もしくは意固地になるとでも言えそうな態度である。ユーモアについてのヨーロッパの民俗学的研究が立証しているような、この精神状態を表明するための——特に国民的な——いくつかのスタイルの存在について言及しておくべきかもしれない[13]。だが大本ではこの診断が正しい。そもそもこれは、ニーチェに理論的な世界観と悲劇的な世界観の対立についての断言を思いつかせるに至った診断である。彼の発言を身近な翻訳から引用しておこう。「科学の精神がその限界にまで導かれ、この限界を示すことによって科学が普遍的に妥当するものだという主張が否定されたとき、そのときはじめて悲劇の再生は期待しうるだろう。音楽を奏るソクラテスという象徴こそ、かかる文明形態のためにわれわれの掲げねばならぬものであろう[14]」。

こうしたことの実現を期待するのはニーチェに任せておき、彼の診断だけを使わせてもらおう。それによれば、芸術を馴致し詩を追放したことが、合理的・管理経営的精神の偉業であった。効率性の諸教義——これについては効率（efficiency）の神学的基盤を想起しつつ論じたことがある——は、このような芸術や詩の敬遠——わたしに言わせればそれは禁圧である——から糧を得ているのである。広大な射程を備えたひとつの例が事情を説明してくれるだろう。オイディプス——欲望の罪責感の表象——が西洋の法律遵守主義のなかでたどった運命がそれである。

聖グレゴリウス伝説のなかのキリスト教化したオイディプスは、贖われた悔悛者でしかない[38]。兄妹の近親姦（意図的な近親姦）により生まれたグレゴリウスは誤って母と結婚し（意図しない近親姦）、息子の過失と母の罪は贖罪によって浄化される。この公認のおとぎばなしの結論はつまるところ、母と子の神聖さである。ローマ法のルネサンス以降、近親姦をめぐる決疑論は、過失と刑事責任とについての論争（quaestiones disputatae）をめぐる註釈や専門文献のなかに場を移している。ぜひともアイスキュロスの『テーバイ攻めの七将』を読んでもらいたい。そこに悲劇的世界観の詩的な過激さを読み取ってもらえるのなら、産業的人類が現時点に至るまでにたどってきた道筋が思い描けることだろう。それは〈科学の勝利〉へと至るステップであり、この科学はすでに次のような力業を成し遂げていた。つまり欲望から狂気の音調を取り除き、罪責を消し去ることを期待しながらそれを管理するという力業である。ところがアイスキュロスでは、*παράνοια*（*paranoia*）つまり狂気という見過ごせない言葉が合唱隊の口から発されているのだ（七五七行参照[39]）。

管理経営的な理念を再検討するのはきわめて重要なことである。この理念はローマ法がもたらした権力や合法性をめぐる諸概念と深く結びついており、スコラ学以来のローマ・カノン的法律第一主義によって体系的に取り入れられたこれらの諸概念は、哲学的言説の進歩——それは周知のごとく中世に大きな成果をあげた——につれてその論法がつねに評価を集めてきた。ロタンによる道徳神学についての指摘や、近年ではカール・ヴェルナーによる、キリスト教的アリストテレス主義、および初期スコラ学後半における心理学の唯名論への移行についての指摘を参照されたい。そこには本質的な何かから身を守ろうと必死の西洋的思考のいわば防御の材料があふれている。西洋的思考は〈理性〉の問題が問い質されるところで足を踏み外すまいと必死なのだ。この〈理性〉はどこまで及ぶものなのか、そしてこの〈理性〉の領野はどのように機能するのだろうか。これこそが根本的な問いであり、これを問わずしてローマ法の政治的成功の意味を理解することはできない。

少しばかり余談を。西洋の制度的言説のなかで、われわれが客観的・管理経営的精神に対立させることができるのは何だろうか。あえて言えばそれは官能的精神（l'esprit lascif）である。この表現（lascivus animus）をわたしは音楽についての有名な教皇文書から援用した。十四世紀にメロディの厳密な規則を定めて、アルス・ノヴァの酩酊を激しく非難した（aures inebriant「それらは耳を酔わせる」）ヨハネス二十二世の教令『ドクタ・サンクトルム（*Docta sanctorum*）』である[40]。この逸話を軽視すべきではないだろう。なぜならキリスト教の植民地も、とりわけアフリカにおいて、同じように理性的な音楽という名のもとに野生人の宗教を押しのけて広まったからだ。[15]

オイディプスの問題に戻ろう。この例が浮彫にする西洋文化の一大現象を一言でまとめるのはやや無理がある。というのもこれはキリスト教とローマ法の結びつき方に関わる問題であるからだ。ヨーロッパの古典中世以降明白となったこの二つの言説の一種の相互浸透は、ローマ的合理主義——『学説彙纂』に集められた長いラテン的伝統が裏づける科学仕様の法律第一主義——が、キリスト教により巧みに演出された諸々の異教崇拝の切り捨てを、どれほどたやすく別の何かで補ったのかを示している。この別の何かとは何だろうか。言ってみればそれはオイディプス問題の新たな取扱いである。聖グレゴリウス伝説の場合、贖罪が演じられ、精神分析用語で言うところのエディプスは抹消された。問題はまさにそこにある。すなわちこれこそ、われわれ西洋が悲劇的世界観を粉砕するやり方なのだ。つまりオイディプスを抹消するのである。ローマ・カノン法はまさにこのような手に打って出たのであり、『夢判断』（一九〇〇—一九〇一年）においていわばオイディプスを甦らせたフロイトの発言があれほどの拒否反応を招いたことも、われわれはこれでよく理解できる。この問題は長らく解決済みにされてきた、つまり言いかえれば制度的秩序そのものによって評価し直され処置されてきたのである。フロイトや彼と同時代の文学者たちよりも前の十九世紀、オイディプスに関する研究が復興したことについては、多くのことが言えるはずだ。ここでは、諸伝説についての歴史の常道をあえて踏み外した稀有な著作家の名をひとつ挙げておこう。ドメニコ・コンパレッティ[41]がその人である。彼は法的諸理念が悲劇を格下げしたという事実を理解していた[16]。

確認しておこう。ギリシア悲劇が上演する欲望と罪責という意味でのオイディプス問題は、いかなる法的産物で囲い込まれようと、隠しきれるものではない。そもそもグレゴリウスの場合には、近親姦はいわば二重化されているのだ。母と息子は神聖化されて死ぬのだから。キリスト教の〈テクスト〉自体の水準ではどうなのだろうか。ローマ・キリスト教的な制度システムは、こうしたオイディプスにまつわる諸問題を、人類の統治に関する原理の水準に投射したのである。この統治原理は罪責がすでに価値のないものであるどころか、象徴的な貨幣として流通しうるものであることを宣言すると同時に、法的権力を次の二つに関連づけて上演する。(1)まず〈母なる教会〉に。(2)ついで世俗権力に。それはとりわけ〈皇帝〉という姿をとっている。この図式に何らかの過不足があるだろうか。この〈贖い〉と〈権力〉のエコノミー、母性（Mutterum）の場所については不思議と口数の少ないこの構造において、オイディプスは回避されているのか、あるいは倍加しているのだろうか。一握りの読者にこの問いを示唆しておこう。

ここで科学史の中心要素とみなされたローマ法をめぐるわれわれの探求を補足するため、『グラティアヌス教令集』（二六・五）からきわめて雄弁な指摘を援用しておこう。そこでは呪術師と占師に関する議論に続いて、呪術の禁圧に関する全般的な問題が提起されている。われわれに関心があるのは、どのような処罰がなされるかではなく、何の名においてそれが科されているかである。グラティアヌスはこう切り出している。「呪術師や占師が服従を拒むなら破門されねばならない。そのことは理性と権威によって証明しうる」[17]。ratione et auctoritate を文字どおりに訳したのは、（テクスト自体、つまりスコラ学的議論の argumenta〔論証〕を示すためにも、これらのテクストの有効性を正当化する政治的原理を示すためにも）註釈学者たちにとってきわめて重要なこれらの概念にまつわる不透明性をそのままにとどめておくためばかりではなく、肝腎な点に注意を向けてもらうためでもある。つまり証明することこそがここで問題となっているのである。

科学とは、やはり同じように論証し証明する企てである。魔術に対する法的な争いによって、論証や証拠の領域では法権利と科学を別々の二分野として対比することはできないということがよくわかる。『グラティアヌス教令集』の事例二六を読めば、pro と contra つまり可と否の対照に基づいた弁証法的な議論の運びにより、それがいわゆる科学的方法の基礎を完全に満たした、原因と結果を扱う論文のようなものであることに気づくはずだ。

ローマ法のルネサンスが現出するのはまさにこうした文脈のなかにおいてであり、証拠の理論を駆使しつつ、われわれの〈理性〉概念と対立するものを徹底的に追い落とすことに貢献したのである。この〈理性〉は他方で、すでに述べたような〈息をする法〉という皇帝の組立において上演される権威の原理と混然一体となる。詳細に立ち入る前に簡単な整理をしておこう。

臆することなくこう表明しよう。証拠に関するローマ的理論のもつ科学的精神は、あるドグマ的システムの内部で発展を遂げたが、このシステムにおいては真理の機能が三つの主要領域――われわれはそれらを明るみに出した――において、保証するというその役目を果たしていた。その領域とは以下の三つであり、われわれはこれら三つに対して、つまり(1)解釈の狂気（「反ユダヤ主義」の法的根拠）、(2)欲望のパラノイア（近親姦の決疑論）、(3)魔術師の非合理と非合理的な証拠（呪術師と易者の禁圧は神判も含む膨大なリストの一部をなす）に対して、守られているのである。

これによって、ローマ法の歴史と諸々の重要な科学的争点の関連が明確になる。以下の二つの本質的な指摘に進まれたい。

●第一の指摘、ローマ的な証拠の原理について。

真理によるコミュニケーションをめぐる全面的抗争のこの時代に、「証拠とは何か」という基本的な問いが、法学者サークル以外ではほとんど誰の興味も引かないのは、奇妙なことではないだろうか。いわゆる人文・社会科学が、科学という現象や知と真理の関係、科学的管理のメカニズムに夢中になっていながら、裁判――つまり訴訟についての学問、より精確に言えば証拠に関する法権利――のなかに隠された根本的な諸問題を、実際には自分の専門外としてしまったのは示唆的である。ユスティニアヌスがまとめ上げた（その後スコラ学が補強した）ローマ法という労作の上にほぼ全面的に拠って立っている近代的裁判とは、理想からすればありがたくない存在であるに違いない。以下でそのことを確かめれば、証拠に関する法権利が西洋で科学的精神と呼ばれているものの原型であることに、読者は気づくことだろう。

まずこの教訓を銘記しよう。真理とはある訴訟＝大義（cause）に役立つものとして構想されるものだ。わたしが言わんとしているのは、真理とは優れた制度であり、つねにあるシナリオに基づいて機能しているということである。そのシナリオとは何だろうか。

それはつまり判決の演出における訴訟＝進行（procès）のことである。ordo judiciorum〔裁判手続の秩序〕というひじょうに著名なローマの表現を適切に翻訳すべくこのような言い方をしたのは、真理の問題は言説の組織順序――厳密な、規範化した、侵犯できない順序――なしには提起されえないことに気づいてもらうためだ。この順序とは方法と言っても同じことである。この定義に込められた意味合いのいくつかを見ていくことにしよう。

次のことはよく覚えておく必要がある。真理の問題とはどのようにでも提起できるものではなく、二つの避けがたい道筋を経由する手順に従うことが重要である。わたしはその二つを、語る技術と観察する技術と呼ぶことにする。両者をできるだけはっきりと区別するよう努めよう。そうすれば以下の法文に簡単な註釈をいくつか付け加えることもできるだろう。一見単純だがひじょうに優れたこの法文は、真理が方便であることを告げ、またそれが〈法〉の言説を保証するための前提であることを申し渡すものだ。「既判事項は真理の場そのものを占める（res judicata pro veritate habetur）」[18]というのがその法文である。

語る技術とは、システムの修辞的な構築であり、訴訟（民事訴訟や刑事訴訟）の形作る言説空間の制御であり、文法や言葉の響きを演劇的に扱うことであり、あるいは西洋の弁論術の大家キケロが述べるように、ことばの実験eloquendi exercitatio（『弁論術の構成〔*De partitione oratoria*〕』七・二四）である。訴訟のもつこの祝祭的な仕様を軽くみてはならない。なぜならそこで問題となるのはことばの社会的な配分であり、また真理と権力の関係を明らかにするばかりか、それを祝福し、演劇的に語ることだからだ。〈法〉が真理を語っていることを確認する法的操作が作動しているのである。それはまさしく権力の公現《エピファニー》にほかならない。この観点からすると訴訟は、ちょうどわたしがここで教えてきたような意味において、つねに典礼的に機能するのだ。裁判についてのスコラ学の議論――訴訟とは λαός（*laos*）つまり人民への呼びかけの空間において言説を厳粛なものにするための修辞的装置であるという発想そのものを直に受け継いでいる――を参照すれば、要するに組立の最終的完成を追求した演出を記述しようという執念が見出されるはずだ。最終的完成とはすなわち、権力による匿名の提言を生み出すことである。匿名の提言すなわち dictum impersonale は、中世の語源学の文献のなかの有名な引用から借りた表現である。この引用は訴訟において発言しなければならない者すべての役目を的確に定義した、十二世紀のきわめて明快な小著に収められている。裁判官の判決こそまさしく最終的な製品なのである。われわれにとっては裁判官自身もまた機能として現れるのである。それは正義の機能であり（『学説彙纂』の正義の定義を思い出すこと）、神的な準拠を効果的にするための機能である。*Rhetorica ecclesiastica* と題されたこの小著を参照してほしい[19]。そこでは機能＝役目（officium）という概念が裁判官にあてはめられ、裁判官は真理を表象する権力の典礼機械と化している。彼は法廷に座し、彼は衡平の笏をふるい……等々、諸々の表現はきわめて象徴的である。

　ローマ法およびそれを支える修辞によってヨーロッパに持ち込まれたこの「語る技術」は、再びこう呼ばせてもらうなら宗教によって火蓋を落とされた血腥い大論争に、甚大な影響——これは言い過ぎではない——を与えたことにも注目しておきたい。十六世紀の大神学者メランヒトンの『修辞学入門（*Institutiones Rhetoricae*）』（バーゼル、一五二一年）の重要性に着目されたい。きわめて近代的で知見に富んだこの著述家は、言葉の誠実さを希求し、準拠の働きにおける権威の原理を批判した。中世法の本質をプロテスタンティズムに伝えたメランヒトンは、ローマ的な論証の理念の主要な伝達者の一人でもあるのであり、後ほどわれわれはこの理念が科学的方法論の領域でも同様に重要であることを見ていくことになるだろう。

　次のことにも注目しておこう。「語る技術」の上演とみなされる訴訟は、ありうべきその政治的な利用からは独立した制度である。詳しく述べよう。ローマ法に基づいた訴訟の学問的な発展は、社会的・政治的諸関係の理念的で血腥い歴史と結びついている。図式的に言えば、この歴史は主に二つに分岐し、その一つは今日でも各国の民事・刑事訴訟の規定に見て取れる。一方は時にわたしがスポーツ的と形容する、学術用語では告発方式の訴訟として示されるような考え方である。こちらの考え方では裁判官は戦況を見守る審判である（十三世紀以来の英国法の傾向）。他方は異端審問というレッテルを貼れるような好戦的な考え方である。こちらの考え方では裁判官はすべてを知悉しようという立場にある（フランスおよび反宗教改革の諸国で長いこと支配的だった傾向）。多少の差異はあれ、この二つの傾向はいつも作用しており、司法的慣行の数々を生み出している。それらの慣行はあらゆる裁判システムの核心にある諸々の術策の政治的使用に着目した場合にはとりわけ、きわめて複雑かつ啓発的である。だがわたしはひとつの点を強調しておかなければならない。それは、政治的な恣意や恐怖政治もやはり合法性——つまり規律や禁止の保証としての真理——を取り扱っているということである。リーの金字塔たる著作を通じて見出すことのできるキリスト教の異端審問の歴史のなかの数々の好例に加えて、ケネス・ペニントンが詳細に研究したインノケンティウス三世の一一九九年の教皇令、*Vergentis* を挙げておこう。[20] これは異端の討伐を確実にするために人質を取ることを合法化したとも言える有名なテクストである。この教皇教令には"pro peccatis patrum puniri"——文字どおりには「父の罪により罰される」——という法文が含まれているが、これは異端の罪の場合には子供の迫害を合法とするという意味なのである。刑法の領域においてこのような処置が「語る技術」とその演出の問題を変質させることはありえず、（ついでに言えば）解釈者たちには行動の自由が与えられている。つまりインノケンティウス三世の恐怖政治的教説を憎む註釈者たちがしたような、テクストの曲解も可能なのだ。

今日のわれわれにとってこの例がひじょうに興味深いのは、真理をめぐる問題がもっとも先鋭な形で提起されるようなケースがねらいになっているからだ。要するにわれわれは、信〔foi〕に対する罪、つまり〈神〉に対する罪、という刑法領域に立ち入っているのである。これは一人の犠牲者も生み出すことがないみごとな過ちだ。われわれはいまもって、このような犠牲者を出さない罪が比類ない罪だとする考え方が通用する世界に生き続けているのである。ここで数々の地政学的変遷があったという事実もそれとはまったく関係がない。たとえかつての迫害者たちが人権という曖昧な理想に改宗したのだとして、それは社会的な抑圧が働いていることを示すだけであり、かといって司法的な迫害の実践の謎めいた側面がわれわれに明らかになることはない。あらゆる司法システムが〈法〉を、そして真理への準拠という構造的手段を用いていることこそが謎なのだ。問われているのは結局のところ、地球全体を何らかの善意の理想に改宗させられるかどうかではなく、どうすれば〈法〉を倒錯させることができるのかという、根本的な点なのだ。わたしが〈主体なきテクスト〉と呼んだものの水準においてわれわれは、倒錯の問題あるいはその倒錯がパラノイア的狂気に変化する可能性をめぐる問題に直面しているのである。これは解釈をめぐる問題のなかでも最大の難問であり、社会による無意識の取扱いや、倒錯と狂気が作用する――つまり法的に無実となる――歴史的・政治的な諸条件に関係する難問である。詩人たちや悲劇における合唱隊の役目――消し去りようのない役目――を果たしている者すべてを別とすれば、近代的な考察はこの分野で大した進歩を遂げてはいないのだ。

観察する技術のほうに移ろう。白状すればわたしはベンサムに着想を得たのであり、この表現は彼の『証拠法論』（一・四）から借り受けたものだ。フランスの裁判の専門家たちがこの分野においてベンサムを完全に狂人扱いしたのは、われわれの生きているフランスでは、裁判とはマニュアルや歴史的遺物の寄せ集め、つまり役には立つかもしれないがたとえば政治学の面などで普遍的広がりをもつことはない諸概念の寄せ集めだと考えられているからだ。そもそもこうした問題をおろそかにすることが、自由な精神の持ち主たちの間で流行になっているのである。モンテスキューが神判に手切れ金を払ったかと思えば、ヴォルテールが間抜けな司法官というカリカチュアを流行らせる。フランス人の端くれであるわたし自身もたしかに、時にはヴォルテールを愛しみ、モンテスキューが神判を軽んじたことを大目に見ることもある。だがここは一歩踏み込んでこう問うてみたい。証拠をめぐる問題に関して、そろそろわれわれはもう少しレベルを上げることができはしないだろうか。ベンサムはこの問題が知と法の理念そのものに関係していることを——その論旨の混乱にもかかわらず——示すことができたのである。彼による「主要事実（fait principal）」と「仮事実（fait probatoire）」の区別は、いまもまったく正当な見解であり続けている。

わたしが考察するのは、ローマ法の客観主義的な姿勢、および見たところ別の何かに基礎を置く真理探求の慣行に対してこのシステムが押しつけた改宗のもつ、ヨーロッパにおける科学的精神の誕生にとっての重要性である。この「別の何か」とは別の種類の合理性であり、ドイツ語 Urteil に由来する語が示すように、まさしくそれは〈絶対的裁き〉に準拠している。中世ラテン語では複数形の judicia と書かれるこの語には、Dei つまり「神の裁き＝神判」が読み取れるのである。

「見たところ……に基づいた慣行」と言ったのはなぜだろうか。われわれは保証としての真理と権力との法的な組立を通して、あらゆるシステムが〈絶対的他者〉の神的な場所と関わりをもっていることを知っているからだ。知っている「それ」がいる場所は絶対的にある。諸々の大きな権力体制を効果的に作動させるために、言説内に構築されるこの論理的な場所は、どんなシステムにおいても必ず機能している。なぜならあらゆるシステムは真理で武装していなければならないからだ。ところが神判は、われわれに馴染みの合理的制度とけっして無縁ではない——その理由はこの先で扱う——ものの、ひじょうに異なる主体の文化と結びついている。『気狂い主人たち』に関して述べたように、西洋の主体は心‐身主義の言説によって培われているが、この言説は同一化を特殊なやり方で扱うのである。これについてはまた後で触れる。

目下のところは、証拠に関する法権利が儀礼というコンテクストに関わるものであることを明らかにして、われわれの真理イデオロギー（どこでも、どのようにでも、誰にでも語ることのできる真理というイデオロギー）に風穴を開け、制度とはわたしの表現では、主体のことばの場所ではなく、ことばがみずから交渉を行う社会的組立の場所であることを示しておいてから、この先では裁判を「観察する技術」として考察し、なぜこの技術が科学的精神の法的な基盤を築いたのかを説明するつもりだ。法的基盤と言ったのは、ニーチェが気づいていたように客観主義的な姿勢とは本来、西洋文明の世界観として尊重されてきたからであり、またこの文明の帰する先は民法の真正さであるはずだからだ。

ユスティニアヌスの法典において扱われ西洋に伝えられた膨大な証拠の素材から、いかなる利益が引き出されたのだろうか。この問いの採寸に取りかかることにしよう。ただし裁判の歴史を一望に見渡そうとする——国家ごとの多様な司法経験の間の溝を埋めようという意気込みが歴史学には不足しているため、それ自体でひじょうに骨の折れる作業だ——のではなく、スコラ学という土壌に探りを入れることによってである。それは基礎をなす議論をヨーロッパにおいてもっとも簡潔かつもっとも普遍的な形で見出すことが確実にできる場所である。この調査に取りかかろう。

注意すべきは、古代ローマの法学者たちは、証拠について多くを語るのを巧みに避けていたということである。ジャン＝フィリップ・レヴィの古典的研究はこの点について詳しい。あちこちに散らばった修辞家たちの断章の他には、証拠についての一般化や理論もなければ、定義すらないのだ。ローマ法が提供する複雑な決疑論を、中世の註釈学者たちが事後的に、その後われわれが〈合理主義〉と呼ぶことになったものの先鞭を切って、いわばうまく整理したのである。それはまず次の一般的な定義によってなされた。「証拠とは、諸々の論拠によって疑わしきものを論証することである」[21]。

あたかもそれまで確かな学説を欠いていたかのように、ローマ法は明瞭なものになった。こうしたことはいかにして起こったのだろうか。言いかえれば、ヨーロッパ中世のスコラ法学者たちが決疑論を乗り越え、諸々の証拠の分類に基づく一般理論を提示するに至るのに、何か特別のねらいがあったのだろうか。

スコラ学のおかげでわれわれはもはや、証言や文書、宣誓や推定、状況証拠や自供に関する規則の寄せ集めに埋没することはない。われわれが目にすることになるのは、以下のような証拠の分類を生み出すことになる軽い一突き、後押しである。「公知のもの（notorium facti, notorium juris 事実上もしくは権利上の周知）」、「十全な証拠（probatio plena）」――これには一人だけの証言、状況証拠、ある種の文書が含まれる――、そして最後に、補助的な証拠とみなされる宣誓というまったく別のカテゴリー。

この分類表を少し活用して、多種多様な証拠について問うてみよう。最上質の証拠である「公知のもの」とは何なのか。それは完璧な知（perfecta notitia）の印であり、雲ひとつない空の光であり、[22] 公衆（これにもやはり下位区分がある）の面前で犯された犯罪の明証性から、「男ひとりと女ひとり（solus cum sola, ...）」[23] という有名な不貞の推定まで、いくつもの段階のある完全性である。十全な証拠とは何だろうか。それは無謬ではないが拒みがたい証拠であり、蓋然性の高い確実性（probabilis certitudo）であり、再び註釈学者に言わせれば、鏡に映った光である。証言は文書より好ましいか（証言は文字を超える）、証人の生きた声は文書の死んだ声より好ましいかをめぐる中世の論争は、この領域でなされた。ここではこれ以上の細部に立ち入る必要はないだろう。

この謎めいた羅列の興味深い点はどこなのだろうか。それは主として確実性についての学説にある。この学説は知覚による明証性の優位を基本とする位階的な原理に依拠して扱われる。この原理はバルトルス[42]やデ・ブトリオ[43]のような十四世紀のスコラ学の編纂者たる大知識人たちの間で決定的な形で表明され、西洋の法律第一主義は、われわれの客観主義的な認識の理論を要約する次の有名な格律を、みずからのために繰り返す、つまりはそれを法制化したのである。「まず知覚されてからでなければ、知性には何ひとつ含まれない[24]」。これに『リヴァイアサン』冒頭の感覚についての章におけるトマス・ホッブズが呼応している。彼が「われわれの思考すべての起源」として語る感覚は、人間主体を対象が生み出す一種の情報の受信機にする。「この対象は、目や耳やその他の人体の諸部分に作用する」（一・一[44]）。これこそまさに証拠についての科学を動かしているものにほかならない。つまり観察する技術であり、主体に距離をとらせ、対象をいわば絶対的に客観化するという効果を生み出すものである。

法制史は証拠の体系がきわめて貴重なものであることを理解させてくれる。この体系はローマ法における権威の原理の改良によって可能となった骨組である。証拠のヒエラルキーは、中世人によるみごとな政治的・ドグマ的解釈をなしており、彼らはこうして帝国的言説の垂直性の主要な帰結のひとつを明らかにしたのである。つまり、〈息をする法〉〔皇帝〕が体現する至高の解釈権と不可分の〈理性原理〉が一番上位にくるのだ。

だが証拠カテゴリーのヒエラルキーは、このきわめて近代的な装置を特徴づけるために欠かせない明確化をも行った。つまりこのローマ法の諸断片のコラージュを認識の理論のなかに書き加えたのだ。そしてこの理論は最終的にはわれわれの前に演劇的価値をもつものとして現れる。

なぜここで演劇的価値に言及するのだろうか。スコラ学者たちにとっても近代におけるその後継者たちにとっても、問題は語りえぬものを言語で表象することであり、無意識に直に触れるような手法で本質を説明することだったからだ。したがってこの本質とは、詩的にしか、つまり隠喩《メタファー》を用いてしか表明することができないのである。

Ratio scripta つまり〈書かれた理性〉——ローマ法を意味する中世のこの表現を思い出そう——は、何よりもまず言語によって左右される。それは西洋にとって、真理に関する証拠についての学説を介することにより、〈理性〉についての法的論議において何が賭けられているのかの指標になっているのだ。そしてそこに賭けられているものがすなわち、主体性を制度内に捕捉すること、なのである。

客観主義的な発想は科学的精神の法的基盤であるばかりか、人間的な法の審級に対するこの精神の正当化でもある。この発想はまた〈法〉の諸作用による科学的精神の捕捉でもある。というのも〈科学〉は、まさしく訴訟が動員する立論システム（すでに見たように、魔術や神判の迷信的論証を一掃したシステム）が狂気でないことの法的証明をするという事実からして、〈法〉のために論陣を張る立場に置かれているからだ。反ドグマ主義の源泉たる西洋の

〈科学〉も、やはりドグマ学的な骨組に取り込まれている。なぜなら〈科学〉を〈理性〉に根づかせているのはこれらの骨組であるからだ。

こうしたことすべてには何らかの代償が支払われている。だがこの側面、つまり客観的世界観を手にするために主体に距離をとらせるのと引き換えに西洋人が支払った代価という側面を検討する前に、いくつか説明を付け加えておこう。

――主体を遠ざけることや、真理が制度の政治的完成のための機能以外の何ものでもないということは、時には驚くほど明白な形で表明されていたことに注意しておこう。たとえば次のようなスコラ学の格言について考えてみてほしい。それは裁判官が判決を下すために用いることを許された知に関するものである。「裁判官は、彼が知ることのできるもの（secundum conscientiam をこう訳した）に従って裁くのではなく、彼以前に繰り広げられた議論に従って裁くべきである[25]」。

――証拠を扱った学識法、つまりローマ・カノン法は、抑圧の過程として機能していたことに注意しよう。スコラ学者たちは神判についてほとんど語らない。彼らはこの神判という証拠システムの資格を奪い、ついで徹底的に破壊したのだ。だが考えてもみてほしい、主体を遠ざけることは、いわば不可能性の障壁に突き当たるのである。つまり人体をどうすればよいのか。どうすればスコラ学者たちが定めたような観察する技術で、一主体を客体に変えることができるのだろうか。魔術にもやはり観察する技術はある。二つの領域を区別するのに必要だったのが「臨床（clinique）」という重要な仕事なのだ。語源を思い出しておこう。「床の科学（science du lit）」である。臨床とは病気の科学ではなく床《ベッド》の科学であり、またそこで生じること、言われたことや抑圧されたことについての科学なのである。この指摘を基にすれば、ドグマ的なものについての歴史を、ヘルベルガーの歴史記述が確定した方向に沿いながら、よりよく理解することができるだろう。また同様に、医学がどれほど科学的であろうと、神判の次元からけっして逃れられないのはなぜなのかも理解できるはずだ。これを納得してもらうために、人体およびその産出物——主体のうちで奇想天外にも捕捉された客体——を観察する技術の学説がいわば床下に追い込まれたときの、証拠に関する学説の曖昧さを参照してもらいたい。H・フェルメールの尿判断（judicium urinarum）に関する該博な論文を読めば、〈合理主義〉の思い込みもだいぶガタがくるだろうと期待される。[26]

——最後は諸々のテクストによる真理の囲い込みに注目しておこう。すでに述べたように、制度はわれわれの前に真理を機能として登場させる。この指摘の帰結は遠くまで及ぶ。というのもローマ・カノン法的な訴訟の科学は、客観主義的証拠システム全体を、自分自身のフィクション空間のうちに囲い込んでいるからである。古代のローマ法はこのことを次の格律で強調していた。それはユスティニアヌスがわれわれに伝え、ヨーロッパの法学者たちが飽きるほど繰り返してきた格律、「既判事項は真理の場所に〔真理の代わりに〕受け入れられる（Res judicata pro veritate accipitur）」であり、すでに見たようにこれは『学説彙纂』五〇・一七・二〇七に収められている。わたしが文字どおりに訳した前置詞 pro は、ここでは両義的とならざるをえない。場所に＝代わりに（à la place de）とはどういうことだろうか。それはドグマ的組立の空間における位相的な指標であると同時に、次のことの確認でもある。つまり真理は結局のところ裁判官の言説——〈法〉の名において生み出される言説——の保証として働くのである。客観性の学説がすでに破綻してしまっているような訴訟でも、判決は相変わらず真であろう。すべての法学者はここで法廷に訴えるという原理そのもの、つまり社会秩序についての政治的な原理を参照しなければなるまい。この原理によれば訴訟制度が私的な戦争を肩代わりすることの表向きの目的は、紛争を平和的に結着させることである。単純な指摘だが、ことばの社会的な機能の仕方や、われわれの西洋社会における外交活動の基本について簡単に説明してくれるのは結局これなのだ。

●第二の指摘、訴訟の科学と〈理性〉の政治的独占。

この側面については、『九〇一番目の結論』と題されたわたしの講義のためにすでに多くを言及してあるので、ここでは示唆するにとどめておく。この講義でわたしは西洋における思考の統制という大問題に立ち入っており、これは近々刊行される予定である。(27)

以下の点を箇条書きするにとどめておく。

——訴訟とはつねに製作される言説であり、既成の言説ですらあることを忘れてはならない。これは——自由と圧政との隔たりがすっかり薄くなってしまった今日において——超近代社会における〈法〉の倒錯の合法的経路を理解するにあたって、検討に値する素材である。

——われわれは〈科学〉と〈法〉との関係を解明しなければならない。西洋史を通じての〈科学〉に対する公判・予審・結審は、何を物語っているのだろうか。今日ではこの問いはその裏面——表面と言ってもよい——を見せており、産業的プロパガンダがみごとにそれを活用している。つまり〈科学〉の政治的昇格は何を物語っているのだろうか。真理の統治の新たな争点は何だろうか、また社会的領域において、誤りに対する戦いはその後どのように機能しているのだろうか。

2 証拠のなかの証拠、人体。近代的な心‐身主義の法的基盤に関する注記

読者には民法の文明の厳格さということを感じ取ってほしい。隠喩《メタファー》が打ち砕かれていようと、客観主義的な世界観のなかで主体が遠ざけられていようと、産業システムとはひとつの文化なのであり、またこれからもそうである。それは他のあらゆる文化と同じく、力ずくでなければ動じない文化だ。言語は最初の制度だという、ソシュールの十分に理解されていない発言を再考すべきときである。身体（corps）——西ヨーロッパ各地でラテン語 corpus か

ら訳されている——という語ひとつを取ってみても、われわれが心 - 身主義の制度のうちに住まわされていることを確認できる。われわれの理念はそこにおいてこそ作動するからだ。これはわたしがしばしば言及してきたことだが、精神分析——そこでは改訂の必要が急務になっているのだが——においてすら通例はきちんと認識されていないこの問題について、ここでもう少し紙幅を割くことにする。

　われわれは身体と呼ばれるものに住んでいるわけではなく、ひとつの語のうちに住んでいるのである。身体とは驚くべき語だ。それについてこれほど冷静に語り、その言説から揺るぎのない帰結を引き出して、涙にも沈黙にも音楽にも、ダンスなどの別の方法でこの身体を所有することを長らく禁じてきた禁止にも惑わされることがないというのは、西洋人だからのことである。

　だがまずはいくつかの蒙昧主義的なプロパガンダに対して警戒を呼びかけておかなければならない。それが今日、心理学と最近のその亜流（しかもそこには横道に逸れた精神分析までもが含まれている）のマーケティングや、崩壊する大学を生き長らえさせる（とりわけフランスにおいて）水増しし、それに不安の社会的な管理などの複合効果のもとで、戯画化された科学を垂れ流し、大衆を教育するとか治療するとか祝聖するとか、あるいは生涯教育プログラムの用語で言う「創造力の開花」（「ユートニーへの感受性」[45]）とかの口実のもと、大衆を大々的に愚行へと導いているのだ。ここでそれについて多くの紙幅を割く余裕はないが、目下のわたしの仕事の方向性との紛らわしさをすべて解消しておくため、最小限の情報を記しておく。

　いくつかの流行のテーマを書誌情報の形で順不同に挙げておこう。これらは、客観性の諸理念の腐りかけた果実たる心理学が産業社会を掌握したことによって、どれほど深刻な知の瓦解が起こっているかを物語るものである。W・ワイントローブの指揮で、精神医学によって分析されたウォーターゲート事件のスキャンダルを見てみよう。キリスト復活の論理を説明するP・W・グーチは、J・ヒックのライバルであり、後者もまた終末論の実証という観念の推進者である。M・ラブルデットは、ルルドの顕現の問題を、抑圧された無意識と霊的な超意識を組み合わせた象徴主義の理論によって再評価している。最後の例として政治的・宗教的分野でもっとも羽振りのよい情報源をいくつか挙げておこう。ケンブリッジの雑誌『宗教研究〔*Religious Studies*〕』（一九八一年、一九九―二一三頁）。CNRS〔国立科学研究所〕の出版協力による、『トマス主義雑誌〔*Revue Thomiste*〕』（一九七九年、四三八―四九九頁）。集団現象の解読、精神分析的テストの実施とセットになったセラピー計画、相互的幻想効果、制度的精神分析、あるいは人間悟性の変革――ここでもまたわたしは文字どおりに〔expressis verbis〕引用している――については、フランスにあふれ返っている無数の広告やパンフレット、もしくは専門的出版物（いまのところまだ一般的ではない）のあらましを見ればよいだろう。

なぜここでこんなごみ漁りをしたのか。心理学主義の氾濫は重大な結果を招くからだ。つまりそれはドグマの機能を否認し、「自然な」科学の統治に置き換えようとするのだ。これはすなわち人間――西洋でわれわれが人体と呼ぶもの――を真理についての一教義の際限なき権力に引き渡すことである。この教義は法的虚構や権力とされるものの審級による歯止めから自由になったつもりでいるが、いまだかつて見たこともないような絶対主義の恐怖支配をもたらすものなのだ。言いかえれば心理学主義とは、商業的であれ政治的であれ、あるいは人員管理――組織の専門家たちと過ごした外国でのわたしの経験から言えばそれは場当たり的にしか機能しない――と月並に結びついたものであれ、人間の条件を解消しようという企図なのである。この点については明確でなければならず、躊躇なく争点を名指さなければならない。

とはいえ「プシ〔心理〕」の全体主義の時代はやがて訪れるだろう、人類は他にもいろいろと辛酸をなめてきたのだから。言ってみれば、人類はつけを払いつつ生き延びるのである。ではこの新たな社会統治の拠り所は何なのだろうか。それが当てにしているのは、〈法〉の組立《モンタージュ》つまり象徴化のための――近親姦的な密着を解き、欲望と罪責の重みを支えるための――過程が、われわれの意のままになるという誤った仮説である。この点で「プシ」の科学主義は、自分を否定するものや、その弱点に気づかせかねないものすべてを抹消するよう強いられている。この科学主義が、ドグマ的現象それ自体を検閲してしまういい加減な認識論を展開するのはこのためである。さらにこの科学主義は、いま行われているような〈合理主義〉による地球規模の転覆を当てにしてもいるのだが、われわれはもはや植民地時代にはいない以上、これは不確かな企みだと言わざるをえない。産業システムの危機と呼ぶに相応しいこの事態は、少なくとも次のことを告げている。「プシ」の全体主義はいずれ自己正当化を強いられることになるだろう。そしてこの全体主義は、それが無知を拠り所にしているからには、〈科学〉を愚行のために動員して、いずれ後退を余儀なくされるはずだ。したがってわたしの結論はこうである。「明日には反乱が」。おわかりだろう、われわれの仕事に見込みはあるのだ。

次のことを肝に銘じておきたい。みずからがドグマ的であることを知らない新たなドグマ性は全体主義的である。なぜなら人体の問題について妥協はありえず、結果は悲壮なものになるだろうから。身体、それは身体と死骸をめぐる問題であり、いわば死を賭して争われる問題なのだ。諸々の制度において問題となるのはこの事柄を管理することである。それはつねに無分別的に管理されている。われわれの超近代的社会もその例外ではない。

まずこの点を解明することにしよう。だがどのようにしてか？　制度に構造というものがあるとすれば、つまりわれわれが思考の合法性のための再生産メカニズムに登録されているとすれば、身体と死骸をめぐる科学に関する社会的狂信には、ともかくもそのための〈理性〉が備わっていることになる。論法が変質し、メッセージの中身が変化しても、ドグマ的機能はつねにそこにあって、身体と死体についての科学――われわれを世話しわれわれを救うための反復的な言説――を生み出しているのである。

今日では紛れもなく植民地化の手段と化した――このことは強く指摘しておきたい――「プシ」の言説は、このような絶対に理性的であるという特徴を示しており、挙げて効率へと向かっている。再びニーチェの言葉を借りるなら、この「プシ」の言説は根本的に非ディオニュソス的である。周知のとおり西洋には非ディオニュソス的な身体と死骸についての科学がもうひとつ存在する。恩寵と自由についての合理的神学がそれであり、これは〈救済〉という聖なる治療学を取り扱う言説である。イエズス会士モリナ[46]の主著である、リスボンで一五八八年に出版された有名な『〔自由意志と恩寵との〕調和論（*Concordia*）』をめぐる論争のケースを取り上げよう。これを例としたのは、モリナが優れたローマ・カノン的伝統の法学者だった（『正義と法について〔*De justitia et jure*〕』という論考の著者でもある）からばかりではなく、彼の主張は、カトリックの〈神〉への準拠が消えているにせよいないにせよ、パスカルを通じてわれわれの近代にまで反響しているからだ。モリナ主義が生み出したのは、今日の心理学主義と同じくらい脆弱な愚説であると同時に、運命についての限りなく悲痛な――ただしもちろん西洋知識人流の――問いかけでもある。人生にあらかじめ勝負がついているなら、われわれに何ができるというのか。教義の基本を思い起こしておこう。神はみずからの目的に従って事象を取り扱うが、そのなかには迷える者、不幸のうちに生まれた者（perditi quidam atque infeliciter nati homines）も含まれている。これはモリナが序文でプロテスタントのことを定義した言葉である。彼にとってプロテスタントとは、要するに新種のユダヤ人であったのだ。

この問いかけが宗教改革派をめぐる問題の域にとどまるものではないのは明白である。改革派とは結局のところ、キリスト教の内部そのものにおける新たな迷える人々にほかならず、そうなると問題はさらに先鋭化する。ユダヤの非合理に言及することが問題なのではなく、キリスト教的な〈理性〉そのものが争点となるのだ。モリナ主義に対して下された解答がきわめて重要なのはこのためである。それは悲劇的な叫びを、政治的な判決の仲裁による平板で閉じた理論に還元してしまうような最終解答なのである。それこそがイエズス会士とドミニコ会士の猛々しい論争の結末だった。つまり沈黙を守れとの命令を含んだ、教皇による和解勧告である。ローマで一五九八年に召集され、パウルス五世による一六〇七年の最終判決により閉会した、de Auxiliis——文字どおりには「〈救い〉に関する」——委員会を参照のこと(47)。

〈救い〉という表現のもつ力とその現代性に留意されたい。われわれは寄る辺なさのうちに生まれるのだが、いかにして人間を救うことができるのか。これは人間的な問いであり、治療という概念——あらゆる制度システムが向き合わねばならない概念——の根底にあるのはこの問いである。西洋ではこの問いへの返答は分割の原理に従って述べられてきたが、この原理をわたしはダンスの研究のなかで次のような表現に要約しておいた。魂をもつ身体(corps-á-l'âme)に賭けるということだ。キリスト教においてディオニソス的伝統と古典古代の悲劇の代替物となった法的・神学的な論争が演じているのはこの賭であり、それは科学的心理学がいまやアカデミックとなった心-身主義のテーマを扱っているのとまったく同じことである。この分割の原理について考えてみることにしよう。

いささか不確かながら今日の学術用語のなかに深く根を張っているこの心-身主義という表現は何を含意しているのだろうか。医学そして「プシ」の規範的な知が組み込まれている、真理についての西洋的な教義の循環論法とはいかなるものなのだろうか。ここでわたしが論証上の必要から分節して書いた心-身主義という奇怪な語は、何を意味しているのだろうか。すでに述べたことを繰り返せば、この語は国家や契約と同じくらい重要な西洋の制度的産物を表しているのである。

好戦的な「プシ」と新たな全体主義プロパガンダを支える忘却の波に抗することから始めよう。まず次のことを確認しておく必要がある。あらゆる心理学は、社会的な目標をみずからに課したとたんに、ドグマ的な場所に身を置き、統治を行い、法的再生産として構造的に作用し出すのだ。場所は変わりようがなく、この論理は社会化を目指す言説のいずれにも課されるのである。心理学にとってこの場所を占めるということは不可避的に、運命についての諸々の社会的返答——カノン法的な〈救い〉についての問いに対する返答——の発信地にある言説として登録されるということである。根本的な問題はこれらの返答の内容とは関係がない。問題なのは場の担い手たちの配置のなかでの言説の改良である。場の担い手たちとはつまり、〈救い〉について言葉を発し、治療的な真理を語る神話的・合法的資格を備えた諸審級である。そしてその真理が神聖であるのは、それがしきたりに従って語られるからだ。

このしきたりとは何なのか。あらゆる場所と同じく西洋でも、それは身体と死骸についての科学、〈法〉のメカニズムの緻密なネットワークに取り込まれた科学のしきたりである。諸々の制度における父性原理に関することや、真理の複数の水準——資料的な真理概念と、機能でしかない絶対的権力の真理概念——を厳密に区別する Ratio scripta つまり書かれた〈理性〉というローマ的原理が行う大分断に関する、前章の教えを忘れてはならない。客観主義的な理想、そして全知の権力という理想的主体を活用する法的流儀の骨組がなければ、われわれのシステムを貫通する〈理性〉による統治という力線が引かれることもなかっただろう。結局のところ心 - 身主義もその帰結でしかないのだ。以下でその理由を示すことにしよう。

まずはかつてのドグマ的な心理学に目を向けてほしい。中世スコラ学が、利用可能だった古典古代の著述家たちの著作に基づいて成立させた心理学のことである。それは中世以前の文献がこね合わさったアリストテレス゠プラトン的伝統や、あるいはまた、西洋における罪責感の運営法を生み出すことになる決疑論の観点から見てきわめて興味深い、文字どおりのローマ法の継受物などに基づくものだった。中世に先立つギリシアそしてローマでは、身体と魂はどんなものであったかについて少しでも知っていれば、注目すべき点に気づくことだろう。西洋的法律第一主義は、十二世紀のローマ法ルネサンス以降身体と魂という概念をよりいっそう客観主義的に扱う方向に導いたのである。これはわれわれにとってきわめて重要な知の合法化という現象を反映する典型例である。スコラ哲学は一種の思考の公式的支え、つまりまさしく思考の法になったのだ。このことを理解するためには、十三世紀のトマス主義の体系化、あるいはアルベルトゥス・マグヌス[48]による総合を準備した、スコラ学以前の十二世紀におけるローマ法の復興の同世代人を参照してみるといい。十二世紀にはまだどこか未完成のところがあり、精神（spiritus）、魂（anima）、身体（corpus）の各語にも不確かさがつきまとっていて、認識に関する理論はまだ流動的だった。それはロタンの刊行した大部の書物に詳しい。このみごとな鉱脈のほかには、サン＝ヴィクトールのフーゴ[49]の『精神と身体の融合について（*De unione spiritus et corporis*）』と題された小著を参照するとよい。サン＝ヴィクトール学派をより人文的にした、詩的色彩の濃い語彙に満ちた小著である。読者の興味を唆るために cella phantastica という表現を引いておく。ラテン学者としての面目を失うのは覚悟のうえで、戯れにこの表現をファンタスムの地下倉と訳してみたい[28]。

これらの参考文献はわれわれにとってどんな利点があるのだろうか。何よりもまず支配的な歴史学――少なくとも〈法〉に関わる争点を切り捨てた哲学史を作り上げる歴史学――によってほとんど覆い隠されてしまっている事実を、われわれに気づかせてくれるという利点がある。その事実とはすなわち、人体というフィクションの練り上げである。

もう少しはっきり問いを立ててみよう。わたしが根本的だとみなしている右記の膨大な理論化のなかでは、人間であることを刻印する操作は、どうなっているのだろうか。

もし西洋人が別格であり産業文化は〈法〉の神話に住まわせるための独自の野蛮な方法をもった文化などではないと言えば、わたしの問いはきっと理解不能なものだろう。逆にわれわれが人類の一個別例でしかないなら、〈法〉のない人類は存在しないということになるばかりか、心-身主義に説明義務が生じ、産業システムへの医学の加入はさまざまな問題を孕むことになるだろう。わたしに言わせればそれは多様な分野に影響を及ぼす問題なのだ。

ここではわたしが刻印の操作と呼んだものを考察するにとどめておこう。そう呼んだのは、割礼のある諸文化の教えを連想するからだ。刃物で身体に印をつけるのは、〈理性〉の身体的解釈（オリゲネス的伝統の神学の表現を用いている）なのだ。キリスト教西洋は洗礼で応じたが、それは刃物なしでということである。しかし諸々の秘蹟をめぐる神学と法もまた、ここでのRatio scripta〔書かれた理性〕の観点――それについては教皇令学者ホスティエンシス[50]のような一大古典が参考になるだろう[29]――からすると、法律第一主義の手段のひとつである。では刻印が刃物なしに働くとすれば、それはどのように介入するのか。つまり魂と身体についての教義――法システムのすべてを支える教義――は、人体を制定し人体というフィクションを練り上げる役目を、どのようにして担っているのだろうか。

わたしの議論がこの心‐身主義にさしかかった瞬間が、われわれにとって最大の難関であるかもしれない。これからわたしが参照する必要のある複数の領域を、ここで差異化しておく必要があるからだ。わたしの指摘には歴史家風のもの、つまり後にスコラ学者たちが完成させることになるある種素朴な表現法の記述もある。しかしこの記述は、刻印という概念についての考察を怠ってしまうのであれば、中途半端なものに終わる恐れがある。それはつまり、分割をめぐる現象学についての考察であり、心と身〔主義〕との間のハイフンがいかなる類のものなのかを理解させてくれるものすべてについての考察である。困難は次の点に由来している。刻印および分割という問題は無意識の機能を前提としているのである。制度とはこの領域においては、〈法〉――この語のもっとも厳密な意味であるシニフィアンの〈法〉すなわち言語の〈法〉という意味において――を人間主体に、つまり死を定められ種の保存に役立つとされる身体というこの物体に課すもののことである。種の保存に役立つとはすなわち、言語という制度の保存に役立つということでもあるのを忘れてはならない。刻印および分割の問題が重要なのは、欲望の再生産と種の保存がそれを通して――つまり言語という制度を通して――なされるからである。社会におけるドグマ的機能の面から言えば、問題となるのは主体を〈法〉に登録することであり、ことばと再生産に適した主体、すなわち時としてわれわれが言うところの普通の主体、狂っていない主体を生み出すことであるのだ。

　身体と魂についての教義から、ドグマ的システム全体のなかでのその機能という側面をあぶり出すことによって、結果的にわれわれは、西洋の法律第一主義が身体と死骸についての科学を定礎し管理するために身を委ねた諸々の手段の真理を述べるための正当化の道具として、この教義がきわめて有効であったのを認めることになる。いくつかその例を挙げてみよう。

　中世以降のドグマ学のうち、実験的精神を先取りしているような研究は放っておこう。医学史にとってはひじょうに有益だろうこれらの研究は、魂というこのつかみがたいものをある器官のなかに位置づけることで、魂の問題から手を引こうとするものであった[30]。そこにはおそらく、西洋においてわれわれが現実主義と呼ぶ、是が非でも客観性という情熱への絶え間ない衝動を見出すのに役立つような、他の多くのものと関係する徴候を見ることができるだろう。この点についてはイメージをめぐる血腥い衝突にもかかわらず忘れ去られている図像学の一例を挙げておこう。それは磔刑図の起源についてである。ブレイエはそれと単性説[51]論争との関係を明らかにしたが（キリストは人として本当に十字架にかけられたのか）、この関係は民間信仰を媒介にやや自然主義的な宗教観を補強したに違いない（十字架だけではなく、肉と骨の受苦をも表象する）[31]。これらはすべて諸々の隠喩《メタファー》の破壊のなかに位置づけられることであり、その論理はアルベルトゥス・マグヌス——トマス・アクィナスとはまったく異質の、まさに身体問題のほうに目を向けていた十三世紀の百科全書的知識人——においてもまた作用している。だがわれわれにとって一番重要なのはむしろ、身体と死骸の法的な管理である。

　こうした管理が繰り広げられるのは、文化における諸々の大思想の歴史の研究家があまり思いつかないような場所だが、身体と魂についての教義が規範的な効果を発揮するのはそのような場所なのだ。心‐身主義という表現のなかのハイフンがもっとも効果的な仕方で現実化していたのは、葬儀に関する法権利であり、長らく軽視されてきたこの題材は、特に王族の〔葬送〕儀礼をめぐって優れた研究の対象となり始めている。効果的と言ったのはなぜだろうか。アウグスティヌス――法システムの究極的な権威――は *De cura pro mortuis gerenda*――文字どおりには『死者の管理に対して払われるべき配慮について』――という著作のなかで、死後における魂の絶対的分離を強調しつつ、彼なりにそれを説明している。[32] つまりそれによれば死んだ肉体は人が脱ぎ捨てた衣服でしかないのである。

この解釈は古典的な証拠資料であり、法律第一主義はそこから多様な帰結を引き出してきた。なかでもよく知られているのは腑分けの禁止だが、わたしに言わせればそれは死骸の調理の禁止である。ボニファティウス八世の一二九九年の教皇令 *Detestandae feritatis*――文頭を飾るこの属格は文字どおりには唾棄すべき野蛮さ――を参照されたい。そこでの争点は客死の場合に行われていたとある葬儀の慣習を弾圧することだ。埋葬の地までの遺骨の運搬を容易にするために死者をゆでていたのである。[33] こうした野蛮な慣習に関して述べるべきことが多いのは、これらの慣習は――人類学者としてのわれわれの関心からすると――教皇令がそれについて言わんとしたことにつきるものではないからだ。事情がどうであれ、また腑分けが――後に遺体解剖が禁止にもかかわらず発展するのと同じように――行われ続けていたとしても、そのことは合法性の言説の厳密さを何ひとつ損ないはしないのである。聖遺骨の扱いに関するテクストについても同じことが言えよう。いまだにわれわれと直に関わる問題、つまり信憑性の判断という問題を、法学者たちは脇道に逸らせてしまった。聖遺骨に関して真と偽を見分けるにはどうすればよいのか？[34] われわれはそこに再び証拠についての決疑論を見出す。身体の問題はこの決疑論のおかげをもってして、わたしが先ほど客観主義と述べたもの、つまり〈合理主義〉にたどり着くのだ。

次のことは銘記しておきたい。大きな象徴的争点――もちろん腑分けの問題もそのなかに加えるべきである――が問題になるときはいつも、〈理性〉が呼び出されるのである。ボニファティウス八世のテクストの語 abusum について、現代版のすべてに収められたある註釈はこうコメントしている。contra rationem つまり「〈理性〉に反して」である。十八世紀には、声を保つために去勢した若い歌手たちすなわちカストラートに関する基本的な議論を、アルフォンソ・デ・リグオーリ[52]が合理的な論証と反証によってみごとにまとめている。[35] 大決疑論者の一人（いわゆる蓋然説の創設者の一人）に数え上げるべきこの著者のこみ入った議論をたどれば、われわれが〈理性〉による統治を（パスカルが十七世紀に固執したのとは別のやり方で）疑う、つまりそれが結局全能性と同義なのではないかと疑うのも当然であるのがわかるだろう。

ここで閑話休題。プラトンの *σῶμα σῆμα*（*sôma, sèma*〔身体、墓〕）という議題を参照するなら、身体と死骸についての科学は身体＝墓についての科学であると考えることもできる。*σῆμα*（*sèma*）は徴や前兆、あるいは墓であることを徴しづけるもの、さらには墓石を意味するということにも注意しておこう。『ゴルギアス』（四九三a）でプラトンは次のような言葉遊びをしている。*τό μὲν σωμά ἐστιν ἡμῖν σῆμα*（*to men sôma estin èmin sèma*）、つまり「身体とはわれわれの徴（そしてわれわれの墓）である」。この意味論的伝統は、西洋において修道士の出家に関してよく用いられてきた。苦行の歴史において重要な役割を果たしてきたこの隠喩《メタファー》は、法の移植のきっかけにもなったに違いない。墓、監獄、寺院、等々である修道士は、生きた死者、民法上の死者として定義されたのだ。修道士の財産は相続され、ローマの概念が移植されたことによって、彼はローマ法的な意味での無能力者となるのだ。

これらはみな身体の定義をあらためて考え直すための布石である。心-身主義《プシコ-ソマティズム》のなかにも見られる *σῶμα*（*sôma*）とは、正確にはいったい何なのだろうか。

これまでのわたしの議論の流れからすると、ホメロスに見られるような古来の意味をこの *σῶμα*（*sôma*）に賦与することがどうしても必要になる。*σῶμα*（*sôma*）はそこでは死骸を意味し、*δέμας*（*demas*）と呼ばれる生きた身体に対置されている。この *δέμας*（*demas*）は「建てる」という意味の動詞 *δέμω*（*demô*）の名詞形であり、そしてこの動詞の意味は多岐にわたっている（δέμας〔*demas*〕の類義語δόμος〔*domos*〕からは、「家」の意味のラテン語domusができた）。わたしが述べてきたような〈法〉システムの観点からすると、興味を引くのはギリシア語の語義の二つの方向性である。つまり身体は死骸であると同時に、いつの日か死ぬであろう住まい、健康な体（σῶμα〔*sôma*〕の二つ目の意味であり、形容詞σάος〔*saos* 健康な〕と語源が一致）なのだ。

一方ψυχή（*psyché*）、および「魂（âme）」という語の語源であるラテン語のanimaは死と関係している。ホメロスにおいては、死を超えて生き延びハデスのもとに暮らすのは人間の精神である。だが神話が伝えるところによれば、プシュケは欲望の隠喩であり、禁止と愛の物語でもある。神話ではまさしく構造の問題がこのように提示されるのであり、それに〈法〉システムは関係している。

アリストテレスの『形而上学』における、生命原理としてのψυχή（*psyché*〔霊魂〕）の定義（身体の実質と運動、身体の合目的性――ἐντελέχεια〔*entelecheia* 完全現実態〕）を付け加えれば、心-身主義の懸案を見積もるために不可欠な要素は出揃う。身近にありながら誤認されているこの懸案については、次のことも指摘しておかねばならない。身体と魂についての教義がそうであるように、この懸案は両性の分割を超越している。もう少し整理してみよう。

心-身主義を、象徴的な供給物――人間主体つまり欲望する者たちを生み出すための供給物――という適所に戻すためには、われわれを不分割な組立《モンタージュ》として定義すればよい。心《プシコ》と身《ソマ》は分割不能なものとして機能し、両者の間を裂くことはできない。なぜならそれらは言語活動を支える分割を課す役目を担う不可分のシニフィアンとして機能するからである。わたしはそのことを、西洋のダンスに関して指摘したことがある。かつて西洋では身体と魂についての教義が文明化したダンスの決まりを作っており、また魂とは身体を語るための方法のひとつであり、欲望の隠喩なのである。われわれは不分割《アンディヴィ》の組立《モンタージュ》からなる個人《アンディヴィデュ》であり、語るものとしてのみずからの存在に結びつけられたわれわれは、死を約束され、欲望することなしに生きることはできない。これが身体と死骸についての科学の意味するところだ。言いかえれば、われわれは身体とは区別される「プシ」装置の備わった身体のなかに据えられているわけではない。われわれが生きているかぎり住まうことになっているのは、死と欲望についての言説のなかなのだ。他のいずれでもなくこれこそがその意味するところである。

身体と魂についての教義によって描き出される心‐身主義は、西洋の制度的・法的システムにおける神話的な命題に相当するものである。そこで問題になっているのは本質的には宗教的性質の言説であり、それは、われわれ自身が主体的・社会的に言語に捕捉されているがために一方を精神的、他方を身体的と呼んでいるものについての科学的な問題設定を、まったく無傷なままに残している。われわれが言語に閉じ込められていることには少なくとも、われわれがこの言説の回路全体を考察しようとすれば客観主義の袋小路を認めざるをえなくなるという、いわば利点があるのだ。というのも結局のところ〈科学〉は〈法〉に従属しているからである。言いかえれば、どんな状況でも人間の産物――まさしく科学の産物であっても――はことばという人間的条件を逃れることができないのだ。

だがこれらの考察に深入りはせずに、分析をもう少し先に進めよう。すなわち心‐身主義の言説はどのように刻印として機能しているのか、そして心‐身主義という表現のハイフンはいかなる働きをしているのだろうか。

刻印とは人間に分割を刻み込むことであり、性別にかかわらず人間を〈法〉に参入させることである。〈法〉に参入させるとはすなわち、近親姦から抜け出すという人間的な勝負に挑ませることであり、それはここでわたしが〈母性（Muttertum）〉による最初の支配と呼ぶであろうもののなかに、分離の刃物、切断の言説――人間の肉、原初における分割不能の個人の肉に切り込みを入れることのできる言説――を導入することによってなされる。これは「かのように」のエコノミーのなかでの神秘的な外科手術である。あたかも〈母性〉との癒着が切断すべき具体的な絆であるかのようだが、すべてはひとつの組立《モンタージュ》、つまり言語の制度自体とその働きでしかないのだ。お気づきのように、このメカニズムに言及するには隠喩に頼らざるをえない。心 - 身主義とは隠喩的な言説であり、それは生身の主体を切りつけ、ノスタルジックな傷口を開き、ここでハイフンによって示されている空間を開くために機能するのだ。ではこのハイフンのスペースは、何に準拠することで分離の〈法〉を効果的に機能させることができているのだろうか。

すでに見たように、システムの準拠は〈理性〉である。われわれはここで西洋のドグマ的システム全体の急所に触れることになる。つまり無意識の取扱いの厳密さとその政治的帰結を垣間見ることのできる地点である。

問うべきは以下のようなことである。西洋人たちのもとでは、主体とは何であり、また主体はどのように制定されているのか。

科学主義に誘われるがままに、主体をもっぱら意識的主体と想定しながら考えるのはそろそろ終わりにしようではないか。問題はいまや無意識的欲望の主体なのである。人間とは身体の側に属するのでも精神の側に属するのでもなく、無意識的欲望と一体をなしているのだ。有機体論者も心理学者も理解していないのは、分割されているのは無意識の主体なのだ、ということである。では心 - 身主義はこの点に関して何をしているのだろうか。それは、分割が身体と〈理性〉との間に生じるものとするのである。この分割がひとつだけではないのは、それによって正常と病理、身体と精神……等々が対置されることになるからだ。〔無意識的欲望の主体という〕真の主体は掠め取られてしまう。心 - 身の二語の隠喩的様式を見損なっているため、心 - 身主義はこの二語が主体に仕えるものであることに気づかず、分割ではなく分有を想定してしまうのだ。こうした発想――わたしはそれがきわめて政治的であることを指摘するつもりだ――は、フロイトによる無意識の発見を自分の縄張りから締め出し、精神分析を「プシ」の諸科学と同類の通俗的学問に還元しようとする。というのも、精神分析は心も身も同様に相対化し、主体および無意識の神話的産物の優位を示すものだからである。

いまや〈理性〉原理の客観主義的な考え方は、そのけばけばしい政治性を顕にしているようにみえる。身体と〈理性〉の分有は個人と主体の関係をふりほどく。わたしに言わせれば個人はみずからの主体を接収されるのである。〈理性〉が世界を席巻するためには、つまるところ〈理性〉が真の主体であるかのようにしなければならないからだ。この点は重要である。制度システムは主体を売り飛ばすことで欲動を奪い取るのだが、それはかの種の溝を穿つことによってなされる。その溝は身《ソマ》を観察の対象――〈科学〉の観点からのみならず、今日では芸術のうちに抑圧されている課題からしても――に変える財産供出である。財産供出などと言ってみたのは、それこそがまさに問題だからである。〈合理主義〉とは喪失をめぐる政治であり、喪失を機能させるひとつのやり方なのである。つまり〈母性（Muttertum）〉による最初の支配と関係するこの〔喪失という〕必然を人類に甘受せしめるひとつのやり方なのだ。ただし〈合理主義〉はそんなことを想像だにしていない。だからわたしは次のように言うのだ。〈合理主義〉はわれわれから財産を接収し、喪失をクールに働かせる。あるいはこう言うほうがよければ、さばさばと涙もなく、憑依の恍惚もなく、まるで欲動がもはやわれわれのものではないかのようにそうするのだ。ここでルーシュの映画を参照しておこう。『気狂い主人たち』のなかの祭司もやはり〈理性〉を拠り所としているのだが、理論的ではなくディオニソス的な世界観のもとでそうしているのだ。

　心‐身主義神話の機能についてもう一言。〈理性〉は自分が唯一の主体であるかのように見せかける傾向がある。だとしたら、ローマ法の組立《モンタージュ》を思い出しておこう。つまりユスティニアヌス法典のテクストの骨組のなかで〈生きた法〉と〈理性〉とを結びつけている言説をである。主体は掠め取られるにしてもやがて回帰する、ただし変装してシステムの水準に。つまり主体は典礼的・司書的・政治的な様式、法システムの書式のなかに回帰するのだ。主体は〈唯一の主体〉として回帰する。つまり皇帝、教皇、そしてこれらのテクストの継受のエコノミーに則りつつ、国家として。〈主体なきテクスト〉が機能するためには、〈唯一の主体〉というフィクションがここで必要となるのである。このことは重大な帰結を孕んでいる。

3　証拠のなかの証拠（続）。訴訟学に見られる心-身主義のいくつかの拠り所

もし現在われわれが、真理の社会的生産と、最終的に産業段階にまで延びるローマ法の歴史がそれに関して教えてくれることの重要性に、広い視野をもってのぞみたいのであれば、訴訟学を再評価する必要がある。訴訟学とは人体を取り扱う学問である。先にわたしは人体が証拠のなかの証拠なのだと述べたが、ここではさらに「いつでもどこでも」と付け加えておこう。

なぜ「いつでもどこでも」なのか。人間たちは知らず知らずのうちに訴訟のなかで機能しているからだ。それは精神分析の発見であると同時に、あらゆる歴史と同じく西洋の歴史におけるきわめてありふれた事実でもある。まずはこの指摘を例証することにしよう。しかる後に訴訟学、法廷において生み出される諸々の証拠にまつわる法的テクニックという狭い意味での訴訟学は、新たな様相を帯びてわれわれの前に現れることだろう。

なぜひとも述べておきたいのは、われわれは何事かを正当とするために生まれるのだということである。われわれがここにおり、われわれがわれわれであるのは、証する必要があるからであり、われわれは自分を超える何かの生き証人なのである。その何か、それはある真理である。社会的に言えば、そういうことだ。というのも、ひとつの社会は保護織物に包まれ、過度の疑問にさらされないようになっているからだ。この保護織物、それがわれわれを超える真理の言説であり、われわれはその支え手、生きたエンブレム、証人、あるいは場合によってはその偽造者か異端者、もしくは罰当たりのお尋ね者なのである。エッシャーのリトグラフ《階段》を思い出してほしい。人々がいつまでも同じところを昇り降りしている。さらにこのドグマ学的幻覚の組立《モンタージュ》のなかには、一人ひとりのための

——歩いていない者も含め——場所があるのだ。〈大いなる構想〉という神秘的テーマ——エッシャーの意図にとても近いテーマ——については研究も多く、パトリディーズの研究——たとえば不死鳥やヤコブの梯子のキリスト教的解釈についての——はこのテーマに関する最良の発展研究である。[36] とはいえ〈歴史〉の大いなる構想は、キリスト教のものであれそれ以外であれ、どのヴァージョンにも出来損ないがつきものであり、ペテン師たち——善きも悪しきも——に場所を空けておかなければならないのだ。これもまた熟慮を要する問題系で、スコラ学初期のヨーロッパで盛んに論じられた善きアウトローという問題である。[37] 学究により徐々に明らかになってきたところによれば、神の大いなる構想、すなわち社会がその臣下＝主体たちを包み込む言説は、単に刑罰秩序の分類——たとえば犯罪者を無実の者や温厚な市民から切り離すことで孤立させる近代の法令体系の分類と同様な——を含むだけではない。たしかにそれだけではないのだ。運命の真理——われわれはそれを証すために召喚されている——は、決まった歩き方で歩き、分別をもって笑い、聖体など知らない食人種のように野蛮な食べ方はせず、法に適った一定の目的のために性交を実践する、等々のことをわれわれに強いるのである。快楽（delectatio）と有益（utilitas）とは別なのだ。この二つの有名な概念を参照してほしい。「狂ったように笑う」というわれわれの慣用表現の意味を伝えるグラティアヌス教令集を読めばわかるように、これらはつまるところきわめて法的な概念なのである。[38] 実のところ、社会を保護しようとする言説が取り組んでいるのは幸福である。けれども、幸福とはまさしく、他者たちがわれわれの運命について抱く考えではないだろうか。あらゆる規範化には人類を幸福にするプログラムが含まれているのである。

　いま他者たちを参照項にしてみた。これについてよく考えてみれば、大いなる構想が、他の誰も近づけない〈他者〉、他に比類のない〈他者〉を前提としているのがよくわかるだろう。われわれが社会的に証し立てている真理とは、この〈他者〉の真理なのだ。そうなると証言という事態はこみ入ってくる。というのも、どうすれば彼の望んでいることがわかるというのか？　運命が社会的に展開するなかで、われわれが真理と関係するのは、この問いの練り上げ、そしてそこから導かれる解答の練り上げにおいてである。訴訟学はこのことと直に結びついている。

この絶対的〈他者〉を思い描くこと、それが生き延びるためのわれわれの義務である。それはわれわれの人間的条件の要請である。なぜならわれわれは無意識に従属しており、また社会的な訓育は、〈主体なきテクスト〉の言説のなかでは、運命との多かれ少なかれ暴君的な関係を強化すること以外ではありえないからだ。客観的・理論的な世界観とてこれを免れるものではない。

人間の生とはすなわち証明することである。何を証明するというのか。だがこの点を深追いするつもりはない。というのもここでは、われわれが絶対的〈他者〉のものと想定される知と取り結ぶ真理の絆についての問いをすでに提起したので、以下のことを指摘するだけで十分だからだ。すなわち訴訟学は全般的な「統治の知」のなかに暗黙のうちに含まれており、また裁判法というきわめて狭い意味での証拠にまつわるテクニックに関するわれわれの法的手段は、全般的な「統治の知」の科学と密接に関係しているのである。近代の人類学や今日の政治学にさえ扱うに値しないとみなされているため、西洋の裁判の歴史に関する踏み込んだ研究が見当たらないのは嘆かわしいことである。これを確認したうえで、われわれの真理の絆の性質をさらに詳述するとしよう。

証拠にまつわる真理の絆、それは何よりもまず人体である。「何よりもまず」と言ったのは、裁判上の証拠についてのわれわれの科学的な発想の彼方に、神判を考慮に入れる必要があることを理解してもらうためである。

神判について少し述べておこう。真理を明らかにするために、灼熱の鉄による火傷や、決闘、十字架の試練などに訴えるのは、いわば奇跡に訴えることである。スコラ学が最終的に神判の忌避に傾いた際には、「神を試してはならない」というテーマをめぐって該博な論議がなされていた。以下のようなわたし流の議論を付け加えておこう。神は悪戯や悪ふざけもできようが、それはありえないことでもある、というのは三位一体の神は、野蛮なライバルたちとは異なって、けっして笑わないからだ。これについてはより詳しい文献に当たってほしい[39]。しかしここでの争点は実は誘惑をめぐるテクストの解釈ではなく[40]、真理を証明する機械としての身体の解釈なのである。問題は基本的な人間の組立である。つまり「魂をもつ身体」という隠喩に従って主体を主体にする、主体と真理との関係を作動させることだ。これは知る者としての絶対的〈他者〉の想像的な設置を前提とする関係であり、これらはすべて社会的・政治的関係という見通しのなかで作用している。ここから出発して以下のことを書き留めておこう。

――神判の演劇的側面。あらゆる裁判の実施が真理劇の上演であるとするなら、それはあきらかに、真を追求し真かどうかを裁くために自発性を当てにする社会などないということを証明している。ここでは制度というものを、誰もが気軽に嘘をつき合える場所として定義すべきだろう。これは冗談でも軽口でもない。あらゆる制度システムは「それが嘘をつく」という確証の上に構築されているのである。だが人体――つまり魂をもつ身体という虚構――は嘘をつくことができるのだろうか。答えは否である。この「否」についてはもう少し註釈しておかなければなるまい。というのも、それは組立の構成要素だからだ。神判は症候と同じで、けっして嘘をつかない。そのさまざまな結末や主体――精神分析が見出した意味での主体――の雄弁さという観点から神判を再考してみれば、すぐに次のことがわかるはずだ。すなわち身体において問題となる真理とは、想定上の絶対的〈他者〉の君臨する組立《モンタージュ》における従属関係の問題であり、この想像的な類の他者は、われわれ――われわれ無意識たち――をつかんで絶対に放さないのだ。たしかにわたしは従属の問題だと述べた。つまり最良の従属――無意識の主体に接木されるように根づくため政治的にもっとも効果的な従属――とは神判と同種の顕示であることがよくわかるはずだ。〈息をする法（Lex animata）〉――つまり皇帝や教皇――というローマ法のシステムを思い出してほしい。それは言説、いやむしろ言説ではなく絶対的〈他者〉のことばを受肉するための二重化した人体という虚構であり、それによりこのことばは「生きた法権利の声（viva vox iuris）」となるのである。制度的典礼においては、神判の場面が完全に逆さまになることもある。つまり〈他者〉の声が、まさしくこの神秘的に疎外された身体から聞こえてくるのだ。秘密枢機卿会議における教皇にまつわる制度を参照されたい。そこでは、規則によって教皇以外は誰もが口をつぐむことが望ましいとされ、「開口（aperitio oris）」の儀礼まではいかなる参加者も発言してはならないことになっている。同じくデ・ルカ[53]の論考『真理と正義の劇場（*Theatrum veritatis et iustitiae*）』（一六七一年）[41]を読み直すにもよい折である。今日の大国家の典礼的作用の厳密さについて、少しばかり好奇心を向けてもらうのに格好の書物だ。

――愛における神判。性の解放のプロパガンダは、時としてひじょうに貧しい言説のなかにわれわれを閉じ込めるものだが、それが愛の試練、つまり愛における証拠の問題を時代遅れなものにすることはありえまい。愛に苦しむこと、それは神判の無意識的な作用に直面することである。というのもそれは「証拠のなかの証拠」を与え、愛する存在に身体――わたしの言うところの「魂をもつ身体」――を差し出すという問題だからだ。これもまた制度システムが管理しなければならないことであり、中世ヨーロッパについてはデュビー[54]の野心的な総論が参照できる。だがわたしは西洋的な問いの立て方は愛の絆および天上の場所と呼ぶべきものとの関連で位置づける必要があると強く感じている。韜晦がここでの重要な参照項となるのは、問題は何なのかを思い描こうとすればこそだ。つまり恋愛的従属のさまざまな体制同士の根深い共謀である。愛においてわれわれはついに絶対的主人を見出すのであり、それは数多くの詩的な名で呼ばれている。『新エロイーズ』を、そして神秘的だがまた最新の報告によれば卑猥でもある[42]アンドレアス・カペルラヌス[55]の『恋愛論（*De Amore*）』を読めば、伝統的な詩的格調のなかに、苦しみを無限に受け入れる力が至高な愛の快楽と結びついていることを確認できるだろう。誰でも自分の無意識的政治体制がどうあれこのことは確認できる。エロスの絆とは絶対的〈他者〉との賭である。恋人たちはここにあらずなのであり、これには神聖な絆についてのキリスト教のみごとな表現「われわれの対話は天のうちにある（Nostra conversatio in coelis est）」が相応しい。これはヨーロッパの美学、とりわけ絵画において成功をみた表現である。[43]

愛の戯れの空間を築くための天上の隠喩はひじょうに示唆的なものに思われる。つまり諸々の愛の組立には正義の追求という意味があるのだ。恋する者は証拠の上に証拠を積み重ねて証明を試み、また実際にみずからが自分の欲望の真実に結びついていることを証明する。苦行者の自発的な苦難と恋人たちの苦難との間に性質の違いはないのである。ドン・ファン症には聖性という側面もある。神のために耐え忍ばれた苦悩を記した聖人伝が、ウェルテルのドラマに比肩しうるのと同じように。聖性のこうした解釈にあえて踏み込んだ研究はごくまれだが、聖人伝は精神分析のいくつかの分野——法的概念が意味も理解されぬまま濫用されている分野——を解明するのにきわめて役に立つことを、ついでながら指摘しておこう。たとえば倒錯についてだが、神判が問題であるときには契約という概念は相応しくない。これについては女性の衣装倒錯についての聖人伝を参照[44]するとよい。だがここでは全体的な問題設定に立ち戻り、次のきわめて重要な歴史的事実を浮かび上がらせることにしよう。それはエロティシズムを抑制し、最大限に社会化し、減縮するための法的努力である。いかなる努力だろうか。そのひとつは贖罪（私的で極秘の耳聴告解）という装置における欲望についての決疑論であり、この装置は神秘的な法廷の演出（内面の裁き）という点においてすぐれて法的な装置である。もうひとつは修道院組織であり、西方は規則なしで孤立して行う苦行を実質的に廃絶してしまったが、その社会的な統制の企図は注目に値するものである。これらはすべて、まさしく法的影響力を被りつつ、徐々に合理化していくひとつの言説の形で機能していたはずだ。

——スポーツと神判の関係。仕上げにこの点を付け加えることで、西洋的理性が最終的に抑圧してしまった、人体を争点とする諸要素の複雑さに気づいてもらおう。ローマ法が復活すると同時に追放された「神の裁き＝神判」は、きわめて多彩な試練を用意しており、他人の身体を代理にする可能性も時には残されていた。他人の身体が当人に代わって真理のために苦難を受けたり決闘したりしてくれるのである。誰かの名において苦難に耐えるというこの注目すべき事態は、法制史の文献中にも確かめることができる。だがわたしは決闘裁判のほうに注目したい。

チャンピオン〔決闘代理人〕（これはテクニカルな表現で、時にラテン語の弁護士〔advocatus〕と同義だった）たちが、決着を待ちわびる人々の面前で対決するのである。

スポーツの試合でも訴訟学が機能しているのは確かである。この問題はA・シュッツによってサッカーとテニスについての実りある議論のなかで提起された。ワールドカップやウインブルドンの決勝は、テレビを見るあらゆる文化の何万という人々のために、絶対的〈他者〉への準拠のもとで行われる対決への人間的な期待を演出しているのであり、同時に現代のチャンピオンたちはその一挙一動を訴訟に委ねているのである。この訴訟の規則は、たとえばイギリス法（ローマ法の法的精神にもっとも近い）の裁判をモデルに組織されたテニスの場合のように、ローマ法の「告訴〔action civile〕」と紛れもなく等しい。こうした指摘によって浮かび上がるのは、証拠と訴訟の領域において科学的発想（われわれのもの）と野蛮な発想（神判）とを対比させる歴史学の作為的な性質である。客観性の文明は無意識の野蛮さと完全に両立しているのだ。

スポーツについてのこうした結論は、スポーツや文化などによる社会統治のプロパガンダと、これらの活動を分類し解釈するわれわれの学者的手法とが共謀していることに気づかせる。スポーツとは宗教的・訴訟的な意味でのドグマの発露の一様態であるなどとあえて主張すれば、不真面目学者の誹りを受けるのもやむをえないだろう。だがこれは確かなことなのであり、スポーツ関連の書籍や雑誌を一目見れば、心‐身主義――産業的合理主義の典型的表象――がスポーツ理論の後ろ盾や補強になっていることはすぐにわかるはずだ。「体を鍛えましょう、精神状態にも有益で、人格形成にも役立ちます。」この手のお馴染みの書き物のテーマはおおよそこんなところだ。

最後に罪責をめぐる問題について補足しておこう。

次のことから出発しよう。心‐身主義は罪責を管理するのにも役立つ。ローマ・カノン法的な訴訟学は心‐身主義にとってなくてはならない切札だった。二つの重要な領域を手短に指摘しておく。——近代的な責任概念の形成における民法の重要性。今日では保険に関する法権利が、客観主義的な過失の論理においては償いへの言及がすべて消滅しうることを完璧に示している。償うとは何を意味するのか、そして弁済するとは何を意味するのか。この二つはまったく別のことである。この点を考察するためには、法制史に少し立ち返って、罪と弁済についての議論を深めて両者を差異化する役目を担った諸学説を見直さなければならない。ローマ法を引き継いだスコラ学は、この点についてひじょうに興味深い理論の集成を築き上げている。

注目したいのは犠牲者のいない犯罪があるということである。たとえば神、それに皇帝の神聖な〈名〉などに危害を加える犯罪であり、あらゆる犯罪のなかでももっとも重大な犯罪だ。これこそが謎であり、註釈学者たちはこの謎についてしきりに語っていた。しかし特に多いのは諸々の重罪や軽犯罪、それに準不法行為——今日でもなお重要な古代ローマの概念——であり、そこでは罪責はもはやそのままで扱われることはなく、価格に応じて売買される物品と同じやり方で、見積もられる損害との関係で管理されなければならない。フランスでいわゆる蛮族の法権利（まさしく神判を用いる法権利）が勝ち誇っていた初期中世においては、償いには一度決まるともう変わらない法定代価があった。たとえば聖職者を殺したらいくらで、司祭の場合はもう少し値が張る、等々。この慣行がきわめて重要だったのは、それが贖罪——まずは私的な、続いて公的な——における諸々の罪についての決疑論にとって、贖罪の値段（祈禱、断食、巡礼）を定めるためのモデルとして間接的に役に立ったからだ。この点には立ち入らずに、ユスティニアヌス法典がスコラ学に伝えた法権利のほうに集中しよう。ローマ法は犯罪者の身体で弁済するという慣行（たとえば犠牲者にくれてやる、加害物放棄という形の）から、わたしが「商人的＝客観主義的」と呼ぶ慣行へと変遷を遂げた。後者の慣行はまさしくわれわれのものであり、アクイリウス的責任がそのまま取り入れられている。平民法を提案した護民官アクイリウスの名をとったアクイリウス法（Lex Aquilia）に基づくこのシステムはそう呼ばれている。[45] この共和政ローマ時代の古いテクストは、保険に関する法権利の産業的な組上げ全体の歴史的準拠であり続けている。犯罪者や準犯罪者の身体を遠ざけること、これが市民的責任の精神だ。もちろん一皮剝けば蛮族的な法権利そっくりの要素がいくつか見つかることだろう。しかしながら本質はローマ・産業的な決疑論の構造そのものに根ざしており、この決疑論は科学的な内実をした心理主義という切札（損害を生み出した事象と損害それ自体との因果関係を調べることや、故意ではない過失という概念を発展させることなど）を後ろ盾とすることで極度に洗練されたのである。

——欲望の決疑論としての贖罪の決疑論。心 - 身主義の鍛え上げ。贖罪という骨組がなければ、科学的な心理学、すなわち身体と精神との関係という観点に立ちながら精神を客観化することを目指す科学はありえなかったことだろう。だがごくまれな例外を除けば、いわゆる人文・社会科学はこの点について問うことを省いてしまっている。というのも、それを問えば再び欲望を問題とせざるをえなくなるからだ。註釈学者たちによるドグマ学的心理学が西洋的再生産にとって歴史的に重要であったこともやはり無視されつづけているが、少なくとも註釈学者たちにとってはその目的はきわめて明快であった。つまり「リビドー」を支配し、魂の治療により罪責と決着をつけることである。グラティアヌスから十二世紀までの罪に関する学問を扱ったステファン・クットナーの優れた著作を参照してみよう。[46] そこには、狂気、夢想家の責任、罪あることばなどのカノン法の諸概念についての必読の指摘が見出せるが、これらの概念は心理学のなかにその命脈を保ったのだ。

中世カノン法学者（彼らの後を継いだ者たちを反宗教改革は決疑論者《カズイスト》と呼んだが、実際にはそれは不当な呼び名だ）の治療理念と、黎明期および現代の医学の治療理念との間の歴史的関係——贖罪の言説から容易に見て取ることのできる関係——を、ここではっきりと示しておかなければならない。言いかえれば、医学は贖罪のシステムが管理していたいくつかの禁止の近代化を請け負ったのである。そのひとつの例がマスターベーションだ。グラティアヌスを註釈するカノン法学者たちや、罪責の統制という大仕事の標準化のための手引書であるさまざまな「告解書（*Summae confessorum*）」の著者たちは、神が自慰者を好まないことをはっきりと証明していた。その後ヨーロッパ社会は世俗化したが、医師たちは、古いキリスト教の教義を守るためか代わりの新しいブルジョワ的道徳を創設するためかは知らないが、いわばその後を引き継いだのだ。彼らの言うことはこう要約できる。自慰者は病気である。では病気とは何なのか。この点についてはエンゲルハートの短い研究を参照されたい[47]。医学的・教訓的な形式をとる現行の心‐身主義を理解するためにきわめて有益なこの研究は、不当な歴史記述をした諸々の考察の不真面目ぶりとは対照的である。治療という社会的に最重要な理念が、いかなる法的な言語過程をたどって領域を変えたのかを理解することが重要であるのに、これらの考察はわれわれに過去の愚行を糾弾することを押しつけるばかりだ。

贖罪の決疑論のもうひとつの関心事である、演劇的形式についても記しておかなければならない。〈贖罪〉——それはシステムの定礎者たる中世法（十二―十三世紀）が発達させた——は訴訟である。つまり神による魂の訴訟なのだ。この神的な〈法廷〉の演出は、欲望の問題がどのように取り扱われていたのかを明らかにしてくれる。すなわちそれは主体を絶対的〈他者〉の神秘的場所へと導くことによってなされていたのであり、それによってこの無意識的欲望の主体は、告白をテーマとする言説の作用のうちに位置づけられることになる。告解（confession）——つまり告白のこと——という用語自体、諸々の証拠に関するローマ法の用語（confessio〔自白〕）に由来するものである。

4　心‐身主義——文法的な不可能性としての——に関する最後の注記

心‐身主義は産業文化の諸制度の構成要素である。であればこそ、それは撤去不能なのだ。

心 - 身主義は文法的な形式であり、われわれが別の話し方をすることができないことを証言している。すでに述べたように、われわれは身体を住み処としているのではなく、ひとつの言葉を住み処としている。説教口調に陥りでもしないかぎり――いわゆる人文・社会科学の企みにはよく見受けられるが――、この点に関する批判は言語的現実の再認識でしかありえない。この現実は諸文化間の無理解という現象の本質的要素として研究される必要がある。そしてこの無理解という現象も、やはり構造的な現実とみなすべきだ。力関係を別とすれば、ことばによるコミュニケーションは、国際関係のレベルでの組織の組立《モンタージュ》や配置のなかに組み込まれている。今日では支配的となっている心 - 身主義は、西洋が生み出した産業主義の言説に何らかの方法で忠誠を誓うものすべてと同じ運命をたどっている。〈普遍的コミュニケーション〉というイデオロギーや、「全体言語」というファンタスムが、ローマ文明からの自然の成り行きであるかのようにあふれ出しているのだ[48]。以上の指摘が、精神分析が引き起こした避けたい混乱によって培われた知的幻想から身を守る一助となることを願う。そうした幻想によれば、文化から脱した[49]――つまり他者の野蛮さから守られた――という西洋人たちにはいまや人間悟性を改革する力が備わっているらしい。これこそは全能性の幻想である。

文献案内

ここでは参考文献を並べ立てる必要はないだろう。注に挙げたもの――この章は例外的に多くしてある――だけで十分である。証拠という法的な問題と全体的な問題設定（すでに見たように、心 - 身主義の諸争点に結びつくような問題設定）とを関連づけることの難しさを鑑みて、以下のものだけ付け加えておこう。

――主体に関しては、精神分析が求める厳密さがぜひとも必要である。ところが歴史学的な努力は、いかに称讃に値するものであろうと、この厳密さを省いてしまっていることは否めない（たとえば、G. Lander, "Medieval and Modern Understanding of Symbolism : a Comparison", *Speculum*, 54 (1979), p. 223-256)。スコラ学的な雰囲気やローマ・カノン法をめぐる状況、そしてこの時代のありのままのドグマ性を考えれば、中世史家たちはもっと本質的な相手に立ち向かうべきなのだ。デュビーのしたように宮廷恋愛（まだ異端的事象とは認められるに至っていない）と性の統制に立ち返るべきである。だが、アレゴリーで告げられる激しい欲望についての言説という切札（これについては、何度か版を重ねている以下の書物を参照。C. Lewis, *The allegory of Love. A Study in Medieval Tradition*, Oxford, 1936〔C・S・ルーイス『愛とアレゴリー』玉泉八州男訳、筑摩書房、一九七二年〕）、あるいは認識に関する理論や心 - 身主義の教義によって覆い隠されている以下の点についても強調しておかなければならない。つまり動物や敵や仲介者の問題である（次章参照）。証拠に関する法権利をめぐる問題の射程は広く、科学によって語られうることの極限にまで及ぶ。だからこそ筆頭には美的なもの、とりわけ映画を置こう。象徴的なものや想像的ファルス（心 - 身主義におさらばするには欠かせない諸概念）についてのいかなる精神分析理論よりも雄弁なのは、クリス・マルケルによる『サン・ソレイユ』（一九八三年）のなかの次の指摘であろう。「性は身体から切り離されたときにしか目には見えない」。

――『講義』のこの章での研究は、ダンスについてのわたしの考察（重要な書誌とともに）を通して温められてきたものである。したがってここではこの書物が重要である。*La passion d'être un autre. Étude pour la danse*, Paris, Seuil, nouvelle édition, 2000.

第三章　敵でありかつ仲介者たる動物
知られざる真理の痕跡に関する注記

右の表題は備忘録としてここに掲げた。ごく簡単に触れるにとどめておくことにする。これは根本的な問題である。わたしとしても、西洋合理主義という土壌を掘り崩すために講義を積み重ねることが必要となることだろう。西洋合理主義もやはり動物を神秘的かつ野蛮に、つまり謎めいたやり方で扱っており、人類学はこの土壌に文化の母型――それもわれわれにとってのではなく他者たちにとっての――を認めるよう教え込んでいるのだ。

われわれによる動物の取扱いはここでは論理の社会的な帰結とみなされるべきである。ショック療法的になるが次のようにそれを示すことにする。二枚の写真を見せてから、小話をひとつする。最後に短い註釈を加える。

図版10――イエズス会士カスパル・ショット[56]（一六〇八―一六六六年）の著書からの抜粋。K. Schott, *Physica Curiosa* (édit. 1667), I, p. 582. 象の頭で生まれてきた子供（Fig. VIII）と、大きな口をして角の生えたもう一人の子供（Fig. IX）の図版。

図版11――クリス・マルケルの映画『サン・ソレイユ』（一九八三年）からの抜粋。猫の供養をする東京の寺〔豪徳寺〕の一場面。

Fig. VII. Puer
capite elephantino.
Fig. IX. Infans cor-
nutus ore patulo.

図版10

図版11

わたしがこう言うとしよう。ショットは怪物たちの空想的歴史における興味深い証人であり、マルケルは日本人を理解している。わたしがこう説明すればすべては丸く収まり、あなた方も同意してくれるだろう。だがわたしがこう言うとしよう。わたしは子供のころ犬だったが、あの愛のおかげでわたしは救われた。するとあなた方はわたしの話題に疑念を抱き始める。さらにわたしが、わたしの体験は「人間は馬である」という結論の誤謬性に関するアリストテレスの指摘（『オルガノン』「分析論後書」一・三二）を反駁するものだなどと言い足せば、われわれはまったく混乱していると思われることだろう。実際われわれは混乱しているのである。以上がわたしの小話だ。

註解は以下のとおり。

――動物の問題は、それを制度の舞台裏の水準、つまり第三項を排除しない観点から提起しないかぎり理解できない。人間の言語をめぐる問題と不可避的に結びついた同一化の論理に従えば、ただ「犬」と「子供」という二語があるだけではなく、この二つのほかに「犬子供」という語もあるのだ。

――あらゆる合理的な定義や命題は、それがドグマ学的言説に書き込まれたとたんに、第三項排除の論理という立場を失うことになる。だから「人間、翼のない二本足の動物」（『オルガノン』「分析論後書」二・五）というアリストテレスの定義は、西洋における合法的な振付けのシステム（ダンスについてのわたしの仕事を参照）においては、隠喩《メタファー》という立場を失っている。ラテン法律第一主義からするとこのアリストテレスのもののような表現には禁止という価値があり、一見理解不能な道徳的決疑論に内実を与えることになるのだ。別のところでわたしは、空中に舞い上がることの禁止（悪魔的な手段に訴えることを除いて。この点については悪魔学を参照）が西洋のダンスの歴史と航空学の両方に関わっていたことを指摘しておいた（十七世紀のイエズス会士で自然学者のキルヒャーの仕事は、彼のことを魔術師だと疑った世間を恐れさせるものだった。キルヒャー本人が飛ぶのだと思われていたのである）。「われわれは鳥ではない」という表現が一筋縄ではいかないものであるのがおわかりになるだろう。

――動物たちとは情け容赦のない勝負が繰り広げられる。情け容赦がないのは無意識の観点から見た場合である。魂の問題がわれわれを分け隔てている。動物には魂がないのである。だが他方では神的であり、屠られた子羊や、血を流さない供犠である聖体の秘蹟の教義、『黙示録』の獣などがいる。動物は西洋のなかに詩的に書き込まれており、語りえぬものの人間的な獰猛さにおける賭金となっている。こうも言えるだろう。動物たちは罪責に耐える手助けをしてくれ、何らかの形でわれわれの命を守っているのだ。あるいは別の表現がよければ、無意識へと賭けられた賭金をわれわれに取り戻させてくれるのである。しかし認識に関する形而上学と一体化した神学は、動物を諸々の法的なカテゴリーに加えようとしない。ここが肝要である。神学と法学では物事の見方がまったく違うのだ。

――怪物についての理論の場合を考えてみよう。怪物を定義しているのは誰だろうか。たいていの場合は神学者であり、彼ら曰く、それは警告や戒めといった神の合図である。怪物には魂があるのか、洗礼すべきなのだろうか。ここでまた神学的な議論が繰り広げられる。次の避けがたい問題についても同様だ。女性たちを怪物に分類すべきなのだろうか。神学を参照されたい（ショットによる諸教義の寄せ集め、一巻、六一九頁以下を参照のこと）。言いかえれば、神に対するさまざまな罪の禁圧という法的な名目で法学者たちを（刑事訴訟と贖罪に）動員する悪魔学を別とすれば、怪物の理論は社会からはみ出した部分なのだ。お望みならそれを社会的な想像界と呼んでもいいだろう。それは法的な問題設定と関係がないのである。どういうことだろうか？

――つまり〈理性〉に適合しないということである。法学者たちが通常は怪物について語らない（すでに述べた〔悪魔学の〕例を除いて）とすれば、それは〈法〉が及ばないということだ。言いかえれば、〈理性＝法〉という関係がもはや通用しないのである。より今日的な言い方をすれば、狂気が野放しになっているのだ。おそらく神学者たちは知らず知らずのうちに精神医学の最前線にいるのであろう。彼らは一種の神聖なカウンセラーであり、絶対的

〈他者〉すなわち知悉し処罰する〈他者〉を位置づける何かを——何でもいいがとにかく何かを——言う役目を担っているのだ。法権利に立ち返ろう、というのもそこでは真理との関係が組織立てられるからだ。動物はこの関係の証人である。彼らは人間の目から見た他者——社会化した別の人間——の場所を確保するために資格を奪われたのだ。これこそが動物を法的に抑圧して「物（res）」という類に押し込めたことの主眼である。ではどのようなものなのだろうか。人間ではないもの、つまり奴隷とは別のものである。奴隷という地位はまったく別である。奴隷はローマ法の自由人と同様、〈法〉の人間的再生産という意味での、社会をなす動物なのだ。この社会化しうる動物という概念については、境界線上の著述家ザキア[57]の『法医学の問題（*Questiones medico-legales*）』（六・三・六）を参照のこと。法医学鑑定の先駆け的著作である。

——つまりわれわれは動物たちとは社会をなさないとみなされているのである。動物たちとの間には法的に定められたしきたりもなければ、合法的で社会的に表象可能な同一化もない。この指摘は以下のようなさまざまな問題を提起するための出発点である。他の場所ではトーテムを介していた法の作用は、西洋的〈テクスト〉の水準ではどのように作用していたのか。さらには経済の諸作用において動物の絶滅は何を意味するのだろうか。この点については法的なステイタスの歴史に立ち戻らねばならない。それは自覚なき供犠の言説の歴史でもある。ここでもまた法律第一主義が助けとなる。ここではノルマンディーの治療師の名言を参照しておこう。彼は文盲同然でありながら合法性の言説の達人である。この友はある日わたしにこう言った。「彼らとわれわれの違いは、キリスト教国であるかどうかだ」と。敬意に値するこの格言から生まれたのが以下の注に挙げる拙論である[50]。

教訓。われわれは自覚のないままにある論理の効果を被っている。このことは社会的なものと法的なものとを分け隔てる分割という、わたしから見ればきわめて根本的な分割についての考察にわれわれを誘うことだろう。

第四章　神と地理

ローマ法の帝国と論理の帝国はまったく同じものであり、背後に控えているのは神とその政治的欲望、諸々の法と神的な立法者の世界だ。西洋の法律第一主義は次のような神話的確信に基づいている。「順調である《サ・マルシュ》」。

われわれがこれからいくつかの短い指摘を通して考察するのはこの表現についてである。われわれと帝国との利害の一致からの数多くの帰結はこの表現のもとに整理することができるのだ。宇宙的とでも言うべき世界的な普通法、土地管轄によって完遂される権力、外交折衝という概念、人民法によるナショナリズムの管理、破産、あらゆるものが債務・債権法への登録により売却可能になるという発想、等々がその帰結だ。この「等々」のなかには戦争そのものも加えなければならない。正義の実行として、その補完物である平和と同じ身分で。こういった技術的な小道具の山——何にでも使える法的手段の巨大な倉庫——をつねに念頭に置かなければ、「順調である」に関して繰り返し提起される次のような疑問の重要性を見落とすことになる。誰のために、どのように「順調である」のか。古典的には「順調である」の守護神が地理に関する神学のなかで、問答として引合いに出されてきた。「神は世界を統治しているのだろうか？」そこには〈法〉をめぐる議論の根幹的なテーマが見出せるはずだ。いわゆる近代の夜明けに、プロテスタントたちが特にメランヒトン（産業的西洋にきわめて重要な著述家＝伝達者）の周辺で、因果律や摂理に関する諸問題を提起した際のテーマである。それはいわゆる doctrina physica〔自然の教え〕つまり「博士たちの自然についての知」の世俗的な捉え方に関する諸問題であり、この知とはもちろん〈法〉に従った知すなわち狂っていない知のことだ。

世界とはいったい何なのだろうか。それは言葉である。だからそれを使いこなして意味を生み出させるのだ。世界は糞まみれであり、肥溜めであり、穢れ（immondice）の溜り場である。こういった穢れた世界（monde immonde）という主題については、文法的な考察によって得られるものがあった。つまりラテン語の mundus は、名詞（そこからわれわれは「地球」という意味を得た）としても形容詞（「清潔な」という意味）としても働くのである。しかしこの文法家の常套句は「浄化すべき世界」という郷愁的な大義に益するところとなった。こうしてわれわれは思いがけず論理の帝国に関する言説の核心に踏み込んでしまった。「世界は浄化されなければならない、なぜなら世界は一体化されなければならないから」。みごとなまでに演劇的なこの知的言説は、己自身の欠落を、言いかえれば無意識的な憎しみを上演しているのである。この憎しみは性の分割に向けられ、欺瞞的で悪魔的な女性というキリスト教の古い隠喩《メタファー》、わたしが定義するところの「女ファルス〔偽りのファルス〕（phalla-cieuse）」が標的となる。[51] mundus/immundus というラテン語の言葉遊びに端を発する穢れた世界という主題に注目しよう。スタムラーの仕事に、ドイツ語のアレゴリーである「世界＝女（Frau Welt）」を手がかりとするこのレトリックについての議論を見出すことができるだろう。[52]

つまり世界の支配＝帝国をめぐる問題には、人間的な一貫性すなわち各人のなかの幻想の帝国を動員する能力の回復が必要なのである。「順調である」が本当に順調であるためには、諸々の信の参加が不可欠であり、また〈主体なきテクスト〉のレベルで一体化した世界——欲望の問題がついに解決し、死が幻想という地位に落ち着いている世界——における純粋さが夢見られる必要があるのだ。

だとすれば地理はそもそもトリックを出発点としていることになる。さらに言えば地理はそれ自身の否定から出発しているのだ。なぜならそれはまずひとつであるような空間——あらゆるものとあらゆる人民を含む空間——として空間を提示することで成り立っているからである。これこそが帝国だ。『勅法彙纂』の三位一体に関する篇の序文の役目を果たす有名な法律、「すべての人民（Cunctos populos）」を参照のこと。ユスティニアヌスはそこで宗教を定義して、すべての人民が動かされる（versari）ものだとしている。この法律の冒頭の口調は激しい。"cunctos populos quos clementiae nostrae regit imperium". すなわち文字どおりには「われらの寛大な帝国が支配するすべての人民」。いかなる例外も含まないひとつの全体性が問題になっているのだ。というのも争点は真理だからである。国際法の論理の練り上げにとって根幹的だったこのテクストの註釈者たちも、ここではきわめて歯切れがよい。これについてはバルドゥス[58]（十四世紀）の著作のなかの註解を参照のこと。*Tractus de vi et potstate stautorum ratione personarum, territorii et rerum*（『人物や領土や諸物に関する地位の力と権力についての論[53]』）というその著作がきわめて全般的な著作であるのは、それが諸々の地位に関する個別法、つまり都市、共和制、国家などといった神の〈大いなる構想〉の統一的なパズル内に位置するものすべての個別法を、普遍的普通法（後のローマ法学者やカノン法学者の言う jus commune universum）の全般的体系のうちにしかるべく配置しているからである。

こうしたことはすべて些細なことと思われるかもしれない。というのも法学者たちは——とりわけいわゆる人文・社会科学から見ると——思想家の一員とは考えられておらず、彼らはただ凡庸に思える学説を発表するだけで、〈国家〉や〈宗教〉や〈グローバル社会〉についての今日的な解釈のプログラムから外れた諸概念を雑然といじりまわすか、きわめて根源的な社会的機能を果たすものとしての詩《ポエジー》とは関係がないとされる言説を弄するくらいだからだ。しかしクレヴィッツの編纂したテクストを少しでも読んでみれば、教皇の戴冠が単なるテレビ向けのフォークロアだとは思えなくなるだろう[54]。ペトラルカやダンテ、ボダン[59]に立ち戻れば、国家と組織の生みの親（parens principum）というローマ・カノン法的な形象の普遍帝国を真面目に受け止めることができるはずだ。[55] われわれが生きるのは人工的な〈世界〉、フィクションの〈世界〉なのであり、この〈世界〉は寓意的に定義され、分節不能な言説すなわち祝祭的・詩的にしか表明できない言説によって裏づけられるのだ。これこそが地理や国際法の基盤をなす事実、さらには産業世界において真理の帝国の組立《モンタージュ》――中身は限りなく形を変えるがその構造は変わらない組立《モンタージュ》――を介して戦略的な効率に貢献するものすべての基盤をなす事実である。普遍帝国および法的に定義可能な帝国主義のすべては、物理的・科学的な意味での地理に関係するよりも前に、何よりもまず神統記的な〈天上〉の空間――つまり〈法〉の神的な基盤が問題になる空間――に関係する、世界像（Weltbild）の問題なのである。言いかえれば、合理的な産業システムの一存で姿を消していく未開人と同じく、われわれも世界を想像的に手に入れなければならないのであり、事後においてその世界が現実になるのだ。それゆえに今日の地理学も、その多様な派生物や科学的付随物（たとえば気候学など）を含めて、根幹をなす象徴的な問い、この場合には〈神〉と〈自然〉――法学者たちがやむをえず鞍替えしたことを受けて「脱聖化」（むしろ世俗化と言おう）した二つの概念――という神学により扱われてきた問題系から切り離すことはできないのである。この点に関してはビュトナーの優れた研究を参照のこと。[56]

閑話休題。ここでわれわれが領土（territoire）という語を発する際には、法学者たちの言葉遊びを念頭に置くことにしたい。それによれば territorium とは恐怖を引き起こすという意味の terreo という動詞に由来するのだという。つまり領土とは合法的な権力がそのなかで恐怖に陥れる法権利（jus terrendi）を行使する場所なのだ。恐怖に陥れる法権利とは jus submovendi と同義であり、こちらのほうは地図から抹消する法権利と訳すことができる。『学説彙纂』の五〇・一六・二三九・八を踏まえてこの興味深い閑話休題について振り返ってもらいたい。

問題を少しばかり混乱させることになるが、二つ目の閑話休題。地理という概念ほど流動的なものはまたとない。

というのもすでに述べたように、一冊の書物ですら祖国と同じものになりうるのだ。地理学とはまた註釈による世界征服を記述するための方法でもある。こうしたことはいずれもわれわれを、テクストをめぐる問題、つまり神のことばを宿す書物＝霊廟をめぐる問題、そして解釈と真理の保証人をめぐる問題へと導くものである。

　これらは〈法〉に関係する問題であり、西洋の法律第一主義がその〈法〉を〈理性〉原理と結びつけたのである。われわれが〈法〉と〈理性〉をどのように結びつけているかや、そこにおけるあらゆる破綻をどのように埋め合わせているかについて多くを語ってきたのは法学者たちである。彼らはそのことについてとても詳しいのだ。ローマ法の地理的拡大と諸々の類似した法システムの到来には、ひじょうに独特な効率の作用が必要である。なぜなら真理を輸出し拡張するのは力だからだ。ローマ法の帝国とは、力の帝国、註釈という装置がもつ盲目的な力の帝国でもあるのだ。すでに見たようにこの装置は〈法〉の言説――〈科学〉もまたそれと関係している――の進展と深く結びついていた。法学者＝伝達者たちがそれについて詳しいというのは、前提として盲目的な知によってそうなのであり、その知こそが註釈による世界征服なのである。註釈の能動的な作業は、効率による支配と普遍的な規範化を目標としている。その作業はシステムの真理を絶えず演出し、この演劇的真理――劇場と祝祭的隠喩《メタファー》以外には到達できない真理――から、ただひとつの言説にまとめられた〈法〉と〈理性〉が生み出され、受け入れるか受け流すかの決断を迫るのだ。さらに言えばそれは受け入れなければいずれ後悔させられるような言説である。スペインとポルトガルを経てのスコラ学の拡大の歴史は、この点に関して示唆的である。諸々の法権利の真理は、この場合にはある種の残酷かつ無垢な善意とともに行使されたのであり、それについてはまた後ほど触れたい。その前に拡大という現象の泣き所を指摘しておこう。真理による統治は無謬でなければならないのだ。諸々の矛盾を解消するための埋合せの作業の最前線で生じていることすべてにわれわれがどれだけ関心を向けるべきなのか、これで見当がつくだろう。ここでは *Conflictus Legis et Rationis*〔法と理性の争い〕という雄弁なタイトルの書の著者であるデ・ルカの名を挙げておこう。以上を手がかりとして、われわれはこのいかがわしい大作業に欠かせない要素のいくつかを考察していくことにする。

——拡大主義的なシステムの論理におけるよこしまな手続。継承に関するローマ法を動員すること。大半の歴史家は気づいてすらいないが、普遍帝国についての歴史記述は堂々めぐりをしているように思われる。それは dominium mundi（世界の所有）や plenitudo potestatis（権力の至上性）などの代々の正当化の文句の山のなかに、拡大主義の言説の再生産における構造的なポイントを見出すことができていないからである。政治思想史ばかりが語られているが、注意を向けるべきなのは、一方では帝国の名そのものの祝福を目指した典礼（カロリング朝時代については、シャルルマーニュ崇拝についてのフォルツの研究を参照）であり、他方ではわたしがここでよこしまな手続と呼ぶものである。これはローマの家族法を流用することで典型的な合法性制度を間接的に——いわばこっそりと——生み落としたメカニズムのことを指している。つまり相続の原理が政治に移植されたのである。ローマ法のシステムの拡大は真理の相続に関する問題としても作用したのだ。このことはどんな影響を及ぼすのであろうか。すでに『新勅法』一四六およびユダヤ人に着せられたペテン行為に関して述べたように、偽りの子孫は相続の原理から締め出されているのはご存知だろう。同様にわたしは、ローマ私法の諸概念（所領、所有、時効や棄却の期限、負債と債務、等々）が、諸々の証拠書類の積み上げにとって重要であったことも指摘しておいた。その積み上げが、ヨーロッパ諸国家の装置をきわめて効率的にした諸々の平和的・好戦的な大改造を生み落としたのである。無体財産権（droits incorporels）——われわれにとっての政治機能の理念の基盤となるこの概念を完成に近づけたのはモリナである——や、ローマ法の代理人契約の規則に厳密に従っての、代理人による遠隔管理、あるいは res nullius（無主物）つまり誰にも属さずに主人を待つ物という概念などはいずれも、法システムの根幹で絶対的〈父〉——あらゆる真理の〈創設者〉自身——がその理屈を是認しなければ、何ら効力を発揮できなかったに違いない。王朝という理念は教皇権という装置においてと同様に産業化以前のヨーロッパの封建国家組織においてもきわめて重要だったが、王家が存在しなくてもこの理念は機能することができる。というのも、この理念と関係するのは合法性の原理だからであり、この原理に不可欠なのが〈理性〉を法的に基礎づけるための象徴的作業なのだ。〈法〉と〈理性〉の争いが初めに結着するのは継承という土俵上であり、そのことはルカが先ほど挙げたその小著でいわば不注意からわれわれに示してしまっている。結局のところ産業は真なのである。なぜなら産業はみずからにとっての真理の合法性を手にしているからであり、この真理はローマ的システムの構造の働きそのもののうちに含まれていたものなのだ。真理は再生産を通して伝達する。「国家は死なず」という法理が伝えているように、それは無時間的な概念なのだ。制度的な再生産のためには、絶対的〈父〉――〈主体なきテクスト〉の無時間的〈父〉――が必要である。このことを隠喩的に説明するために公法に取り入れられた、次のバルドゥスの法諺を参照してほしい。「死者は生者の眼を開ける（mortuus aperit oculos viventis）」[57]。スコラ学は精神分析から遠く隔たっているが、みずからの手のうちをしかるべく明らかにしてくれていたのだ。

――政治的武器としての、系譜に関する学識。見過ごされてきた点にここで注意を向けてもらいたい。産業的西洋がもつ高い学識の能力について問いを投げかけなければならない。つまり過去に立ち戻ること――すなわち過去を精錬しつつその過去を近代的なやり方で抑圧すること――を可能にする歴史学的な知の戦略的な意味合いについてである。歴史科学が生み出す諸々の間接的な効果は、あらゆるシステムと同様に人間の罪責と向き合った西洋の法システムの構造的再生産においてきわめて有益なものであることは確かなのだ。地政学的にはわれわれは目下のところ既得権益の恩恵に浴している。この既得権益は科学的知をつねにできるだけ遠くに――われわれが人類学や歴史学の言説の主人となるほどまで遠くに――送り届けることによって、蓄積したこの科学的知から利益を生み落としてくれる。ところで世界には不可視の境界があちこちにあって、この力関係の基本的な諸条件を定めているのだが、この力関係は国連や特にユネスコの機能に際して流布する統一という理念によって、少なからず覆い隠されてしまっている。真理の帝国は神の地政学を前提としているのだ。われわれがそれを知りたがろうとしないということは、事実としてそうだということとは別の問題である。真理の諸伝統についての学識の進捗状況は、今日争われている賭金のひとつである。さらに言えば、ルーヴァンやバークリー、アテネやカイロでの学識の進展状況を知りさえすれば、人類の未来についての雑多な予測研究などよりも、客観主義的で慈善的であるかを装った産業世界における諸々の力関係についてはるかに多くがわかるのだ。みごとに組織化されたカトリシズムに対して、東方正教（ドイツのプロテスタンティズムとの学術交流の伝統によって持ちこたえてはいるものの）とイスラームは不利を強いられている。中央集権主義――法学・歴史学研究と公証人的な発想の管理技術の一大消費者――は世界的な真理獲得競争における切札のひとつなのである。この点については、ヴァチカンの儀典局長の手による一読に値する議論を参照のこと。[58] さらには西ローマ帝国の直系相続人たるカトリック・キリスト教から得られる以下の教訓にも着目しよう。中央集権主義は時として軽率にも単なる領土配分のことだと誤解されるが、それは何よりもまずひとつの信、それも絶対的〈父〉と媒介なしの関係を結ぶような信であるのだ（Lex animata〔息をする法〕を参照）。

――国際法の誕生については、スコラ学の寄与の重要性を思い起こす必要がある。諸国家間の関係や超国家的社会――専用の審級と法廷それに国際的法共同体の単なる一主体にも開かれた上訴手段とを備える――のプランに関わる国際法とは、十二―十三世紀のローマ・カノン法的な諸学説を土台として構築されている。最初の近代的理論家の一人だとされる教皇インノケンティウス四世（一二五四年没）のような法学者の仕事は、グラティアヌスとボローニャ学派以来の法的成果のある種の集大成であると言えよう。しかしもっとも興味深い問題は進入方法に関わるものである。すなわち西洋の法学者たちはいったいどのようにして、第一期スコラ学――中世――を手始めに第二期スコラ学――スペイン（とりわけサラマンカ）の学派によって創始された――の躍進に力を得て、諸々のテクストに分け入る方法を見出し、論理ただそれだけによってのみ正当化されるべきであるというこの奇妙な普遍帝国を生み出すに至ったのだろうか。その答えは次の点に関わっている。彼らは〈法〉という概念を磨き上げたのである。彼らは真理を承認する役目を担う公証人の手つきで、そして〈自然〉についての学説——一見われわれの関心から外れた考察が混入しているため歴史家には扱いにくい学説——を通してそれに磨きをかけた。〈自然〉というこのキケロ以来ローマ法の命運と緊密に結びついた古来の概念への参照において、争点となるのは何だろうか。人類そのものの基盤となるような何か、『グラティアヌス教令集』（一・七）の最初のテクストのひとつの定義によれば、あらゆる場所で本能（instinctu naturae）として作用するもの——性交、相続、あらゆるものの自由な処分、天と地と海によりもたらされるものの獲得——がその争点である。自然状態から（ローマ以外の）諸国家の特定法まで、さらにこの二つのレベルから民法まで、これが〈法〉の管轄する水準だ。ただし〈法〉といっても何でもよいわけではなく、ローマ・カノン法的な論理により普遍的な合法性をもつやり方で註釈された〈法〉である。〈自然〉がわれわれすべてを含むのと同じく、ローマ法はすべての人類を含むのだ。この註釈による世界征服の空間の重要性に注意しておこう。そもそも教皇——解釈をめぐる争いに鶴の一声を発する皇帝的主人——が秘蹟に関する令を積み重ねながら、幾度となく直接介入して〈自然〉についての言説を操ってきたのは、スコラ学的な解釈のヒエラルキー原理の応用なのだ。たとえば次のような問題である。「ペルーの高地の甲状腺腫のインディアンたちは人間なのだろうか？」パウルス三世のクレチン病に関する教書は、「彼らに秘蹟を認めよ」と答えた[59]。こうした初期の国際法の努力がこの場合には両義的な働きをしていることに気づくだろう。つまり一方ではその土地の諸文化は破壊され、他方ではローマ・カノン法的な〈法〉の法律第一主義が、新しい人類——植民地化され大半は虐殺された人類——を古い人類と混ぜ合わせるのである。

——ラテンアメリカの問題。改宗の実験室とは何か？

真理のための戦争が近代化しているわれわれの時代に、世界的な産業システムへの改宗に伴ういくつかの難点について考察することはひじょうに有益であるはずだ。すでに見たようにこの産業システムは、スコラ学が準備したようなキリスト教——それ自体が〈産業教〉として伝播するのに適していたキリスト教——に直結する諸々の法的切札を自由に使いこなしている。この考察が容易ではないのは、今日において大々的になされている検閲のため、あるいは——同じことだが——コミュニケーションについての社会的なステレオタイプのためである。一例を挙げると、フランスのテレビ局（ＴＦ１）は一九八一年に、教皇の足跡をたどってマレーシアで撮影された映像で、現実になされた磔刑の場面を放映した。ラテン的合理主義の受容の準備が整っていない民衆を改宗させる方法の軽率さと乱暴さについて深刻な問題提起をしていながら、ただちに忘れ去られてしまうこの場面を、諸々の宗教的プロパガンダの喧噪のさなかに、いったい誰が問題にできるというのか。さらに問おう、誰なのかと。というのも、暴虐の限りをつくすことなく他者の〈法〉と〈理性〉についての象徴的言説を破壊するとうそぶいているのはどこの誰なのか。精神病の誘発という結果こそが暴虐の現れである。こうした指摘が読者への警鐘となることを願う。さらにはわたしの読者にとどまらず、〈産業教〉の拡大という今日的な問題に無関心な世論に対してもだ。途上国の発展に関する理念や国際的実践によって、この〈宗教〉もまた潤っている。問題となっているのはこうした圧迫にさらされた人類の象徴的な未来である。

とはいえわれわれには、ラテンアメリカの制度的・司法的な蓄積のおかげで、現代の改宗についてのきわめて有益な実験室が用意されている。かの〈新世界〉が西洋に開かれた際に全面的な改革・リハビリ中だったスコラ学の庇護のもとにあった実験室である。普遍帝国の法権利の技術的な諸概念を名目に、ヴァチカンが法的に領有したこの大陸において、カトリック諸国は極端な勝負に出たのだ。われわれが国際公法と呼ぶ——それは征服側の法学＝神学者ビトリア[60]とスアレス[61]をその業績により称えることである——ものの基礎固めとなった勝負である。この二人の著述家――他にも第二期スコラ学の拡張つまりプロテスタントと競う反宗教改革の拡張に関係した著者たちの名前を付け加えねばなるまい（ソト、エスコバル、レシーユス、アルヴァその他大勢）――は超近代を夢見た者たちだったのだ。超近代とはつまり〈真理〉の註釈への信の力により統一されたひとつの世界である。アメリカにおける異教からキリスト教への血で血を洗う移行についてあまりにも安易な議論を始めるのは、わたしに言わせればまったく無益である。殺人――大量であろうとなかろうと、どんな形でなされるにせよ――の問題は時代を問わずどんな場所でも持ち上がるのだ。そもそも植民地化や改宗などの言説の歴史化は事後的な作業であり、罪責を張本人たち――彼らは「たまたま」死んでいる――に帰することで、われわれをその罪責から解き放ってくれるのだ。この点については国際法史についての気休め的な研究のいくつかに直接当たってほしい[60]。問題はこうしたことではない。誰が何について有罪であるかを知るというような、あらかじめ幕切れを迎えている、あるいは幕引きをはかる言説が問題なわけではないのである。問題とされるべきはむしろアイデンティティについての法的な教訓である。つまり誰が誰なのか？　イギリスとアイルランドを例にとろう。イギリス人にとって、インド人（つまり非イギリス人）とはアイルランド人（非イギリス人の典型）なのだろうか？　万が一インド人がイギリス人にとってアイルランド人でないとすれば、言いかえれば他者の姿でそれ相応の扱いを受ける者ではないとすれば、それはつまりアイルランド人とインド人の両者は「イギリス人」だということであり、結果として他者の殺人の賭金――無意識であるがゆえに不可避的な賭金――は他の誰かに賭けられねばならず、別の領域に移されないかぎり同じことが続くであろう。その領域では殺人の問題は幻想をも取り込んだ作用により実際に働きをもつことになる。多様な不信心者たちを取り扱うためのスコラ学的法律第一主義に関するマルドゥーンの著作を読まれることを勧める[61]。人種差別が完全に無意識に根を張っていることをそこで理解してもらったうえで、わたしは以下のことを指摘しておこう。法権利とは何よりもまず野獣たちを飼い馴らすための限界づけであり、それらの野獣の集まりこそが何であれひとつの人類なのだ。このようにインド人＝アイルランド人（The Indian as Irishman）についての法的レッスンはそれほど楽しいものではないのである。

ラテンアメリカという実験場で、スコラ学者たちにより基礎づけられ国際法を生むに至った法的実験は、われわれを次のような問いへと導く。改宗とはどのように行われるのか、つまり真理が身体へと刷り込まれ、改宗した新世界を作り出すまでになるのはどうしてなのか？　争点となるのは次のことである。言説によって攪乱することでひとつの人類を変えること、件の場合にはラテン的な産業主義の論理で言明される「魂をもつ身体」という隠喩《メタファー》を押しつけることだ。象徴的機能に手を加えることが問題になる。言いかえれば、地球全体の改宗という巨大な企図が目指すのは、主体の基盤となる法律第一主義を改造し、この操作によって真理を象徴的に機能させること、つまり新たな信者たちが本当に信じるように仕向けることである。死ぬほど信じること、これがその目標なのだ。

以上の指摘を踏まえ、次のことを付け加えておく。

――地理の奥底に横たわるのは、シニフィアンの王国である。象徴的とは言語の法を優先させるということである。深入りはしないが、真理の帝国が地理学さらには地政学に介入するものだとしても、真理のための世界的な争いが世界的になるのは言語によってだということだけは告げておきたい。ローマ法の歴史において「ローマ」とは次のことを示すものでしかない。ローマのシニフィアンが主人として、つまり独占的に支配する。すでに見たように『学説彙纂』にはRoma, communis patria〔共通の祖国ローマ〕という格言が記されていた。ローマ人たち――ローマ法とスコラ学によれば〈人類〉全体――の共通の祖国とはローマなのだ。他にも共通の祖国は存在するが、いずれも統一という幻想的な表象の上に定礎されているのである。肝に銘じておきなさい、こう述べて結びとしたいところだ。だがより正しく理解してもらうために、〈聖なる都市〉というテーマについて一考を願いたい。W・ミュラーによるこのテーマについての研究は、われわれにとっても有益なものである。彼はその著作のなかでシニフィアンの象徴的機能（それを彼はC・ヘンツェに倣って思考＝語〔Wort-Denken〕と呼ぶ）と、〈臍〉に関する幻想とをみごとに関連づけている。[62] 臍を神話の高みにまで祭り上げること（〈世界の臍〉）、これこそが制度による人間的な奇跡なのだ。

補遺

ソ連の法的機能に関する注記

「法的社会化」をめぐるフランスとソビエトの共同会議[1]を受けての、事後的な考察。

わたしの参加の目論見は、ひょっとするとソ連では他の場所よりも平板化を免れているかもしれない、法権利の象徴的機能をめぐる問題を再興することだった。わたしはそこで、すでにわれわれの比較法学研究所——一部の広告的茶番から幸いにも隔てられた学識の場——主催のシンポジウムで発表する機会を得ていた、〈真理〉という政治的制度と法による〈理性〉の格上げに関する発表を少しばかり発展させようと考えていた。現代におけるドグマ的なものという問題を提起したとたんに、あらゆる場所でほぼ例外なく漂い出す知的酩酊の雰囲気においては、エピソードに事欠かない。パリでの会議の折には、わたしは実務経験に長けたフランスやソ連のさまざまなスペシャリストたちを前に話をせねばならず、そのうちの何人かは内閣業務と言われるような、わたしがここで厳重警備の言説と呼びたい経験に従事していた。わたしの発表は *de summa trinitate*（わたしの訳は〈至高なる三位一体について〉）と題されたユスティニアヌス法典の第一勅法についての、学識的なつつましい註解であった。この法は言説による厳重警備が何に起因するのかを定めたものだ。つまりそれは人種を二つの階級——われわれと他者たち——に分割することに起因しているのである。われわれ、そしてわれわれのようには考えず、われわれと同じような儀礼的身振りをしない人々の二つである。狂人と錯乱者（dementes vesanosque）に対してわれわれがいるのだ。

こうしてわたしはモスクワで、素朴かつ曖昧な教え――西洋では書物と刃物（armis et legibus〔武器と法律〕）という弁証法に照らし合わせて学ばれ槍玉にあげられている教え――の広告塔たるこの珍会議に、フランスとソ連の法学者やエキスパートとともに参加することになったのだ。ビザンツ的な縁故で集まった彼らだが、わたしとしてはローマ的な合法的〈理性〉の科学と、定礎的フィクションを利用しつくすためのノウ・ハウに関する技術によって集まったのだと言いたい。註解の継承に正統性を与える諸々のレーニン主義的エンブレムの、それ自体ひじょうにゲルマン的な（複数民族のヨーロッパにおける国家と法権利〔Staat und Recht〕というヘーゲル的な合言葉を思い起こそう）作法に従うことで、太古以来の文学ジャンルにうまく収まったお堅い独演が相次ぐ雰囲気のなかでわたしは、政治的愛の遍歴や人間主体が〈法〉に参入する仕方をめぐって、フロイトを引いて長々と語ったのだ。わたしの発表の内容をめぐってなされた時として凡庸でしばしば厳しくまた芝居がかったさまざまな発言から判断するなら、こうした問題に話が及ぶとソビエトの順応主義は、たとえばフランスでわれわれが直面している他の場所の順応主義よりもいっそう身内に甘くなるなどと言うことはできまい。単にあちらは、方法や表現の面でこちらよりも遅れているだけなのだ。制度に関する科学研究の超自我的とも言えるような警戒体質はどこでも効果的に機能するものなのである。化けの皮を剝がしてしまえば、管理的マルクス主義であろうと応用社会心理学やマネージメント理念であろうと木端微塵となり、語りえぬものについて説明することの苦悩が顔を出すのだ。

それを確認して、以下のいくつかの短い指摘に移らせてもらう。

――わたしが得た第一の教訓は次のことである。人間主体と〈法〉との関係についての行動主義的発想は、東でも西でも、一般的には社会化の性質に関して、個別的には諸々の法的メッセージの性質に関して、同様の誤認作用を引き起こしている。重要なのは行動主義的な発想が、理念的な賭金をめぐる一種の折衝によっては、国家的マルクス＝レーニン主義の諸見解にも、制度的行動についての客観的科学のリベラルなプロパガンダにも、代わるがわる結びつくことができるのかどうかを確かめることではない。モスクワではこの二つの言説——どちらも検閲が姿を変えたにすぎない方法論的前提という名目で、ことばの主体についての根本的な問いかけを寄せつけないようにしている——の類似性は、まさにこの二つの取違えの上演によって一目瞭然であった。ゴーゴリの伝える諺——「雄牛の乳をいくら搾っても、一滴も搾り取れまい」——を隠れ蓑にしつつわたしは、まったく不毛な方法論に基づいた法権利と社会についての研究の糾弾に乗り出した。行動主義的科学からは、人間の可塑性の確認、つまり近代的手法による古典的な訓育の技術の再強化のほかには、何ひとつ得るものがないのである。

——西洋の人文・社会科学などによる抑圧の結果、ソ連についての解説的研究の大半は法的現象を興味なしとみなしている。結果として諸々の差異化されていないことばの空間の統一的外観は、ほぼ例外なく共産主義やマルクス＝レーニン主義などに帰せられ、同じように歴史的予測の試みは次の根本的な要素の軽視に足を引っ張られることになる。その根本的要素とは、エンブレム的な社会思想の再生産に際して主体を遠ざける技術としての、二重言説である。

——二重言説についての補足。これは法学者、それに精神分析家にもまた別の形で馴染み深い概念である。組織システムの機能——とりわけソ連における——に関心がある向きはこれを日常的に用いてしかるべきであろう。見えすいた欺瞞という通常の意味はさておき、次の基本的な確認から出発することにしよう。制度的な事象は、何よりもまず言語に関する事象である。これはつまり無意識も関係しているということであり、欺瞞があるとすれば主体自身がみずからを欺いたのであって、なおかつ主体は自分の手口に多少なりとも気づいているのだ。問題となっているのはわれわれの人類的な基盤であり、それはあらゆる体制においてしばしば芸術のなかに顕在化している。たとえば『荒野の狼』という狼と人間とに分割された男の物語の作者であるドイツの小説家ヘルマン・ヘッセの場合のように。言いかえれば人間は二重に語るのであり、これらの言説は絶え間なく融合し、交錯しているのだ。この指摘は精神分析にとっての日々の糧である。わかりやすい例を挙げれば、ある男が愛する妻に「お前のことが頭《ジェ・デ・パンセ・》から離れない《プル・トワ》」と口にした直後に、自分の表現には「お前には金がかかった《ジェ・デパンセ・プル・トワ》」という、心当たりのある出費の示唆までもが含まれていることに気づいたとする。これが二重言説であり、この二つの水準での同時的作用においては、語りの分節のなかに語られていることとの誤認が内包されているのだ。以上のことに注目してもらったうえで、次の点を本質的なことと考えてもらいたい。制度とは何よりもまず言語という制度の具体化なのである。根幹をなす問いとは次のものだ。国家的な法律第一主義のレベル——すなわち〈主体なきテクスト〉のレベル——における二重言説のメカニズムとはどのようなものなのだろうか、そして諸個人——すなわち国家と法権利の主体たち——はどのようにこの二重言説を用いて、システムから利益を引き出し、システムを支え、あるいはシステムを転覆させているのだろうか。ソ連とて例外ではないのは、二重言説の社会的訓練はいたるところにあるからであり、ただその技術はたとえば、中央集権的秩序が平等主義と封建的な意味での権威との折合いをつける必要のあるフランスではるかに発達したのだ。ソ連の場合には争点はよりいっそう深刻である。というのも懸案となるのは諸個人の主体性の根幹に関わる象徴的な庇護だからであり、この諸個人が近代ヨーロッパ文化におけるよりもはるかに直接的に、わたしが差異化されていないことばと呼ぶものに脅かされているのは確かだからだ。

——ソビエトの法律第一主義という、現行の人文科学や社会科学などの水準を凌駕した歴史的・構造的賭金の核心には、真っ向勝負では近寄りがたい。その理由は至極単純で、ソビエトとは名前でしかないからだ。十字軍たちは今後も空回りを続けるだろう、公式の外装は囮なのだから。ここでは共産主義は西洋のキリスト教と同様、「薄いメッキ」とみなすことができる。フロイトからこの言葉を借りたのは、ソ連に関して精神分析家が向き合うことになる困難の大きさを示すためだ。わたしはモスクワでそれを痛感した。とはいえ結局のところ、精神分析に対する禁止を操る諸言説の地勢図のなかでは、ソビエト世界だけが例外だというわけではないのだ。ちなみにこの禁止にさまざまなスタイルがあるのは、フロイトの発見——ラカン[2]によってみごとな註解を施されたものの、以後分析の名をかたってまで曲解された発見——を骨抜きにして矮小化する一部の手法がわれわれに教えてくれているとおりである。政治的カルトやエンブレムの註釈といった問題が、精神分析の組織のなかですら奇妙にもほとんど研究されていないフランスのような国では、宗教とマルクス主義に関するフロイトの指摘（S. Freud, La VIIe Conférence, G. W. XV, p. 170-197〔「世界観というものについて」、『フロイト著作集1』所収、懸田克躬・高橋義孝訳、人文書院、一九七一年、五一五—五三六頁〕参照）から学ぶべきことは多いのだ。ソビエトのケースに戻ろう。意義深いテクストをひとつ読むことを勧めたい。『文学通信（*Literaturnaya Gazeta*）』収録の、一九七九年にトビリシで開かれた無意識についての会議の報告である（次に翻訳掲載。*The Current Digest of the Soviet Press*, 22 N°. 19, p. 5, 11）。精神分析による世界の解放という幻想に取り憑かれた分析家たちが、どれほど見えすいた落とし穴に嵌ってしまうのかわかることだろう。政治的対決——神判という意味での対決——の土俵上では、結局権力がつねに強化されることになるのだ。

——ソ連についての解説資料はもちろん大変に興味深いのだが、西側の世論に影響を与えるか、数多くの元共産主義活動家がこうした形で代謝して得た罪責感の代償になることを除けば、まったくの無用の長物である。ソビエト的システムの今後についての予測——しばしば科学的とみなされる——が当てにならないのは、逆に誤謬もなく世界的なマルクス主義の喧伝する予言が目下の人類の諸混乱を解明できないのと同じようなものである。予測や預言は忘れ去られるためになされるものなのだ。歴史の発展について言えば、事後的に見ればそれは驚くべきものである。西ヨーロッパに関しては一九四五年になされた数々の予測の破綻は、C・マイヤーが詳細に研究している（C. Maier, "The Two Postwar Eras and the Conditions for Stability in Twenty-Century Western Europe", *American Historical Review*, 86 (1981), p. 327-352）。結局すべては、人類が征服や対立なしに存続するという理念を支える力がわれわれにはないとでも言うかのように進んでいるのだ。至高の価値に相当する何かは絶えず温存されているのであり、それをわたしはぜひとも次のような表現に要約してみたい。恐るべき存在としての——異なる存在としての、ではないことに注意——他者たちはそれ以外の身分をもちえず、彼らからは身を守ることしかできないのだ。ここでのわたしの指摘は差異や多様性などの権利を養護するプロパガンダとは何の関係もない。というのも問題なのは何よりもまず自分自身を支えることであり、恐るべき他者としての他者たちとはわれわれ自身のイメージの反映でしかなく、われわれの言説の化身なのである。言いかえれば、みずからが法的に登録している巨大組織システムのなかで、人々が直面しているのは制度の関係であり、その関係においては恐るべき存在としての他者たちの問題が、法的な本質をもつ言説——変更の余地のない出来合い《プレタポルテ》の言説——によってすでに解決してしまっているのだ。三位一体に関する勅法におけるユスティニアヌスの教えを思い起こそう。真理に賭けられた諸々の賭金は脅威を厄介払いすることで機能するのだ。無邪気かつ粗暴で独特の調子をもつソ連の神権的統治の手法は、制度の領域においては、先ほどわたしが厳重警備の言説と呼んだものを作用させる他の諸々の装置——たとえば自由主義とコモン・ローを盾にして立派に立てこもるアメリカの装置——と瓜二つのままなのである。人間の再生産のシステムが構造的に身を守るための立てこもりの技術とは、法的な技術だ。法律第一主義は、対話などなくただ力によって争われる賭金があるだけだということを証明している。だからこそわれわれは、きわめて演劇的な国家間の諸行為や、ことばにまつわる法的技術すなわち公証人や外交、註釈や弁護などの法的技術に重要性を認めなければならない。さらには次の基本的な確認も重要である。真理を合法化する言説——つまり人類のいたるところにある言説——はいずれも、力によってしか動じないのである。今日において力とは何なのだろうか？　政治的であるだけでなく法的でもあるこの興味深い問いを、あらためて読者に委ねたい。

——ソビエトもしくは他のすべての法律第一主義の神話的基盤——再生産の言説すべての前提——に関しては、

反駁の余地はない。数々の著作がソ連は宗教的政府だと語っている。しかしその代わりに、「今日において宗教とは何なのか」という問いが発せられることはほとんどない。わたしに言わせれば、宗教はみずからの近代化のために宗教を抑圧するのだ。たとえば社会の対話についての白々しい学説や、行動心理学の仕事への熱狂のおかげで、ヨーロッパのカトリシズムはみずからの制度の実践の装いを新たにすることができた。インノケンティウス三世と人質についての教皇教令は〔本書二四二頁参照〕学識という名の墓場送りになった。アメリカ司教団の雑誌『ザ・ジュリスト』は、ソビエトの社会心理学者でも否定しないような議論を繰り広げている、等々。だがわれわれは産業体制下の宗教が何なのかわかっているのだろうか。玉石混淆ではない研究に着手し、キリスト教の諸分派の区別を学び直すことが必要だ。東方正教を無意味な手法で扱いつつ、二十世紀ロシアのヒエラルキー的組立《モンタージュ》にラテン的シニフィアン（特に教皇）をあてはめるという見当違いに満足していてはいけないのである。

――西洋でわれわれが非宗教化（laïcisation）という用語で名指したものをソ連もまた自分のものとしたかのようにみなして、社会的再生産の法的な組立《モンタージュ》を研究するわけにはいかない。われわれはこの非宗教化という用語の構造的意義を無視し続けているが、その法的な基盤や〈テクスト〉内への書き込まれ方（グラティアヌスの断片であるDuo sunt genera christianorum, C. 12, q. 1, c. 7. 字義どおりには聖職者と俗人という「二種類のキリスト教徒がいる」を思い起こそう）からしてこの語は、われわれが〈革命〉と名指すものを観点にして問い直すべきなのである。〈革命〉とは何だろうか。システムという規模の法的再生産に関して、また〈革命〉それ自体の歴史にとって、〈革命〉にはどんな論理的意義があるのだろうか。われわれは〈主体なきテクスト〉の体系《エコノミー》におけるこれらの（〈革命〉という）大崩壊について問い直し、「すっかり見違えてしまったがやはり同じ」という主体の変転を表す表現が人間社会にとっては何を意味するのかを理解しなければならない。つまりわれわれはひとつの断絶の生じ方を考えてみる必要があるのだ。このような〈主体なきテクスト〉の書き換えという問題は強調しておかなければならない。ちょうど中世末期における非宗教化という意味での書き換えであり、それはやはり血腥い手法で、また註釈の氾濫（その論理を研究せねばならない）により、われわれの生産第一主義世界を準備したのだ。

――ひとつの法システムの拡大を可能にする言説の組立《モンタージュ》ついて問う、そのようなレベルに達した法制史が不在であるため、西洋の――特にドイツの――法学者が整理したスコラ学とロシアやソビエトとの接点が正確にはどこにあるのか、われわれにはわからぬままだ。漠然とした伝統への言及や、法的コミュニケーションに含まれる複雑さとは相容れない行動主義的考察ではとても満足がいかない。ソ連とはひとつの「集団」でも複数の「集団」の集まりでも、ひとつの「社会」でもなく、ひとつの祖国なのだ。祖国を強調しておこう。これまで長々と話してきた『ローマ法大全』の完璧な定義による、ビザンツ的に拡大された意味での祖国である。この『ローマ法大全』の継承をわれわれと分かち合うソビエト人は、いわばわれわれの構造上の従兄弟なのであって、彼らもまたわれわれのものに匹敵するある種のドグマ学的操作により、みずからを誤認すべく努めているのだ。体系的な抑圧――主体〔ことばの主体という意味での〕がいない特殊な抑圧――が〈主体なきテクスト〉のレベルで機能しており、このような覆いを研究することによってこそ、法制史はわれわれに価値ある教訓をもたらしうるはずである。われわれはいまだそこにまで至らず、きわめて狭量な歴史学は、学術的ではあるが使い物にはならないステレオタイプを撒き散らすばかりだ。一九七八年にラ・ナプールで開かれた「中世の権威概念――イスラーム、ビザンツ、西洋」[62]（*La notion d'autorité au Moyan Age : Islam, Byzance, Occident*, édit. Paris, Presses Univeritaires de France, 1982）をめぐる国際シンポジウムを見るといい。学識豊かな描写の連続だが、抑圧について問うことは避けられている。何もかもが、われわれを庇護する幻想を台なしにしてしまうこの恐るべき問いを回避するためになされているのだ。

――ソビエト的抑圧の顕著な特徴。破壊もしくは反駁された宗教を公式に温存する手法。ソ連においても宗教はかつての面影を失っているが、その高貴な造形は別の場所――抑圧されたものが回帰すると仮定される合法的場所

――で、美的な装いのもとに活気を取り戻している。顕著な例を挙げれば、ボリショイ・バレエ団による公演『イワン雷帝』では、崇めたてられた諸々のキリスト教的〈イメージ〉の只中に、神権的な〈知〉と不死の〈国家〉というテーマが復活している。ラテン・スコラ学の教義は、ここでは劇場で切磋琢磨しているのだ。

――法的再生産の一争点について考察することは大いに有益であるに違いない。「印」とわたしが呼ぶものを限りなく近代化することがその争点である。いかなる印だろうか。その働きが根本的であることが人類に理解できる――なぜなら無意識はそこにみずからの居所を見出すよう促されているから――唯一の印、つまり苦悩である。法制史や制度についての科学がこの印を隠そうとしているのは大きな過ちである。苦悩によってのみ人は印づけられるのであり、そもそもそれこそ人間たちが〈法〉の象徴的空間に立ち入る方途なのである〈割礼という典礼を思い起こすこと〉。結局のところ人類はそのように差異化され、苦悩の支配のもとに分割されるのであり、こららの支配体制は公式的サディスムという側面をも含むきわめて多様な方法で組織立てられるのだ。根幹をなすのは合法性の言説と関係する、精神分析によって的確に見出されうるような次の問題である。〈何の名〉において――むしろ〈誰の〉と言おう――苦しんでいるのか。これは大文字の〈他者〉と〈真理〉の無意識的な体系《エコノミー》においてあらゆる主体が直面する問題である。〈主体なきテクスト〉のレベルでも、法律第一主義の組立《モンタージュ》によって、同じ問題が作用している。〈共産主義〉の到来のために苦しむのか、あるいは古くからの征服の手法によって課されるキリスト教の〈救済〉のために苦しむのか。これはいわば恐怖のさまざまな人間的展開であると同時に、まったく異なる二つの苦悩の政治体制でもある。〈名において〉の言説ですべてが変わるのだ。

――ソ連におけるエンブレムと格律による統治の重要性について強調しておかなければならない。産業によって均質化し、古典的なドグマ学から解き放たれたかを装うわれわれ自身の社会において、コミュニケーションをめぐる争点に対してもっと真剣に注意が向けられていたなら、この問題は最大の関心を集めていたことだろう。たとえばレーニンが絶えず引合いに出されることが、商品や政治のマーケティングが生み出す広告よりも滑稽であるとは限らない。〈聖霊〉とは三位一体神学の一翼であるにとどまらず、世界ランクの銀行に名を与え都市や地方の無数の場所を指し示す働きもした。〈よき牧者〉とは福音書にある譬えであると同時に、繊維業界で有名なマークでもある、等々。西洋社会はどれほど世俗化しようと、このような〈神の名〉への驚くべき執着を、わたしが研究しているような技術――無意識の基本的法律第一主義と根本的に結びついた技術――によって実践しているのである。

――もしかするとソ連は修道院の理論の管轄なのかもしれない。修道院とは何か？　こんな疑問は一部で失笑を買うだろうが、わたしは大真面目である。というのも問われているのは社会における諸々のことばの差異化であり、さらには絶対的〈他者〉への供犠としての沈黙を操り、主体の破壊欲動をもっとも厳格な仕方で誘導し、無条件の愛の上に政治関係を創設するような技術であるからだ。修道院とは「主体とは誰か」という問いをめぐって根源的な当惑に囚われた組織である。主体とは己の欲望に捕えられた一つひとつの無意識のことなのか、それとも理想的な〈規律〉の言説のことなのか。こうして制度は次の二つの淵の間を揺れ動くことになる。ひとつには融合的権力による無意識の主体の破壊。そしてもうひとつには〈法〉が不可触であるとみなしているかを装いつつその〈法〉を覆すための、諸々の〈法〉の産物の（おそらく精神分析で言う倒錯的な様式の）転覆。ことばの儀礼の研究にとってひじょうに興味深い諸々の修道院の典礼は、時として無意識的な争点を声高に表明していた。イエスや修道院長を表すシトー会の表現、mater を思い起こそう。神とその法的な代理人（基本的に修道院長は父として機能する）を母と呼ぶことにはどこか奇妙なところがあり、そのことは〈母性／父性（Muttertum/Vatertum）〉の弁証法について考えさせずにはおかない。この弁証法は西洋の修道会の歴史においてきわめて顕著であり、この歴史のうちにわれわれは、父性原理のフィクションが社会統治のレベルにまで練り上げられ、近親姦をめぐる無意識の大いなる不確かさと比べていわば純粋状態で姿を現す際の厳密さを目にすることができる。修道院の法的な仕組は、思考の自由をめぐる問題に関してもひじょうに示唆的であることを付け加えておこう。考えることをみずからに許すとはどういうことなのか、いかにして権力の組立《モンタージュ》はここで罪責の諸争点をみずからのものにするに至るのか。最後に修道院の法権利は、告解や供犠による償いにおける悔悛の手続の重要性を示してくれる。それは絶対的権力の審級との極端な関係の緩衝材なのだ。「世を捨てる」のような詩的な表現のなかに、欲望の殺人や〈他者〉の死という重要な問題が代謝されているのだ。目下のわれわれの関心にとって以上のことからどんな教訓が引き出せるだろうか。

――これまでのわたしの語り口に説得力がないのは当然である。政治科学――同じく行動主義の流行に流されてきた科学――における客観主義的情熱は、制度における近親姦についてや、社会の神話的練り上げの死活的性質について問うことの重大さが露呈することを妨げるからだ。わたしが代わりに「ソ連は人殺しと猿芝居の間を揺れ動いている」と言ったとすれば、プロパガンダの代弁者たちは同意するだろう。しかしここではわたしはプロパガンダを用いずにこう付け加える。人殺しと猿芝居の間、つまり修道院の法的言説が孕む当惑のなかで、と。われわれはソ連世界のうちに、シトー会の父＝母という詩が示唆しているような、融合的な絆への回帰の重要性を見出すことができると、わたしは言いたいのである。レーニンが〈母〉の形象でありながら同時に〈テクスト〉において〈父〉のフィクションとして機能することが求められているというのも、ひじょうにうなずける話である。だが全能にして脅威的な絶対的審級との間の最小限の距離は、どのように確保できているのか。これに関しては修道院の法律第一主義が、何かを失うこと（専門用語で言う象徴的去勢）によってであるとわかりやすく説明してくれていた。これは象徴界の幕開けのための不可欠の条件である。修道院システムはみずからが定礎者となることを断念し、定礎者たる絶対的〈他者〉を離れたところに位置づけ、こうすることでみずからの狂気を未然に防いだのだ。この場合の父性機能がフィクションであることは承知の上なので、それは純粋状態で機能することができる。そもそも西洋が法学者たちに助けられて一般化するに至ったのはこのメカニズムなのであり、法学者はいわば民主主義のうちに父性機能を制定するという離れ業をやってのけたのだ。母国愛的で好戦的な領域において融合と殺人が回帰するという留保つきの離れ業であったことを付け加えておこう。ボシュエの『ジュリウー牧師の書簡に対する第五の警告』を読んでもらえれば、定礎者である絶対的〈他者〉による合法性の言説と、法的機能の言説との区別という形で現れるこの切札を理解することができるだろう。ソビエトの場合にはこの二つの言説が直結しており、レーニンとその後継者たちが絶対的〈他者〉の場に置かれている。このためソビエトの立憲システムは、西洋の修道院システム——それは先に記したような理由からして貴重な経験であった——が法的な舞台に載せることのできた区別とは対照的に、権力と真理とを法的に区別するという姿勢をとっていない。〈真理〉から区別されない〈権力〉との関係というこの絆の病理に関心を向けることを強く勧めたい。ただしわたしの考えではこの研究が可能になるのは、西洋の諸研究が西洋的法律第一主義の考察と同じ観点をとり、ソ連についての解説の蔑み口調を和らげることに同意してからである。ソ連というこの世界は世俗化されていないだけではなく、その宗教や囮のテクニック、それに絶対的な制度としての〈禁圧〉の発露は、空威張りや安易な解釈、大言壮語とは別のものを必要としているのだ。大切なのは〈法〉について基本的な問いかけの忘却に蝕まれているようにみえる誉れ高い総括よりも、法的組織についての地道な研究（たとえばフランス語のものではM・ルサージュのそれ）なのである。

——ソビエト経済の法的枠組が軽視されてしまっている。ソビエト経済は、イデオロギー上の誤りに関する問題をいつまでもくすぶらせるのが使命の活動家たちによるたいてい無益な議論や、ソ連の管理が優れたものであるという自負にとって不利になることが確実な専門的統計の対象になりはしている。しかしながら次のように要約できる問いは回避されてしまっている。システムは負債との関係をどのように取り扱っているのか。このシステムは、ロシアの共産主義が使用し改良したような社会的な結合の方法と切っても切れないものだろうが、正直言ってわれわれはその方法についてほとんど何も知らないのである。ビザンツ＝正教的伝統の人々が行政的認可の体制とどのように結びついているのかは謎のままであり、あきらかに専制的な組織方法の分析だけでは、それを説明することはできない。粘性原理とわたしが呼んだものを取り扱わなければならないのは、ソ連でもどこでも同じことなのだ。われわれはこのような粘り強い難問に関心を向けなければならない。だからこそわたしはここでソビエトの経済法――そこで作用しているのは負債との関係である――に言及しているのである。

われわれが貨幣から作られているという発想を断ち切ることで機能しているのがこのシステムである。ついでに指摘しておけばこの発想自体も研究が十分には行き届いていない。われわれのいるまさにその場所――つまり〈マネージメント〉、および社会への登録のための新たなエレクトロニクス技術の支配下――では、貨幣とはどのようなものになっているのか。超近代的な銀行の諸実践、そして信用《クレジット》の一般化が作り出す社会的な監禁の様態の只中において、貨幣とは今日どうなっているのだろうか。問題提起をしてみたい。信用で生活するとは何を意味するのか。貨幣の役割はわれわれの面前で変化しつつあるが、無意識を争点とするような操作に関してどんな効果が引き起こされようとしているのか、われわれは深くを知ろうとはしない。こうした変化はかつて期待や予測の対象となっていたのであり、再読してみることを勧めたい。社会主義だけでなくテクノクラシー〔技術立国体制〕にとっても興味深いものである。たとえばベルギーのエルネスト・ソルヴェー[63]という著名人の『生産主義と会計主義に関する注記（*Notes sur le Productivisme et le Comptabilisme*）』（ブリュッセル、一九〇〇年）における発言を参照のこと。

結局のところソビエトのシステムが古典的な貨幣原理を断ち切ることで行っている操作は、それ自体とりたてて驚くべきものではない。貨幣を転覆させるのは社会関係を統率するためなのである。真に特徴的なのはむしろ転覆のためのテクニックのほうである。というのもそのテクニックは絶えずシステム全体を失脚させようとしているのだ。経済に関する法的手続を少しばかり詳しく研究してみれば、非効率性こそが、いわばもっとも効率的に組織原理にまで格上げされていることがわかる。負債との関係はこの逆説的な装置の核心をなしているのだ。

行政的認可の体制は、貨幣制度を維持したままその領域をひたすら狭めている。この体制は象徴的な境界を不明瞭なものにしがちだが、社会的な経済秩序を主体的に生きる――つまり負債の秩序に到達している――主体がみずからの欲望と他者の欲望とを区別できるのは、この象徴的境界においてみずからの位置を見出してこそなのだ。あらゆる社会主義経済はこのような欲望をめぐる問題に直面している。これは単なる需要の管理とは格の違う問題であり、資本主義経済はこの問題を、諸義務に関する私法（今日では、広告的な欲望劇場に支えられた大衆消費の偽‐契約的秩序内でも多かれ少なかれ猿真似されている）の助けを借りて、効率――古典的な功利主義の新ヴァージョン――の極限にまで至るように誘導し操作している。だがソビエトの場合には、生産と配分の機能に関する行政的基準が、負債の主体的秩序の原理を押しつぶしてしまった。しかしこの原理が消滅することがありえないのは、ソ連人たちが狂ってはいないというごく単純な理由による。実際にそれは一種の転覆によって復活しているのである。これは主体間の契約的合法性の再取得の要素として機能するようになった地下経済のおかげである。つまりソ連には、公式で行政的なものと、私的で慣習的なものという、別々な二つの法的システムが働いているのである。法、契約、慣習といった法的概念の初歩を学び直し再解釈する努力がいかに有意義なものであるか理解できるだろう。

原注

予備考察

（1）グレゴリウス十三世のもとで始められ、テクストの出版（ヴェニス、一五八四年以降）に至った、大規模な編纂事業を指す。

（2）この格言が見られるのは『グレゴリウス九世教令集』の〈標準註解〉（つまり諸学派に受け入れられた註釈）中のX・一・二九・一四、substitutum という語に続いてである。

（3）（二〇〇一年の第二版の注）「法律第一主義（juridisme）」という語は侮蔑的な意味にではなく、西洋システムにおける規範の構築に関係する註釈という現象を示すために用いている。

（4）（第二版の注）「大文字の〈他者〉」というラカンの定式に呼応する、「大文字の〈他者〉の論理的場」や「絶対的〈他者〉」という表現は、表象とことばの生の根拠としての他性そのもののカテゴリーを指し示しており、この他性そのもののカテゴリーは、主体の構成と諸々の制度的な建造物とを、同時に支えている。議論の過程でわたしは、「〈準拠〉」、「大文字の〈準拠〉」、それに「言説を保証する〈第三項〉」といった概念も用いた。問題にしているのは、空虚な場所としての論理的な場であり、諸々の表象や象徴的効果はそこから生じる。根拠についての問題をこのように立てることが行きつく先は、西洋国家の組立《モンタージュ》を、系譜的規範性のトーテム的保証として、人類学的に解釈することである。

（5）この「システム」という用語はプロテスタントの神学者たちの間でひじょうに早くから重宝されていたようである。たとえば次を参照。B. Keckermann, *Systema Sacrae Theologiae*, Cologne, 1611.

（6）ドラキュラには、悪魔的なコノテーションのために、〈父の名〉のカリカチュアのようなところがある。I・グイタの歴史・語源的研究を参照のこと。I. Guita, "Il nome di Dracula", *Archivio Glottologico Italiano*, 56 (1971), p. 141-152.

（7）（第二版の注）「野蛮（sauvage）」という言葉をわたしは、非キリスト教の儀礼的行為を示す古代カノン法の "cultura" の用例に依拠しつつ用いている。先述の四三―四四頁、基本的な法テクスト（教会法条例「セド・エト・イルッド〔*Sed et illud*〕」、『グラティアヌス教令集』二六・二・九）についての記述を参照。現代のドクサでは「野蛮」は「非理性的」の同義語である。われわれは西洋が合理性に到達するための固有の方法を守り続けてきた意味的連鎖のなかにとどまっているのだ。

（8） O. Ritschl, "Das Wort *dogmaticus* in der Geschichte des Sprachgebrauchs bis zum Aufkommen des Ausdrucks *theologia dogmatica*", *Festgabe für J. Kaftan*, Tubingue, 1920, p. 260-272.

（9） M. Herberger, *Dogmatik. Zur Geschichte von Begriff und Methode in Medizin und Jurisprudenz*, Francfort, Vittorio Klostermann, 1981.

（10） J. Bornitius, *Emblematum Ethico-Politicorum, Sylloge prior*, Heidelberg, 1664, No. 13（聖書の『箴言』二一・一を踏まえた献辞にはこうある。「王の心は主の手のうちにあり、主はみこころのままにこれを導く」）.

（11） Sylloge poserior, no. 1. 特定することはできなかったが、ローマの詩人の一人からの引用だと思われる献辞にはこう書かれている。「大きく開かれた耳に鳴り渡る言葉で、彼は人々の心を打つ。さまざまな記号で誠実な心を動かすために、彼はみずからの目を用いる」。

（12） 「創造」という見出しの広告からの引用。一九八二年、スポンサー・代理店・メディアの週刊誌『ストラテジー』三五〇号。

（13） ドライポイント作品 *Concerned* (1940)。W. Spies, *Albers*, New York, Abrams Meridian Books, p. 28 より。図版の掲載を快諾されたシュトゥットガルトのゲルト・ハティエ出版に感謝する。

（14） V. Spreti, *Enciclopedia Storico-Nobiliare Italiana*, Milan, 1929, II, p. 144.

（15） 以下の古典を参照。M. de Vulson de la Colombière, *La Science Héroique*, Paris, 1644.

（16） Cf. D. Riggs, "The Artificial Day and the Infinite Universe", *The Journal of Medieval and Renaissance Studies*, 5 (1975), p. 155-185.

第Ⅰ部　ドグマ的機能研究の争点

（1） *Rel. est virtus curam cerimoniamque afferens*, H. Kantorowicz, *Studies in the Glossators*, p. 19.

(2) *Iuri operam daturum prius nosse oportet, unde nomen iuris descendat. Est autem a iustitia appellatum ; nam, ut eleganter Celsus definit, ius est ars boni et aequi.* § 1. *Cuius merito quis nos sacerdotes appellet ; iustitiam namque colimus et boni et aequi notitiam profitemur... veram, nisi fallor, philosophiam, non simulatam affectantes.*

(3) （第二版の注）この「野蛮」という語については、本書四三―四四頁および五三頁の原注(7)を参照。

(4) 以下の書の第十巻を参照。*Bibliotheca Selecta*, Venise, 1603, I, p. 459 et suivi. (*De ratione procurandae salutis Iaponiorum et aliarum Orientalium gentium*). 二十世紀に日本での改宗政策についてヴァチカンを啓蒙するために、古代のローマ皇帝信仰と神道が比較されていたことにも注意しておくこと。L. Bréhier et P. Batiffol, *Les survivances du culte impérial romain. A propos des rites Shintoïstes*, Paris, 1920.

(5) B. Bruce-Briggs, "The Dangerous Folly Called Theory Z", *Fortune*, 17 mai 1982, p. 41 et suiv.

(6) カントロヴィチのこれに関する議論を参照。*Selicted Studies*, p. 321〔『祖国のために死ぬこと』甚野尚志訳、二三頁〕.

(7) *De iure belli ac pacis*〔戦争と平和の法〕, I, 1.

(8) （第二版の注）フロイトが古代のいくつかの通過儀礼（秘儀）から採用した用語であり、勃起した男性器（ファルス）に付与される象徴的価値を通じて、どんな主体も体現することのできない、象徴的原理それ自体を指し示す。

(9) 最近では、この逸話は次に伝えられている。M. Schneider, *Die Kranke shöne Seele der Revolution. Heine, Börne, das "Junge Deutschland", Marx und Engels*, Francfort, Syndikat, 1980, p. 89.

(10) C. 23 q. 5 c. 44 ; C. 24 q. 1 c. 22 et 28 ; *de poenitentia*, dis. 1 c. 84 ; *de consecratione*, dis. 2 c. 8.

(11) フランス語では、有名な自由主義者デュポン＝ホワイトの序文とともに読まれたい（第三版、パリ、一八七七年）。

(12) 本章はわたしがあえて読者に公表する断章を扱った選集であると言うべきだったかもしれない。ひとつの理論のための断章なのか、断片化した理論なのかは、読者の判断にお任せする。本章は一番最後に執筆された。わかりやすさへの配慮からそれをここに挿入しておく。ここで扱う主題はこの講義において終始一貫してわたしの脳裏につきまとっていたものであることを考慮してもらえれば幸いである。

(13) 以下がユスティニアヌス『法学提要』三・一三の、諸々の義務についての有名な定義である。*Obligatio est iuris vinculum, quo necessitate adstringimur alicuius solvendae rei secundum nostrae civitatis iura*（義務とは法的な絆であり、それにより

われわれは、その必然性において〔もしくは、例外なく〕、われわれの都市の法が定めるところにより、何ものかを支払うよう義務づけられている).

(14) C. Scheffer, "Azur Romantique ou Scientifique ? Les couleurs héraldiques, leur réhabilitation et leur détermination", *Mélanges Szabolcs de Vajay*, Braga, Livraria Cruz, 1971, p. 529-536.

(15) W. E. Voss, *Recht und Rhetorik in den Kaisergesetzen der Spätantike. Eine Untersuchung zum nachklassischen Kauf- und Uebereignungsrecht*, Francfort, Löwenklau Gesellschaft, 1982.

(16) ひじょうに広まったと思われる「概要」が、一六一一年にハノーバーで *Processus Iuris Ioco-serius* というタイトルで出版された。

(17) 本来は厳密にコード化したことばの厳かなやりとりを要求していた、ローマの規定の長い歴史のことを言っている。その末端に位置するのが、芸術を基礎づける(ひじょうに理論的な)非形式主義であり、契約の自由に関するフランス民法典一一三五条である。

(18) トゥリアヌスについては次を参照。Herberger, *op. cit.*, p. 248.

(19) フロイトの根本的テクスト、「狼男」〔「ある幼児期神経症の病歴より」、『フロイト著作集9』〕における論述。

(20) 特に以下の記念碑的著作におけるトマス説以前のドグマ的心理学を参照されたい。O. Lottin, *Psychologie et morale aux XIIe et XIIIe siècles*, Gembloux, Duculot, à partir de 1942. また同じく以下で研究されているひじょうに伝統的なテーマも参照のこと。F. Remigerau, *Les enfants faits par l'oreille. Origine et fortune de l'expression*, Publications Faculté des lettres de Strasbourg, no. 108, Paris, 1947, p. 115-176.

(21) 原文は次のとおり。*Huius studii duae sunt positiones, publicum et privatum.*

(22) 以下の基本文献を参照されたい。G. Chevrier, "Remarques sur l'introduction et les vicissitudes de la distinction du *ius publicum* dans les œuvres des anciens juristes français", *Archives de Philosophie du Droit*, 1952, p. 5-77.

(23) J. Harpprecht, *Commentaria*, 2e édit., Francfort, 1658, I, col. 84.

(24) 数に関する議論を参照。Abbon de Fleury, *Quaestiones Grammaticales*, Paris, Belles Lettres, 1982, p. 270-274.

(25) Cf. L. Israël, "Faut-il circoncire le noeud borroméen ?", dans *La psychanalyse est-elle une histoire juive ?* (Colloque de

Montpellier, 1980), Paris, Seuil, 1981, p. 51-56.

(26) 正式なタイトルは次のとおり。*Nodus Indissolubilis. De conceptu mentis, et conceptu ventris, hoc est*（すなわち）……（長い論拠が続く）……*ab Alexandro Magno VII, Pontifice Nostro Maximo solvendus aut scindendus.* つまり〈結び目〉は教皇アレクサンデル七世（新アレクサンドロス大王、〔在位〕一六五五―一六六七年）によりほどかれるか断たれるかしなければならないものだと告げられている。

(27) 著者が援用しているのは、以下のドイツのイエズス会士による著作である。Matthieu Rader (1561-1634), *Ad Q. Curtii Rufi de Alexandro Magno Historiam. Prolusiones, Librorum Synopses, Capitum Argumenta, Commentarii*, 1re édit., Cologne, 1627. アルバ・イ・アストルガの著書の構成は以下のとおりである。突飛な比較（聖処女マリアの誕生とトマスの誕生の神学的対比について）を自己弁護した後、彼が用いるのは、聖アンブロシウスからの引用による三つの指標、virga（棒もしくは竿）、nodus（結び目）、cortex（皮）であり、これは原初の結び目（アダムとイヴの原罪）も現在の過ちの皮もついていない竿もしくは棒という、アンブロシウスの表現にある三つの隠喩（sub bis tribus metaphoris）に基づいている。アルバはそれを諸概念（教義、着想、判決と法解釈）と同等のものにしているが、それは言説をスコラ学的に咀嚼することにより、まさに〈結び目〉（十五の結び目）と題された各章のなかでなされている。つまりこれは pro（正）と contra（反）に基づく古典的な議論であり、そこからジンテーゼ、もしくは反対物の一致（solutio contrariorum）が導き出されている。

(28) *Deus verbo et signis efficax*, dans J. Bornitius, *Emblematum Ethico-Politicorum*, Heidelberg, 1664, *Sylloge posterior*, no. 1.

(29)（第二版の注）ドキュメンタリー映画『西洋的人間の製造』（一九九六年）の一シーンに、このタピスリーが写し出され、コメントが加えられている。千夜一夜社から刊行されたわたしの解説書〔*La fabrique de l'homme occidental*, Paris, Mille et une Nuits, 1996〕の一五―一六頁を参照。

(30) 以下に再録。A. Henkel und A. Shöne, *Emblemata. Handbuch zur Sinnbildkunst des XVI und XVII. Jahrhunderts*, Stuttgart, Metzlersche Verlagsbuchhandlung, 1967, vol. II, p. CXCIX.

(31) 既出のB・マズリッシュの論考 "What is Psycho-History ?" のなかの、この表現を正当化しようとする議論を参照。

(32) Fictio, figura veritatis という格率については次を参照。Kantorowicz, *The King's Two Bodies*, p. 291 et suiv〔カントーロヴィチ『王の二つの身体』小林公訳、平凡社、一九九六年、二九二頁以下〕.

あらゆる法システムにとって不可欠なフィクション〔擬制〕という概念は、ドグマ学的な知を詩あるいは認識に関する理論のなかに根づかせている。K・エデンの論文を熟読されたい。K. Eden, “Poetry and Equity: Aristotle's Defense of Fiction”, *Traditio*, XXXVIII (1982), p. 17-43.

(33) Cf. J. Plume, “*Vivum Saxum, vivi Lapides.* The Concept of Living Stone in Classsical and Christian Antiquty”, *Traditio*, I (1943), p. 1-14.

(34) 関心がある向きは以下における諸々の古典に関する注記を参照されたい。C. Henne, “*Ars conversationis.* Zur Geschichte des sprachlichen Umgangs”, *Arcadia*, IX (1974), p. 16-33.

(35) *Laudes Regiae. A study in Liturgical Acclamations and Medieval Ruler Worship*, University of California Press, 1946. 特に以下を参照のこと。Le chap. 4: “The Laudes of the Hierarchy”, p. 91 et suiv.

(36) J. Quasten, *Musik und Gesang in den Kulten der heidnischen Antike und christlichen Frühzeit* (Liturgiegeschichtliche Quellen und Forschungen, 25), p. 91 et suiv.

第Ⅱ部　歴史から論理へ――ローマ法の帝国

(1) ラテン法学者の名言であると言いたい。以下の有名な義務の定義を参照。ユスティニアヌス『法学提要』三・一三（本文およびその翻訳は、本書一一三頁、注(13)参照）。

(2) 以下に収録のテクスト。Kantorowicz-Buckland, *Studies in the Glossators*, p. 282.

(3) Deo auctore〔神の導きによって〕はユスティニアヌスが『学説彙纂』の導入に用いる語である。勅法 *Deo auctore* は〔ユスティニアヌスの〕企ての一般的意味を説明している。

(4) この格言にはいくつかの種類がある。以下を参照のこと。Post, *Studies*, p. 470. またわたしの博士論文も併せて参照されたい。*La pénétration du droit romain dans le droit canonique classique*, Paris, édit. Jouve, 1964, p. 38. 『新勅法』一〇五の、*Lex animata* という呼称と関連づけよ。

(5) 公証人や尚書院の活動に関する重要な概念である。『学説彙纂』（二二・四）、『勅法彙纂』（四・二一）、および『新勅法』七三の *De fide instrumentorum*（文字どおりには「証書に関する信について」）の篇を参照のこと。

(6) A. Chandler, *The Visible Hand. The Managerial Revolution in American Business*, The Belknap Press of Harvard, 1977〔『経営者の時代――アメリカ産業における近代企業の成立』鳥羽欽一郎・小林袈裟治訳、東洋経済新報社、一九七九年〕.

(7) いまのところまだ写本（四巻本）のこの「スンマ（summa）」は、『グラティアヌス教令集』に通じた註釈学者、ルフィーヌス（Rufin）の作であると長らく誤解されてきた。この写本は偽ルフィーヌスの名もしくは最初の語である“*Antiquitate et tempore*”で示されるようになっている。

(8) D. Maffei, *La donazione di Constantino nei Giursti Medievali*, Milan, Guiffrè, 1964.

(9) *Das Mutterrecht*, G. W. II, p. 63〔『母権制』上巻、吉原達也・平田公夫・春山清純訳、白水社、一九九二年、七二頁〕.

(10)（第二版の注）ゲリウスは母を意味する語句 matrona と mater familias についての議論を喚起している。彼の結論によれば、matrona とは子供を産んだことのある既婚女性だけを指すのではなく、まだ子供のいない妻に対しても用いられる。彼女は「母の名に基づき（a matris nomine）そう呼ばれる……いずれその名に値するとの希望と憶測を込めて。matrimonium（結婚を意味する語）自体もそこから来ている」。Y・ジュリアンの編による羅仏対訳版のテクストを参照。Aulu-Gelle, *Nuits attiques*, Paris, Belles Lettres, tome IV, 1998, p. 96-97.

(11) この表現は『新勅法』一四六に見出せる。“*...insensatis semetipsos interpretationibus tradentes*”：以下の拙論を参照のこと。“Expertise d'un texte”, *La psychanalyse est-elle une histoire juive?* (Colloque de Montpellier), Paris, Seuil, 1981, p. 93-113.

(12) L. Koenigswarter, *Études historiques sur le développement de la Société Humaine*, Paris, 1850.

(13) この入り組んだ問題には、たとえばスウィフトのスカトロジックな詩のような論議を呼ぶ性質の抑圧文学や、その他多くの作品が関係している。「糞便的」世界観はどこに位置するのか。以下におけるいくつかの指摘を参照。R. Wilcoxon, “The Rhetoric of Sex in Rochester's Burlesque”, *Papers on Language and Literature*, 12 (1976), p. 273-284. ユーモアという概念については、次の歴史学的指摘を参照。J. Tatlock, “Mediaeval Laughter”, *Speculum*, 21 (1946), p. 289-294.

(14) *La naissance de la tragédie*, éd. Paris, Gallimard, 1949, “Idées”, p. 115〔『悲劇の誕生』塩屋竹男訳、ちくま学芸文庫、一九九三年、一四五頁。ただし訳文は一部変更した〕.

(15)『普通追加教皇令集』（カノン法大全の最終篇）二の単独の章をなす、一三二四―一三二五年の文書。

(16) D. Comparetti, *Edipo e la Mitologia comparata*, Pise, 1867.

(17) C. 26 q. 5 : "Quod autem sortilegi et divini, si cessare noluerint, excommunicandi sint, ratione et auctoritate probatur".

(18) この格言の原文は『学説彙纂』に見出せる。"Res iudicata pro veritate accipitur" (D. 50. 17. 207).

(19) L. Wahrmund (裁判についてのテクストの一大集成の編者) によって刊行された著作。*Die Rhetorica Ecclesiastica*, Innsbruck, 1906 ; cf. p. 3.

(20) K. Pennington, "*Pro Peccatis patrum puniri.* A Moral and Legal Problem of the Inquisition", *Church History*, 47 (1978), p. 137 et suivi.

(21) "Probatio est rei dubiae per argumenta facta demonstratio". この定義については、次を参照。J. Ph. Lévy, *La hiérarchie des preuves dans le droit savant du Moyen Age*, Paris, Sirey, 1939, p. 22.

(22) Cf. Lévy, p. 30.

(23) "*solum cum soma, nudum cum nuda, in eodem lecto jacentem*",「男ひとり (この教皇令の場合には、夫の父親を指す) と女ひとり、男は裸で女も裸、同じ床に寝ている」という法文は、『グレゴリウス九世教皇令集』X・二・二三・一二に所収。

(24) Cf. Lévy, p. 30 et 44.

(25) K・ネルによって研究された格言。K. Nörr, *Zur Stellung des Richters im gelehrten Prozess der Frühzeit : "Iudex secundum allegata non secundum conscientiam indicat"*, Munich, Beck'sche Verlagsbuchhandlung 1967.

(26) H. Vermeer, "Ein Judicium Urinarum des Dr. Augustin Streicher aus dem Cod. Wellc. 589", *Sudhoffs Archiv*, 54 (1970), p. 1-19.

(27) (第二版の注) その後刊行計画はさらなる展開を加味しつつ以下の著作に行きついた。*Leçons I, La 901e Conclusion. Étude sur le théatre de la Raison*, 1998.

(28) A・ピアツォーニによる校訂版テクストを参照。A. Piazzoni, "Il *De unione spiritus et corporis di Ugo di San Vittore*", *Studi Medievali*, 1980, p. 869-888.

(29) *Summa aurea* (＝黄金大全) (éd. Bâle, 1573) の *De baptismo et eius effectu* 〔洗礼とその効果〕の篇、特に col. 944 (洗礼のしきたりにおいて尊重すべき形式主義について) を参照。

(30) この点についての簡潔な紹介は、次を参照。A. Bouchet et J. Masson, "Les localisations anatomiques de l'âme au cours des siècles", *Histoire des sciences médicales* (organe officiel de la Sté franç. d'Hist. de la Médicine), 14 (1980), p. 95-106.

(31) Cf. L. Bréhier, *Les orgines du crucifix*, 3e éd. Paris, 1908.

(32) 以下に収録のテクスト。*Patrologie latine*, 40, col. 591-610.

(33) この教皇令は以下に収められている。*Extravagantes Communes*, 6. 1. E・ブラウンによる重要な研究を参照。E. Brown, "Death and the Human Body in the Later Middle Ages : the Legislation of Boniface VIII on the Division of the Corpse", *Viator. Medieval and Renaissance Studies*, 12 (1981), p. 221-270. 関連問題である遺体解剖については以下を参照のこと。M. Alston, "The Attitude of the Church Towards Dissection Before 1500", *Bulletin of the History of Medicine*, 16 (1944), p. 221-238.

(34) 研究の行き届いていないこの問題については、以下の一般的紹介を参照。K. Schreiner, "*Discrimen veri ac falsi*. Ansätze und Formen der Kritik in der Heiligen und Reliquienverehrung des Mittelalters", *Archiv für Kulturgeschichte*, 48 (1966), p. 1-53.

(35) 去勢の歴史の研究のなかに取り上げられ解説されたテクスト。P. Browe, *Zur Geschichte der Entmannung. Eine Religions und rechtsgeschichtliche Studie*, Breslau, 1936, p. 106.

(36) C. Patrides, *The Grand Design of God. The Literary Forms of the Christian View of History*, Londres, Routlege and Kegan Paul, 1972.

(37) I. Benecke, *Der gute Outlaw. Studien zu einem literarischen Typus in 13 und 14. Jahrhundert*, Tubingue, Max Niemeyer Verlag, 1973.

(38) 基本書としては、次がある。J. Suchomski, "*Delectatio*" *und* "*Utilitas*". *Ein Beitrag zum Verständnis mittelalterlicher komischer Literatur*, Berne et Munich, Francke Verlag, 1975. グラティアヌスのテクストが一四―一五頁にまとめられている。この歴史家は笑いと狂気を結びつけている。この点に関してはW・パラヴィチーニ（Werner Paravicini）の仕事が進行中である（特に中世の公式の肩書としての狂気について。法的身分に直接関わる問題である）。

(39) この点についてわたしはすでにダンスに関する書物のなかでいくつか指摘しておいた。同じく「キリストはけっして笑わなかった」ことについては、以下を参照。Suchomski, *op. cit.*, p. 11-13.

(40) 分類は中途半端で分析も不足している神判の歴史にここで立ち返らねばならない。以下の古典的な書物がいまだに基本文献である。F. Patetta, *Le Ordalie*, Turin, 1890. 次の学会発表も一助となるが、利用可能なのはその資料性のみである。A. Esmein, *Annuaire de l'École Pratique*, Ve Section, 1898. より最近のものでは、次がある。J. Gaudemet, *Recueil de la Sté Jean Bodin*, vol. 17 paru en 1965.

(41) 国家の法制史と官僚的機能のドグマ学的基盤については、枢機卿J・B・デ・ルカ（一六一四―一六八三年）のこの大著が、聖座における自身の重要な経験への言及のおかげで、尽きせぬ源泉となっている。

(42) Cf. B. Bowden, "The Art of Courtly Copulation", *Medievalia et Humanistica. Studies in Medieval and Renaissance Culture*, 9 (1979), p. 67-85.

(43) R. Goffen, "*Nostra conversatio in coelis est.* Observations on the Sacra Comversazione", *Art Bulletin*, 61 (1979), p. 198-222.

(44) たとえば次を参照。J. Anson, "The Female Transvestite in Early Monasticism: the Origin and Development of a Motif", *Viator. Medieval and Renaissance Studies*, 5 (1974), p. 1-32.

(45) アクイリウス法については、〔ポール＝フランソワ・〕ジラールと、とりわけ〔エドゥアール・〕キュクによる、多数のローマ法の手引書に当たることができる。

(46) St. Kuttner, *Kanonistische Schuldlehre von Gratian bis auf die Dekretalen Gregors IX*, Cité du Vatican, Biblioteca Apostolica Vaticana, 1935.

(47) H. Engelhardt, "The Disease of Masterbation. Values and the Concept of Disease", *Bulletin of the History of Medicine*, 48 (1974), p. 234-248.

(48) ラテンアメリカ向けに称揚された「全体言語」の教えについては、以下の記事を参照。*Communicatio Socialis*, 6 (1975), p. 221-232（ヴァチカンの公認誌）.

(49) 本書四三―四四頁を参照。

(50) "La différence entre eux et nous", *Critique*, 1978, p. 848-863.

(51) 拙稿参照。"La Phalla-cieuse. Le roman du féminin dans le Texte occidental", in *La jouissance et la Loi*, (revue) *Vel, 2* (1976), p. 9-31.

(52) W. Stammler, *Frau Welt. Eine mittelalterliche Allegorie*, Fribourg (Suisse), Universitätsverlag, 1959.

(53) E・M・メイヤース（国際公・私法の分野における中世の法律第一主義の歴史研究の主唱者）による以下の論文を参照。E. M. Meijers, "Balde et le droit internationale privé", *Études d'histoire du droit*, IV, Leyde Universitaire 30 (1940), p. 97 et suivi, 1996, p. 132-141.

(54) H. Klewitz, "Die Krönung des Papstes", *Zeitschrift der Savigny Stiftung, Kanonistische Abteilung*, 61 (1941), p. 96-130.

(55) とりわけダンテにおける普遍帝国と合法的継承に関する詩的作品については、E・カントロヴィッチのすでに引用した著作およびラガルドを参照のこと。

(56) M・ビュトナーの著作では、とりわけ次の二書を参照のこと。M. Büttner, "Die Emanzipation der Geographie zu Beginn des 17. Jahrhunderts. Ein Beitrag zur Geschichte der Naturwissenschaft in ihren Beziehungen zur Theologie", *Sudhoffs Archiv*, 59 (1975), p. 148-163 ; *Regiert Gott die Welt ? Vorsehung Gottes und Geographie. Studien zur Providentiallehre bei Zwingli und Melanchton*, Stuttgart (Calwer Theologische Monographien), 1975.

(57) この法諺については以下を参照。Kantorowicz, *The King's Two Bodies*, p. 393〔『王の二つの身体』邦訳前掲書、三八四頁〕.

(58) Mgr I. Cardinale, *Le Saint-Siège et la Diplomatie. Aperçu historique, juridique et pratique de la Diplomatie Pontificale*, Paris, Desclée, 1962. とりわけ同書四九―五〇頁の他の諸宗教についての考察を参照のこと。

(59) I. Greenwald, "The Papal Bull of Paul III (1537), Supposedly Relating to Cretinism", *Bulletin of the History of Medicine*, 45 (1971), p. 181-183.

(60) たとえば国際ビトリア＝スアレス学会により刊行された次の論集。Association Internationale Vitoria-Suarez, *Vitoria et Suarez. Contribution des théologiens au droit international moderne*, Paris Pedone, 1939.

(61) J. Muldoon, *Popes, Lawyers and Infidels*, Unniversity of Pennsylvania Press, 1979.

(62) W. Müller, *Die heilige Stadt. Roma quadrata, himmlisches Jerusalem und die Mythe vom Weltnabel*, Stuttgart Kohl-

hammer Verlag, 1961.

補遺

（1）モスクワとタシケントで開催された（一九八二年十月）この会議は、国家・法律学院（ソ連科学アカデミー）と比較法学研究所（CNRS内の研究機関）との間の定期的仏ソ交流の一環である。

（2）（第二版の注）いまならわたしは留保しつつこう言うだろう。ラカンの寄与とは、「トーキング・キュア」としてのフロイト的精神分析概念を、言語学の助けを借りつつ膨らませたことである。だが彼の理論化は臨床の再建に結びつくどころか、それとはかけ離れたものだった。そうこうするうちに、権力目的の転移の利用が考察を行き詰まらせ、セクトまがいの慣行に結びついてしまったのである。同じくいまとなってみればラカンは、臨床にとっても重要な制度性をめぐる問題を粉砕し、フロイトが「トーテムとタブー」で素描した手探りの問いかけに幕を引くことに直接的な貢献を果たしたように思われる。

訳注

〔1〕カプラロス（Christos Capralos 一九〇九—一九九三年）。ギリシアの彫刻家。一九三四年に渡仏しパリのグランド・ショミエールやアカデミー・コラロッシといった美術学校で学ぶ。大戦の勃発とともに帰国、一九四六年に初の個展。一九六二年のヴェネチア・ビエンナーレ出品作の成功を機に国際的な認知を得る。古代ギリシア彫刻に霊感を得た寓意的な人体像を中心とする作風を確立し、現代ギリシアを代表する彫刻家の一人となる。一九五〇年代より作家の制作活動の中心となったアイギナ島のアトリエ跡は、現在カプラロス美術館として利用されている。

〔2〕中国の書名。十一世紀初頭、道教の信奉者であった北宋の皇帝真宗が編纂を命じた、道教の「百科全書」。

〔3〕シペール（Kristofer Schipper 一九三四年—）。フランスの中国研究家。オランダに生まれ、パリに学び、台湾で長らく研究生活を送った後、パリの高等研究実習院で教鞭をとる。道教学者として原典の編纂作業に従事。主著に『道教の身体』（*Le corps taoïste*, Paris, Fayard, 1982）がある。

〔4〕メランヒトン（Philipp Melanchthon 一四九七—一五六〇年）。ドイツの人文主義者、宗教改革者。一五一八年にウィッテンベルク大学のギリシア語教師の職につき、そこで出会ったルターの影響により神学を修める。『神学要綱』（一五二一年初版）により宗教改革派の理論の基盤を築く。『アウグスブルク信仰告白』（一五三〇年）をルターと共同で起草。人文主義の学識と宗教改革の精神との融合を成し遂げた第一人者としての業績に加えて、教育改革者としても知られる。

〔5〕ヘンツェ（Carl Hentze 一八八三—一九七五年）。ドイツの宗教民俗学者。古代中国の死生観や神話をめぐる研究に従事。邦訳に『霊の住処としての家』金子えりか訳、雄山閣出版、一九九六年などがある。

〔6〕デル・リオ（Martin Antoine Del Rio 一五五一—一六〇八年）。フランドル出身の法学者、人文主義者、イエズス会士。著書に『魔術研究の六つの書』（*Disquisitionum magicarum libri VI*）』（一五九九年）がある。

〔7〕ボルニティウス（Jacobus Bornitius 一五六〇—一六二五年）。ドイツの法学者。シレジアの顧問官を務める。

〔8〕アルバース（Josef Albers 一八八八―一九七六年）。アメリカの画家、デザイナー。ドイツに生まれ、バウハウスに入学、その後そこで教鞭をとる。バウハウスの閉鎖後はアメリカに渡り、「正方形への讃歌」シリーズなどで直観や偶然性を排した幾何学的表現の可能性を追求し、オップ・アートなどの六〇年代以降の新しい抽象絵画の先駆となる。

〔9〕ジョージ・オーウェル『一九八四年』新庄哲夫訳、ハヤカワ文庫、一九七二年、五四頁。

〔10〕レヴィ＝ブリュル（Lucien Lévi-Bruhl 一八五七―一九三九年）。フランスの哲学者、社会学者。西洋の合理的思考と対照をなすものとしての「未開心性」を提唱する。

〔11〕ブグレ（Celestin Bouglé 一八七〇―一九四〇年）。フランスの社会学者。デュルケームの弟子として『社会学年報』の編纂に貢献。主著に『平等思想の社会学的考察（*Les doctrines égalitaires, étude sociologique*）』、『カースト制に関する試論（*Essais sur le régime des castes*）』などがある。

〔12〕ウルピアヌス（Domitius Ulpianus 一七〇ころ―二二八年）。ローマの法律家。先人の業績に基づき『告示註解』や『市民法註解』を著す。それらは『学説彙纂』の重要資料となる。

〔13〕ビオンド（Flavio Biondo 一三九二―一四六三年）。イタリアの人文主義者、歴史家。教皇エウゲニウス四世（在位一四三一―一四四七年）らのもとで書記官を務める。西ゴート族の侵攻を新時代の幕開けと捉えるそのローマ没落史観は、「中世」概念の成立に影響を与えた。

〔14〕デュラン（Guillaume Durand 一二三〇／三一―一二九六年）。十三世紀を代表する教会法学者。フランスに生まれ、ボローニャで法学を修め、教皇庁の法律官を務める。『聖務論（*Rationale divinorum officiorum*）』は、教会における聖職者の務めを総合的に論じた著作で、以後の典礼書の規範となった。

〔15〕「人間モーセと一神教」森川俊夫訳、『フロイト著作集11』人文書院、一九八四年、三四一頁。

〔16〕「政治のお話をなさいますか？（Parlez-vous politique?）」というフランス語の言い回しをもじった表現。

〔17〕トゥリアヌス（Francisco Turrianus〔Torres〕一五〇四／〇九ころ―一五八四年）。スペイン出身のイタリアのイエズス会士。プロテスタントに対抗するためのカトリックの教義の明確化を目指したトリエント公会議で、教皇任命神学者を務める。無原罪懐妊、教皇優位、司教制の神的起源を主張。

〔18〕フルリのアッボ（Abbo Floriacensis 九四五／五〇―一〇〇四年）。フランス、フルリの大修道院長。イギリスおよびフラン

スで修道院改革を推進する。学者としても知られ、文法や論理学、天文学の著作がある。

〔19〕アルバ・イ・アストルガ（Pedrod' Alva y Astorga ?―一六六七年）。フランシスコ会修道士。スペインに生まれ、ペルーのリマで同会に入会。主に無原罪懐胎をめぐりドミニコ会と激しく対立し、ベルギーへの隠遁を余儀なくされ、その地で没する。

〔20〕ボッキ（Achille Bocchi 一四八八―一五六二年）。イタリアの文学者、古典学者。ローマで宮廷付きの演説家として活躍の後、一五二二年故郷のボローニャに戻り、みずからの名を冠するアカデミーを設立。ボローニャの修史官として『ボローニャ史』を編纂したほか、ラテン語の詩や文献学・歴史学に関する著作を残す。

〔21〕「あるヒステリー患者の分析の断片」細木照敏・飯田真訳、『フロイト著作集5』人文書院、一九六九年、二九四頁。

〔22〕「感情転移性恋愛について」小此木啓吾訳、『フロイト選集15』日本教文社、一九六九年、一九二頁。

〔23〕ハウカ（ハウサ語で「狂気」を意味する）とは、ニジェール川流域のソンガイ族およびハウサ族の間で一九二六年ころ出現し始めた一種の新興宗教であり、西洋文明の「力」を体現する霊媒師たちの集団からなる。ジャン・ルーシュの『気狂い主人たち』には犬を供犠に捧げるハウカの祭儀が収められている。

〔24〕ゲリウス（Aulus Gellius 一二三ころ―一六五年）。ローマの文法家。ギリシアに学び、収集した資料をまとめた著書『アッティカの夜』は、古代の作家の記録を雑然とではあれ保存する貴重な資料である。

〔25〕オルダス・ハックスリーのSF小説のタイトル（松村達雄訳、講談社文庫、一九七四年など）。

〔26〕A・E・ヴァン・ヴォークトのSF小説のタイトル（中村保男訳、創元SF文庫、一九六六年）。

〔27〕キュジャス（Jaqaues Cujas 一五二二―一五九〇年）。フランスの人文主義法学者。ローマ法大全の法文を歴史学的に批判・研究し、本来の意味の回復に努める。

〔28〕アロースミス（John Arrowsmith 一六〇二―一六五九年）。イギリス、ピューリタンの聖職者、神学者。『神聖解講（*Tactica Sacra*）』（一六五七年）をはじめとする、厳格にピューリタンの立場に立つ著作を残す。

〔29〕教皇ゲラシウス一世はビザンティン皇帝アタナシウス一世宛の書簡で、現世には教皇の権威と帝王の権力という二つの異なる力がある、という理論を述べている。

〔30〕カエサルの姪であるアウグストゥスは、遺言により養子・相続人となり、フィリッピの戦いでカエサルを暗殺した共和

主義者の軍隊を破った。

〔31〕　オレステス（Orestēs）。ギリシア伝説で、ミュケナイ王アガメムノンとその妃クリュタイムネストラの子。母とその情人アイギストスが父を謀殺したとき、姉エレクトラの手引きで叔父のフォキス王のもとに逃れ、成人後故国に戻り母とその情人を討った。

〔32〕　『母権制』下巻、白水社、九六―一一六頁（一一五―一一八節）。

〔33〕　ネルウァ（Nerva）。五賢帝時代の最初のローマ皇帝（在位九六―九八年）。彼が軍人トラヤヌスを養子として以降、優秀な人物を後継者として養子とする帝位継承法が踏襲されることになる。

〔34〕　トラヤヌス（Trajanus）。ローマ皇帝（在位九八―一一七年）。ネルウァ帝の養子に指名され、彼の死後に即位。積極的な対外政策に転じ、帝国の最大版図を形成。

〔35〕　ボーヴェのウィンケンティウス（Vincentius Bellovacensis 一一九〇ころ―一二六四年）。フランスの著述家、ドミニコ会士。中世最大の百科事典とされる『大鏡（*Speculum majus*）』を執筆、編纂。

〔36〕　ケーニヒスヴァルテル（Louis-Jean Koenigswarter 一八一四―一八七八年）。フランスの法制史家、考古学者。一八三八年オランダよりパリに渡り、一八四八年に帰化。著書に『フランスにおける家族組織の歴史』（一八五一年）ほか多数。

〔37〕　ソーンダイク（Lynn Thorndike 一八八二―一九六五年）。アメリカの科学史家、中世史家。八巻に及ぶ大著『魔術と実験科学の歴史』（一九二三―一九五八年）において、十三世紀から十七世紀までの学問の発展を跡づけた。

〔38〕　『グレゴリウス』は、中世ドイツの詩人ハルトマン（一一六五ころ―一二一五年ころ）による聖徒物語。幼い兄妹の間に生まれたグレゴリウスが、そうとは知らずに母と結婚し、この二重の近親姦の罪を贖ったグレゴリウスは、神託により教皇となる。

〔39〕　「テーバイ攻めの七将」七五六―七五七行には、合唱隊による以下のような台詞がある。「狂気が狂うた夫婦を　結んだのでございます」（『ギリシア悲劇Ⅰ　アイスキュロス』高津春繁訳、ちくま文庫、三七〇頁）。ただし、ちくま文庫版の注によれば、これはオイディプスとイオカステの間のことではなく、オイディプスの父母であるライオスとイオカステが神託に反して交合したことを指す。

〔40〕　アルス・ノヴァ（新芸術）は複雑なポリフォニーを特徴とする十四世紀フランスの音楽の様式。ヨハネス二十二世は教

皇令『ドクタ・サンクトラム』において単旋聖歌をアルス・ノヴァのポリフォニーに書き改めることを禁じた。

〔41〕 コンパレッティ（Domenico Comparetti 一八三五—一九二七年）。イタリアの考古学者。独学でギリシア語を学び、新たに出土したヒュペレイデス（前四世紀アテナイの弁論家）の断片を翻訳刊行（一八五七年）。著書に『中世におけるウェルギリウス』（一八七二年）など多数。

〔42〕 バルトルス（Bartolus de Saxoferrato 一三一三—一三五七年）。註解学派を代表するイタリアの法学者。ローマ法大全各巻に付された「註解（Commentaria）」と、実際の法律事件への「助言（Consilia）」により、個別の事件を扱う特別法に対し、「書かれた理性」たるローマ法が万人に適応される普通法（ius commune）であるという理論を基礎づける。

〔43〕 アントニウス・デ・ブトリオ（Antonius de Butrio 一三三八—一四〇八年）。イタリアの教会法学者、教皇令学者。ボローニャで初め市民法を、ついで教会法を学んだ後、当地で教鞭をとり、その後の法学史にとって重要な多くの人物が彼の教えを受ける。

〔44〕 ホッブズ『リヴァイアサン』水田洋訳、岩波文庫、一九五四年、第一巻、四三頁。ただし訳文は一部変更した。

〔45〕 ユートニー（eutonie）とは、音楽家でダンサーのゼルダ・アレクサンダー（Gerda Alexander 一九〇八—一九九四年）による造語で、調和のとれた人体の緊張状態を目指すメソッドのこと。

〔46〕 モリナ（Luis de Molina 一五三五—一六〇〇年）。スペインの神学者、イエズス会士。恩寵と自由意志に関する神学論争において、人間の自由意志を最大限に尊重することを目指して〈中間知〉の理論を提示し、被造物の将来の自由な行為についての知識を神があらかじめ有しているとした。

恩寵と自由意志をめぐる論議について、ここで少し振り返っておくなら、恩寵とはキリストにおいて啓示される神の愛と慈悲である。原罪を抱えた人間が罪を許され神との交わりを再び回復できるのは、あくまでこの恩寵のおかげであり、そこに人間の意志の介入する余地はない。しかしそこにおいては、人間がみずからの自由意志によってこの恩寵を準備できるのかどうかが問題となり、ペラギウス（三六〇ころ—四一八年以後）は恩寵が人間の善き意志により与えられるとの考えを示した。これに対し『恩寵と自由意志について』を著したアウグスティヌスは、神の恩寵なしには人間の善き意志も働くことはないとし、キリスト教の恩寵と自由意志をめぐる議論は、このアウグスティヌスの立場をとることで一応の解決をみる。しかし中世カトリック教会は、右記のモリナに代表されるように、むしろ恩寵と自由意志との調和をはかった。

アウグスティヌスを受け継ぐのは、神の恵みによるのでなければ人間は何ひとつできぬことを、予定説の観点から論じたルターら宗教改革の立場である。

〔47〕「〔恩寵による〕救いに関する委員会（Congregatio de Auxiliis）」は、恩寵をめぐるイエズス会とドミニコ会の激しい対立を調停するために一五九七年に教皇クレメンス八世により召集された委員会。九年にも及んだその審議は、双方に異端呼ばわりを禁じる教皇パウルス五世の決定により一六〇七年に幕を閉じた。

〔48〕アルベルトゥス・マグヌス（Albertus Magnus 一二〇〇ころ―一二八〇年）。南ドイツ出身のスコラ神学者、ドミニコ会士。その学識ゆえに「全科博士」との称号を受け、アリストテレスの全著作に註解を施し、トマス・アクィナスに影響を与えた。

〔49〕サン＝ヴィクトールのフーゴ（Hugo de Sancto Victore 一〇六九ころ―一一四一年）。初期スコラの神学者、哲学者。アリストテレスに影響を受けた人文主義と、直接的な神観想という神秘主義神学との融合を目指す。サン＝ヴィクトール学派は十二世紀の神学興隆の一翼を担った学派であり、フーゴがその名を高めた。

〔50〕ホスティエンシス（Hostiensis 一二〇〇ころ―一二七〇年）。イタリアの教会法学者。本名エンリコ・ディ・セグシア（Enrico di Segusia）。グラティアヌス以降の教皇令を集成・註解する。インノケンティウス四世（在位一二四三―一二五四年）において頂点を迎えた教皇権の拡大に貢献した。

〔51〕キリストの本性はただひとつの神的本性であるとする説。キリストの人性と神性の完全な結合を認めたカルケドン公会議（四五一年）で異端とされる。

〔52〕デ・リグオーリ（Alfonso de Liguori 一六九六―一七八七年）。イタリアのレデンプトール会創立者で、カトリック司教、倫理神学者。法学を修め弁護士となるが、神学に転向し聖職者となる。その倫理神学においては、ある行為に対して、それが禁じられるとする「法」の立場と、許されるとする「自由」の立場が、同程度に蓋然性をもつならば、「自由」の立場に従ってもよいとする「同等（中間）蓋然説（aequiprobabilismus）」を唱え、広く影響を及ぼした。パスカルが『プロヴァンシアル』（一六五六―一六五七年）においてこのような蓋然説を痛烈に批判したのは有名。

〔53〕デ・ルカ（Jean-Baptiste de Luca 一六一四―一六八三年）。ナポリで法学を学び弁護士として活躍した後に聖職者となり、一六八一年より枢機卿。法学者として名声を得、その見解の集成である『真理と正義の劇場（*Theatrum veritatis et justitiae)*』は、幾度も版を重ねた。

〔54〕デュビー（Georges Duby 一九一九―一九九六年）。フランスの歴史家。アナール学派の方法論を出来事の歴史や伝記へと応用する。『愛とセクシュアリテの歴史』（福井・松本訳、新曜社、一九八八年）など。

〔55〕カペルラヌス（Andreas Capellanus 十二世紀末?―十三世紀初め?）。ヨーロッパ中世の宮廷を中心に広まった宮廷風恋愛の理論書である『恋愛論（*De Amore*）』の著者。三部からなるこの書は、「愛人は愛する女性に何事も拒むことはできない」等の三十一カ条からなる恋愛法規を収めた第二部をクライマックスとする。『宮廷風恋愛について』瀬谷幸男訳、南雲堂、一九九三年。

〔56〕ショット（Kaspar Schott 一六〇八―一六六六年）。自然学者、数学者。イエズス会士。ドイツに生まれイタリアで学び、ローマでアタナシウス・キルヒャーの助手を務める。動物の生体実験を試みた最初の一人とされる。

〔57〕ザキア（Paolo Zacchia 一五八四―一六五九年）。イタリアの法医学者。高名な医師として教皇インノケンティウス十世の主治医を務める。妊娠、中絶から殺人、狂気といった法医学の問題を集成した著書『法医学の問題（*Quaestiones medico-legales*）』（一六二一―一六三五年）は、その碩学により法医学ばかりか神学においても古典とされるに至る。

〔58〕バルドゥス（Baldus de Ubaldis 一三二七―一四〇〇年）。註解学派を代表する、イタリアの法学者。

〔59〕ボダン（Jean Bodin 一五二九／三〇―一五九六年）。フランスの法学者。『国家論』（一五七六年）において「主権（soveraineté）」の概念を提唱し、「主権とは国家の絶対的かつ永続的権力である」とした。

〔60〕ビトリア（Francisco de Vitoria 一四八三―一五四六年）。スペインの神学者、法学者、ドミニコ会士。パリに学びそこで教鞭をとった後、一五二六年サラマンカ大学神学教授に就任。アメリカ大陸の発見とその植民地化という時代背景のなか、自然法を非キリスト教徒にも認める立場からスペイン人による征服権の是非を論じ、グロチウスに先立つ国際法の父の一人とされる。死後刊行された講義録に『インディオについて（*De Indis*）』などがある。

〔61〕スアレス（Francisco Suárez 一五四八―一六一七年）。スペイン哲学者、神学者。イエズス会士。生前から「卓越博士（doctor eximius）」の称号を受け、トマス主義に基づく哲学を独自に体系化した『形而上学討論（*Disputationes Metaphysicae*）』により広く影響を与えると同時に、ビトリアと並ぶ国際法の創設者の一人と目される。主に善悪の問題に関わる自然法からも、国家による実定法からも区別される万民法（ius gentium）の理論を展開し、今日における国際法の

基礎を築いた。

〔62〕 フランス・カンヌ近郊の観光地。

〔63〕 ソルヴェー（Ernest Solvay 一八三八―一九二二年）。ベルギーの科学技術者。企業家としての成功に基づき「ソルヴェー会議」を主宰、基礎科学の発展に貢献する。社会改良家、社会学者としても知られる。

用語解説

アイデンティティ（identité）

アイデンティティ形成（identification）

いわゆる自己同一性（同一化）、あるいは自己同定。鏡に映る姿を見て「それ」が自分だと認めることに始まる、自己についての意識の構造。そこには主体の分割と、分割の隔たりを否定性として受け入れることが前提として要請される。それはまた主体が他者との関係において自己の位置を定め、象徴的な秩序のうちに参入することでもある。精神分析による概念の練り上げを背景としているが、ルジャンドルの独自性は、そこに系譜概念を導入することで、その社会的な性格を明瞭にした点にある。→系譜、主体、制定

演出（mise en scène）

それ自体としては純粋に論理的な契機である〈第三項〉を、具体的に触知しうるような形で提示するために動員される言説とイメージの組立。この演出のありようによって、各社会は相互に区別される特性を帯びる。→組立、フィクション、紋章

親子関係（filiation）

“filiation”には「子」（ラテン語の「息子（filius）」、「娘（filia）」）という語しか含まれていないが、「子」はすでに「親」を想定させる。ひとは例外なくまず「子」である。つまり両性の親の子である。これが系譜的関係の基点になる。この関係はたしかに子を親に対して従属的な地位に置くことになるが、そのためには親になる者は、すべてを要求できるという「子」の立場を放棄しなければならない。つまり限界を受け入れ、全能性の欲望を断念しなければならない。親の役目（機能）とは、子にその限界を伝えることである。子から親へのこの位置交替が人間社会の再生産の条件となる。現在、生殖技術の発達によって、この関係に深刻な混乱が生じている。→アイデンティティ、機能、系譜

解釈者革命（Révolution des interprètes）

法制史上の画期として「ローマ法の再発見（復活）」と呼ばれる出来事とその帰結を指し、これが後の西洋世界の形成に関してもつ決定的な意味を強調して、ルジャンドルが用いる表現。十一世紀から十二世紀にかけて再発見された古代ローマ法のテクストが北イタリアのボローニャで本格的に研究され始めたことに端を発し、十一世紀後半のグレゴリウス改革と結びついて、教皇権に法的権威の構造を与えるとともに、世俗権力にもテクストに基づく国家の体系化の道を開いた。テクストの「再発見」から始まったこの新しい法学の勃興は、神学・哲学をも含んだ「ルネサンス」へと展開したが、これを特徴づけているのはテクストの「解釈」である。テクストを〈真理〉とする学問（「書かれた理性」としてのテクスト）は、「解釈」の技術を練り上げさせ、やがてスコラ学を生むことになる。ルジャンドルはことばを操作するこの技術の誕生を西洋文化において決定的な出来事として位置づけており、グレゴリウス七世がその改革を「世界を鋳直す」と言い表したことに重ね、またその担い手を強調してこの一連の大変化を「解釈者革命」と呼んでいる。そしてこれを、その後の西洋で繰り返される数次の「革命」の最初のものとみなしている。↓註釈学派、註解学派、『グラティアヌス教令集』、『ローマ法大全』

カノン法／教会法（le droit canonique）

教会つまり信仰共同体を司る法規範であるため、通常「教会法」と訳される。だが「カノン」には教会という含意はなく（ギリシア語で規範を意味する）、むしろ教会が定める規範のいわば正規性を指示している。そのため本書では基本的に「カノン法」と表記する。また、「カノン化（canonisation）」は一般には、死後の人物を聖人とすることで、日本語では「列聖」と訳されている。この表現が、法的テクストについて使われる場合には、これを「正典化」と訳す。↓ローマ・カノン法

学識法（droit savant）

地方の伝統的な慣習法に対置される概念で、大学で教育されたローマ法、カノン法、さらには地域的な制定法を意味する。学識法は十三世紀初頭以降、ヨーロッパ各地でローマ・カノン法的訴訟手続が採用され、また註解学派が立法・司法において活躍したことから広く伝播した。この学識法の伝播は法をめぐる社会構造の変革を引き起こした。一方で、慣習法を紐帯とする地域性を解体してより大きな領域形成を可能にし、他方では、貴族などに独占されていた法に関する知が旧来の身分から切り離された学問となる

ことで、ローマ・カノン法学を習得した法曹階層によって担われる権力を生み、官僚制国家を準備することになる。

機能（fonction）

社会は主体の制定を司るという意味で、一個の機能として理解される。それとの関わりで、各主体もまた、理念的な人格としての機能を果たすことを要請されている。その根本となるのは、親が子に対して親の機能（役目）を引き受け、系譜原理を作動させることである。→系譜、フィクション

規範性（normativité）

社会的な意味での〈理性〉を支え、個々の主体の制定を可能にするような仕組。神の再生産という人類学的機能を担う。その基本的かつ具体的な現れが〈禁止〉であり、いわゆる宗教的なもの、法システムも、社会的レベルにおけるその歴史的・文化的現れ。→〈禁止〉、制定、〈理性〉

〈禁止〉（Interdit）

人類学が見出し、精神分析に継承された「タブー」の概念を、構造的に普遍の機能として指し示したもの。単に法的規範に関係するだけでなく、主体の原初的な分割（空虚の設定）と、それによることばの主体の成立に結びついている。あらゆる社会は、〈禁止〉をさまざまな形で練り上げ、これを主体に課すという務めを負っている。西洋も例外ではなく、その独自の表現形成が法システムとして現れる。→規範性

組立／モンタージュ（montage）

ひとりの人間は、生物学的次元と象徴的次元、それに主観的次元のモンタージュとして、また、ひとつの社会は、人間的な生の生産と再生産を支えることを目指した、言説やイメージのモンタージュとして考えられる。この表現に関しては、音やシークェンスの接合によってあるまとまりを生み出す映画のモンタージュを想定してもらうのがよいが、ここでは「組立」と訳した。→演出、規範性、フィクション

『グラティアヌス教令集』（*Decretum Gratiani*）

修道士グラティアヌス（一一六〇年ころ没）によって収集・整理された『矛盾教会法令調和集（*Concordia discordantium canonum*）』（一一四〇年ころ）の別名。教父や公会議、教皇、さらには世俗のさまざまな起源をもつ規則の集大成で、その名が示すように、相矛盾する諸規則の調和を目的にしている。つまりこれは単なる諸規則の集成ではなく、スコラ学的方法による「法学」の確立が目指されており、

カノン法学の誕生を意味する。これを契機として、神学の一部だった教会の諸規則に関する学問は、十二世紀後半には神学から独立した学問、つまり法学となった。↓ローマ・カノン法

系譜（**généalogie**）
系譜原理（**principe généalogique**）

親子関係やその連鎖のことを指し、ものごとの発生系統をも意味する。もともと発生（gène）に関わる観念だが、生物学的なものではなく、むしろある基本的な因果的関連（どこから来たか）を構成し、主体のアイデンティティの構成にあたって、社会的な同定の位置を示してその端緒となる。つまり系譜は、生物学的次元ではなく、言語的に設定される象徴秩序に属し、言語の秩序を通して主体を社会的な平面に織り込んでゆく。↓アイデンティティ、親子関係

決疑論（**casuistique**）

法学では「カズイスティック」と表記されることもある。決疑論は、具体的・個別的な規則の適用をめぐる論議や研究を意味し、道徳神学の一部門とされているが、本書ではローマ法学以来の法学の性質を示す言葉として用いられている。すなわち、「再発見」されたローマ法は体系性をもたず、個々の事案に関する研究の集成であり、このローマ法の研究に始まる法学は具体的な事案を通した法規範に関する学問としての性格をもつ。ルジャンドルは体系的な理論的研究よりも、この法学の決疑論的な側面の重要性を強調している。

構造（**structure**）

「話す動物」たる人間を組織し、その生を生かしめ、再生産を可能にする制度的構築の原理。種の再生産を司るという意味では人間社会にとって普遍的な機能（人類学的な機能）であり、個々の文化は、それぞれに独自の組立を通して、いずれも、この普遍的な要請に応えることを務めとする。↓演出、組立

ことば（**parole**）
言語活動（**langage**）
体系言語（**langue**）

フランス語には「言語」に関連する主要な語として、“parole” “langage” “mot” “langue” がある。ソシュールの整理を基準にすれば、“langage” がもっとも一般的かつ抽象的に「言語」と呼ばれる現象ないしは言語活動を指す。それに対して “langue” は具体的な言語体系（日本語、フランス語など）を指すが、具体的とはいえこのような体系は潜在的にしか存在しない。この “langue” を、誰かが「話

す」ことで現勢化するのが"parole"である。論理的に整理すればそうなるが、ただし、現実的にはあらゆる言語はまず話されるものであり、"parole"が初めにある（このことは、エクリチュールとの関係から連想される音声中心主義とは何の関係もない）。だからこそ、人間という種も「話す動物」と定義される（アリストテレス）。この言語の諸相の区別は無視できないため、"parole"を「ことば」、"langage"を「言語」ないしは「言語活動」、"langue"を「体系言語」、"mot"を「語」または「言葉」として訳し分けた。本書の文脈では、主体との関係で、社会はこれを制定するための言説の総体として考えられるが、この言説が主体へ通告される局面を指すときに用いられるのが「実際に話す」という意味での「ことば」である。アリストテレスによる人間の定義は、この文脈で理解するとき人間の政治性（「政治的な動物」）の根源的な要素となる。→演出、組立、フィクション

根拠（fondement）

規範が規範として機能するためには、その理由（「なぜ?」）をめぐる問いかけに対して「根拠」が提示されなければならない。それを保証するのが「定礎（fondation）」という行為である。この根拠は理論的には無限に遡及しうるが、社会と主体の成立のためには、一方でその無限性そのものを保証しながら、他方では演出の作用を通じてそれ以上遡及する必要のない「真理」を通告する機能が必要とされる。それが〈保証する第三項〉としての〈準拠〉である。ひとは、この準拠の〈名において〉語る。ルジャンドルの論議がいわゆる「法の基礎づけ」の論議と違うのは、法理論的な論議を超えて「定礎」の構造を示す点である。→規範性、〈第三項〉、定礎、問いかけ、ドグマ、〈理性〉

主体（sujet）
主体性／主観性（subjectivité）

日本語では訳し分けられるが、ひとつの事態を意味するものと理解するとよい。なぜなら、主体の制定は、社会との関係における主観的な表象の適切な設定——つまりは否定性の受け入れ——と不可分だからである。このプロセスが失効した結果が、自閉的な表象によって定礎された主体、すなわち全能者としてのファンタスムを脱することのない「王としての主体」である。ウルトラ・モダンの社会は、「定礎」の問いを抹消し、準拠の不在をドグマ化することで、主体を社会と対峙させ、全能性のファンタスムを煽ることになっている。それが新しい世代にさまざまな犠牲を課している。→アイデンティティ、制定、定礎、否定性

制定（**institution**）

一般には客観的な「制度」を指すが、ここでは、古代ローマの表現「生を制定する（vitam instituere）」に遡りながら、主体の生が言語的に機能する社会との関係において、一定の規則や秩序（すなわち「規範性」）に即して造型されることを指す。それによって人間は象徴的な生に参入し、ことばの主体となり、いわゆる「二度目の誕生」を果たす。換言すれば、制定とは「話す動物」が「人間」となるための不可欠の契機である。→規範性、〈禁止〉、主体

社会・〈テクスト〉としての社会（**société comme Texte**）

「話す動物」にとって社会は、イメージやことばの〈真〉と〈信〉の仕掛け、つまりドグマ的組立に支えられた表象（言語やイメージ）の編成を通して主体に働きかける。したがって社会は、通常考えられるような個の集合が作り出す実体としてではなく、主体を制定する機能を果たす言説の織物として、つまり〈テクスト〉として考察される。

〈第三項〉（**Tiers**）

論理学から社会学まで、さまざまなコンテクストで使われる用語だが、ルジャンドルの場合はとりわけ、社会と個人（主体）という二平面の関係づけを可能にする論理的な要素を指す。「なぜ？」という問い、さらに具体的には、ある規範になぜ従わなければならないのかという問いへの最終的な答えの審級として、規範性の根拠を保証する。しかし、それ自体は関係的にのみ把握しうる空虚な点であるため、その具体的な働きには演出という契機が不可欠である。〈第三項〉の基本形は鏡で、その演出された基本例がトーテム。→演出、根拠、問いかけ

註釈学派（**glossateurs**）

註解学派（**commentateurs**）

註釈学派は「再発見」されたローマ法研究の担い手で、十二世紀初頭から十三世紀中ごろの法学者たちを指す。もともと体系性を欠いて個々の事案ごとに解決が記される構成の（決疑論的な）ローマ法のテクストをそのまま〈真理〉と前提し、このテクストを完全に矛盾なく理解し復元するという関心のもとに、法のテクストに「註釈（glose）」を施すのが主たる方法だったことからこの名がある。その後の註解学派は、ローマ法のテクストそのものより、註釈の集大成であるアックルシウス（一一八二?—一二六〇年ころ）の『標準註釈（*Glossa ordinaria*）』（一二二七年）の研究を中心とし、また法実務への対処を重んじて、弁証法やスコラ学を取り入れ論証技術を精緻化したことから、その方法が「註釈」と区別して「註解（commentaire）」と呼ばれる。本書ではこうした歴史が踏まえられているので、基本的には

"glose"を「註釈」、"commentaire"を「註解」と訳し、より一般的、あるいは包括的な解釈を指す"interprétation"や"exégèse"をそれぞれ「解釈」、「釈義」と訳し分けている。→解釈者革命、『グラティアヌス教令集』

定礎（**fondation**）

字義どおりには根拠づけること。主体が服さなければならない諸規範の根拠を定め、またこの規範との関係において主体を制定する社会の機能の総体を指す。ただし、それは主体の自足のための根拠づけではなく、否定性の刻印を含んでいることに注意。→根拠、主体、制定、否定性

問いかけ（**questionnement, interrogation**）

しばしば単独で用いられる。大まかにいえば、人間が自己と世界の根拠（「なぜ？」の問い）を問うことであり、主体の制定のプロセスの出発点となる不可欠の要素である。つまり、人間が人間であるためには「問いかけ」なければならない。→根拠、〈理性〉

ドグマ（**dogme**）

ルジャンドルの仕事を貫くもっとも基礎的な概念。それはまずもって真理としての強制力をもつ言説の謂だが、同時に「見せかけ」や「臆見」といった意味とも無関係ではない。ごく簡単にいえば、この言葉が意味するのは、ある文化において人間が人間であろうとするかぎり、真理として受け入れなければならない言説やイメージのことである。こうした観点からすれば、真理はそもそも虚偽と不可分であり、そこから、社会的な水準でのフィクションの組立が、主体の制定にとって不可欠な要請として浮上してくる。

否定性（**négativité**）

全能性のファンタスムに対して課される制限のこと。具体的には、殺人と近親姦の禁止、欲望と行為を隔てる言葉と物の分割のことであり、その受け入れが主体の制定のための条件となる。→〈禁止〉、主体、制定

フィクション／虚構／擬制（**fiction**）

法学用語では「擬制」だが、いわゆる「虚構」全般を含んだ広い意味で用いられる。社会は、主体の制定に必要な言説を語る以上、一個のフィクション的な人格であり、また、その言説は劇場的な演出を介して伝えられるという意味でもフィクションの練り上げを前提としている。つまり、フィクションは「真理」を構成する要素である。→演出、組立、ドグマ

普通法（ius commune）

地域的な実定法や慣習法などでは解決されない場合に参照されたローマ法のこと。この場合ローマ法は補充的ということになるが、実際には慣習法では解決できない問題も多く、また裁判官はローマ法により習熟していたことなどから、ローマ法が優位にあったとも言える。いずれにせよ、ヨーロッパ共通の法規範として重要な意義をもつ。ルジャンドルによると、イギリスのコモン・ローは普通法のイギリス流の形式であり、しばしば大陸法とコモン・ローとの違いが強調されるが、コモン・ローが普通法としての性格を表現しているかぎりこのような区別に重要性はなく、ローマ法学が西洋文化の基盤になっていることが明らかになる。

法／法権利（droit）
法／掟／法則（loi）

“droit”は一般に、客観的には「法」を意味し、主観的には「権利」を意味するなどといわれるように、法規範とともに権利をも意味する西洋独特の概念である。これに対して“loi”はあらゆる社会・文化に存在する規範や、科学の「法則」などを意味する。また一般的な「法律」の意でも用いられる。“droit”が西洋の歴史的産物であることを強調するルジャンドルにとってこの区別は重要だが、日本語では明治期の翻訳語をめぐる政策もあってこれを区別していないので、基本的には両者とも「法」と訳す。ただし、“droit”を適宜「法権利」として強調した。「法」が近代西洋の法システムを指す場合（droit）と、もっと一般的な「種の法」、「ことばの法」あるいは「人類において法をなすもの」など（loi）は、文脈によって区別される。

法律第一主義（juridisme）

一般にはあらゆる問題を法律によって解決する態度を指すが（「法律万能主義」）、ルジャンドルの用法はそれとは違い、西洋文化における法規範と、その解釈に関する学問（法学だけでなく神学や哲学、それらを支えたスコラ学）の重要性に注目し、これを西洋文化の基盤のひとつと位置づけている。この“juridisme”において重要なのは、何よりことばを法規範たらしめる技術である。

民法（droit civil）

『ユスティニアヌス法典』として集大成されたローマ法、および近代においてそれを継承した法の領域の総体を指す。西洋においてはこれが規範性を作動させるための装置であり、その文明のありようを特徴づけている（西洋文明とはつまり「民法の文明〔civilisation du droit civil〕」である）。その最重要の務めは、人格的な区別（身分法）とそれに伴う義務（債務法）を定める点にある。

紋章／エンブレム（emblème）

定礎的言説（主体を制定する言説）を集約的に表現するイメージ。このイメージを目の当たりにすることによって、主体は社会的な真理を直観的に把握する。つまりこのイメージは説明を必要とせず、美学的に、すなわちドグマ的に働きかける。→演出、組立

〈理性〉（Raison）

〈理性原理〉（principe de la Raison）

社会と主体の構成を支える根本的な要素。「なぜ？」という「話す動物」にとってもっとも根源的な問いに応じるもの、つまりは人間的な現象の背後にある根源的な「理由」でもある。これが支障をきたすと〈非‐理性〉すなわち狂気に陥るが、それはもちろん私的に作り出すことはできない。また〈理性〉は、「なぜ？」あるいは「なぜ法が？」といった、理由をめぐる問いかけそのものを通じて維持される。→根拠、問いかけ

ローマ・カノン法／ローマ・カノン法学

（droit romano-canonique）

ローマ法とカノン法（教会法）を総称した言い方。中世には「両法（utrumque ius）」と呼ばれ、法学を志す者はこの二つの法に通暁しなければならないとされた。ローマ法学とカノン法学はそれぞれ独立した学問だが、神学から独立した学問としてのカノン法学の端緒となった『グラティアヌス教令集』とこれに対する註釈は、当時生まれたローマ法学の方法と無関係ではなく、またローマ法学も神学に由来カノン法学のさまざまな概念を取り入れることで、その技術を完成したとされる。→カノン法、『グラティアヌス教令集』

『ローマ法大全』（*Corpus Iuris Civilis*）

六世紀に東ローマ皇帝ユスティニアヌス（四八三—五六五年、在位五二七—五六五年）によって編纂され、『ユスティニアヌス法典』とも呼ばれる。直訳すれば『市民法大全』。「ローマ法の再発見」といわれるとき、基本的にこれが対象となっている。『ローマ法大全』は、『学説彙纂（*Digesta*）』、『法学提要（*Institutiones*）』、『勅法彙纂（*Codex*）』、『新勅法（*Novellae*）』からなるが、とりわけ古代ローマの学説法の集大成である『学説彙纂』はもっとも重要な資料とされている。→解釈者革命

解題　普遍と限界について

橋本一径

もちろんそれを拙訳のいたらなさの口実にするつもりはないものの、みずからの著述スタイルを「野蛮」と言い放ち、その晦渋さを「人類学のブニュエル」と揶揄されれば我が意を得たりとばかりにそれを称号に変えてしまうピエール・ルジャンドルの文章は、フランス語の原文においてもけっして読みやすい代物とは言えない。それは「ドグマ」や「決疑論」といった必ずしも一般的ではない用語を、さらに普段それらが用いられる文脈とはやや異なる意味で多用する独特の語彙の扱い方にもよるが、むしろそれ以上に、ウルピアヌスやグラティアヌスといった法制史の文献以外では目にすることの少ない固有名に混じって、フロイトやラカンらの精神分析家はもちろんのこと、中国の古書名やジャン・ルーシュがフィルムに収めたアフリカの儀礼、さらには広告会社のキャッチコピーまでもが飛び交う論述のつかみ所のなさによる部分が大きい。そこに少しでも見通しをつけて読者の糸口とするため、ここではある一つの年号から出発して時間軸的な見取図を引くことを試みてみたい。

一八五九年西欧――二つの普遍性

ヨーロッパで十九世紀に成立した人類学は、その名のとおり人類全体を総合的に捉えることを目指して出発した学問である。もちろん西洋は人間を対象にした科学をそれまで欠いていたわけではなく、たとえば医学はガレノス以来の伝統を古代より紡いでいた。実際、初期の人類学のメンバーのなかにも医者や生理学者の姿を少なからず見出すことができる。ではその医学と人類学を区別していたものはいったい何だったのだろうか。

何よりもまずそれは人類学が西洋以外の人類との出会いのインパクトから出現したという点に関わっている。アメリカの蒸気船クラモント号の初営業航行（一八〇六年）で幕を開け、ジュール・ヴェルヌが『八十日間世界一周』（一八七三年）を執筆した十九世紀という時代は、大洋を渡り異大陸を旅することが、もはや一部の冒険家にのみ許される特権ではなく、多くの者にとって身近なものとなり始めた時代であった。もちろん大多数の庶民にとってそれはけっして手軽とは言えぬものであったに違いないが、上記のヴェルヌのそれのような小説や図録が多数発刊され、大衆の想像力には異文化の光景が浸透し始める。こうした時代の空気の後押しを受けて次々と現地調査に身を乗り出したのが人類学者であり、この意味で彼らは近代というテクノロジー時代の申し子であった。事実彼らは写真の原型たるダゲレオタイプが十九世紀前半に実用化されるや、ただちにそれを携えて現地での記録手段として用い始めることだろう。

こうしてアジアやアフリカに赴き「原住民」を前にした人類学者たちの興味の中心は何であったか。彼らが直面したのは、みずからの西洋文化とはあまりにも異なる生活習慣をもち、地域によってさまざまな姿で現われる、きわめて多様な異民族であった。こうした多様性を前にして人類学者はしかし、十八世紀にピークを迎えた博物学のように、それらをただ分類し整理するだけで満足するわけにはいかなかった。彼らは異民族の多彩な顔ぶれのなかに、わずかでも共通して見出せる要素を探し出し、その異民族たちを「人類」という共通項のもとで分析することを目指したのだ。その行為はある意味で十六世紀に南米に赴き布教活動を行ったスペイン人宣教師たちの行為の世俗化したヴァージョンだと言って差し支えない。宣教師たちはインディオが「キリスト教徒たりうるか」という議論を繰り広げたが、人類学者は「原住民」が「人類たりうるか」を論証しようとする。その手がかりとされたのが、フレーザー（一八五四—一九四一年）らによって盛んに論じられ、後にフロイトに引き継がれたトーテムおよびタブーという概念、あるいは「人類学の父」とも称されるE・B・タイラー（一八三二—一九一七年）の提唱したアニミズム、さらにはレヴィ＝ブリュル（一八五七—一九三九年）による「未開心性」などの概念である。人類学者は多種多様な諸民族のいずれからもそれらの概念を抽出できることを示し、その事実を「人類」の普遍性の旗印とすることを目指したのだ。

このような人類学の歩みとは一線を画しつつ、だが同時にそれと並行しながら、十九世紀の科学は人類の普遍性をまた別の次元で発見する。奇しくもそれは世界で初めての人類学会がパリに設立されたのと同じ年の一八五九年に初版の刊行された、ダーウィン（一八〇九—一八八二年）の『種の起源』を契機とするものだった。周知のようにこの書物によって主張された進化論は多大な反響を惹き起こすことになったのだが、それは通例想像されるような宗教界との対立である以上に、それまでの生物学の有力な説だった不変説との対立を争点する、一学問内での論争という側面が主であった。不変説は地球上の生物種がその誕生時からいまと変わらぬ姿で存在していたと主張する。それに対し、ごくわずかの種が徐々に変化しつつ自然淘汰を経て現在の姿に至ったとするのが進化論である。ダーウィンは『種の起源』においては人類についての議論をあえて避けているが、進化論論争が人類の由来についての議論へと発展することは当然の成り行きであった。たとえばダーウィンの進化論に生涯強烈に反対し続けたアメリカの博物学者ルイ・アガシ（一八〇七―一八七三年）は、自身の差別主義を色濃く反映させる形で、黒人、白人、その他それぞれの人種が、起源を異にする別々の種であるとの主張を繰り広げた。だが進化論に基づけば異なる種の間の差異は単なる個体差にすぎなくなる。ダーウィンの進化論によれば種は個体差を自然淘汰によって積み重ねながら徐々に変化してきたのであり、その変化が大きくなりもはや元の種と同じとは呼べなくなるほど差異が広がったときに出現するのが新たな種である。つまり種と種の間の差異とは単に拡大した個体差であり、そこにあるのは相対的な大きさの違いでしかない。この議論を人類にあてはめれば、民族と民族との間の差異もまた単なる個体差以上のものではなくなり、人類は質的な差異をもたないのっぺりとした連続体のような様相を呈することになる。要するに人間は姿形は多少異なれども同じヒト、ということであり、ここにおいて人類は生物学的なレベルでの普遍性を裏づけられるに至る。

生まれたままの状態の人間がすでに普遍的な存在であるとするなら、そこにさらなる普遍性を見出そうとすることなど無用の試みと思われるかもしれない。事実二十世紀に入ると人類学において普遍的な概念を大上段に振りかざす議論は下火になっていく。だが注意しておかなければならないのは、進化論は人類と他の生物種との間の差異をもまた相対化するという事実である。つまり生物学においてはヒトとヒトとの差異とヒトとサルとの差異は程度の問題でしかない。そこにおいては人類のみを他の種から特権的に切り離す視点はいかようにも生じえないのだ。これは他の動物種を研究することがそのまま人類の解明にもつながるということを意味しており、その限りでは生物学にむしろ多くの実りをもたらすことにつながった。数々の動物実験によって人体用の医薬が開発され、近年ではたとえばクローン羊の登場がそのままヒト・クローンの現実味を増大させることになるのもこのためである。

だが他の生物と地続きのヒトという観点が意味をもつのは、あくまで生物学の領域においてのみのことである。このような生物学的な主体としてのヒトがけっして政治的主体たりえないのは、「政治」とはつねに差異化によって成立する場面であるからだ。たとえば西洋における民主主義の成立の歴史を考えてみるとよい。一部の特権階級にのみ限られていた参政権をすべての市民へ拡大する運動としてのその歴史は、その「市民」とそこからこぼれ落ちる者との境界の引き直しの過程でもあった。まず一部の成年男性、ついですべての成年男性をその境界のなかへと取り込み、ようやく女性を含めるに至って完成したかに見える今日の民主主義もまた、たとえば未成年者に一部の権利を制限するという形で、その主体の範囲を限定している。この民主主義の主体が生物学的な主体と重ね合わされれば、たとえば環境破壊をめぐる裁判で野生動物を原告に立てて争うというようなことがもはや笑い話では済まされず、原理的にはそれを否定することが不可能となる（実際アメリカではすでに勝訴例もあるという）。ミシェル・フーコーはかつて生物学的な人体へと直接働きかける権力形態を「生‐政治（Bio-politique）」と呼んだが、そのような権力形態は端的に言って「政治」の否定である。

人類学的対象としての西洋

グローバル化したと言われる現在、民族間の交流・混合はますます激化し、少なくとも経済的な水準においては世界の一体化はもはや既成事実と化している。人類が普遍的な存在であることはすでに自明の理だとでも言うかのようであり、一世紀以上前の人類学者たちが提起していた普遍性についての問いはいまや用済みになったかに思える。だが少なくとも今日のわれわれがまだ生物学的に管理される社会にのみ生きているわけではないとするなら、われわれの生きる「普遍性」とははたしてどのような性質のものなのか、いまこそむしろ問い直されるべきなのではないだろうか。人類にとっての普遍とはけっして各人に生まれながらに備わっているようなものではないはずなのである。

「人間は語る動物である」というアリストテレスの定義を随所に援用しながら、人類を単なる生物学的な存在から差異化するものについて問おうとするルジャンドルが引き受けているのは、かつての人類学者たちの忘れられた普遍性についての問いである。彼がみずからの仕事をつねに「人類学」と形容するのはけっして由無きことではない。一般的には人類学の伝統を引き継ぐと目される、フィールド・ワークに精を出す実証的研究とはどれほど異なろうと、ルジャンドルは人類学の正統な後継者である。そしてそのことは単に彼が最後に教鞭をとったのが、かつてレヴィ゠ブリュルやマルセル・モース、さらにはレヴィ゠ストロースらが名を連ねた高等研究実習院（パリ）の宗教学部門であったからという、学派的な内輪話に尽きるものでもない。

しかし同時にまたルジャンドルはかつての人類学者から決定的に隔たってもいる。非西洋との出会いを契機として生まれた人類学のまなざしは、必然的に西洋以外の対象へとつねに向けられてきた。人類学者らはみずからの基準に照らして、非西洋のなかにみずからの過去の姿を認めたり、あるいはみずからにも共通する基本的心性を見出したりしたものの、基準となるのがつねに西洋であることに疑問をもつことはなかった。もちろんポストコロニアルと言われる現在では、かつてのそうした西洋的視線に対する反省が「人類学批判」として結実してもいよう。だがルジャンドルのとる立場はさらにラディカルである。「元野蛮人や後進国人にばかり目を奪われている」これまでの人類学を断固として拒絶する彼は、西洋そのもの、しかも「産業的」と彼が形容する現代の西洋を人類学の対象として俎上に載せようというのだ。それが彼の言う「ドグマ人類学」の実践である。

ではかつての人類学者がさまざまな異民族のなかに普遍的なトーテムやタブーの具体例を見出したように、ルジャンドルが西洋のなかに見出すのはいったい何だろうか。彼によればそれは「法律」である。ここでわれわれはルジャンドルの仕事を理解するうえでの困難のひとつに直面する。もしルジャンドルが法は人類にとって普遍的な財産である、などということを言っているにすぎないとするなら、それはあまりにも単純にすぎる言明でしかないのではないか？　たしかに世界はいまや法治国家によってくまなく覆われ、「無法地帯」は原則としてどこにも存在しないことになっている。法が普遍的であるとするのはその明白な事実の確認にしかなるまい。だがルジャンドルは法をけっして普遍的とみなしているわけではない。むしろ法とは彼にとって、西洋以外のあらゆるところで普遍的に見出せる機能——議論をやや先取りして言えばそれは〈禁止〉の機能である——を各地で引き受けている諸制度の、西洋における一特殊例でしかないのである。だが厄介なことにこの一特殊例は、みずからが普遍的に受け入れられることを要求する。つまり法は世界中の数多の制度システムのなかの西洋における一例という出自をもちながら、その出自を覆い隠すかのようにみずから普遍性をもって任じようとするのだ。したがって法が普遍だと認めることは、その法の意図を言わば追認することにしかならない。

ルジャンドルはむしろ逆にその法の意図を挫き、法制史家としてのみずからの学識を発揮しつつ、ローマ法に由来するその出自を暴き立てる。ユスティニアヌス一世（四八三—五六五年）の命によって編纂された、いわゆる「ローマ法大全」を集大成とするローマ法は、「普遍帝国」を自任するローマ帝国の正当性を裏づける装置であり、その法文はすべての者にローマを祖国としてその掟に従うことを求める「普遍的な祖国愛の論理」（本書一九一頁）を表明するものだった。「書かれた理性（ratio scripta）」と呼ばれたこのローマ法を後ろ盾とする帝国は〈理性〉の帝国として君臨し、他の規範に従う者を狂気の側に位置づける。このローマ法を「産業」の論理へとさらに展開させる契機となったのが、ルジャンドルが「解釈者革命」と呼ぶ、十一世紀末から十二世紀にかけてイタリアのボローニャを中心にわき起こったローマ法の復興運動である。詳しい議論は本文に譲るが（第Ⅱ部第一章、特に一九〇頁以下参照）、註釈学派と呼ばれる当時のスコラ法学者の法解釈によりローマ法はキリスト教化され、ルジャンドルによればそこでローマ法とカノン（教会）法が結びつくことで現代の国家の基礎となる諸概念が準備されたという。このような来歴をもつ法により練り上げられたのが、みずからを普遍として拡張する征服システムたる産業システムである。そしてルジャンドルが他の書物で述べるように（Pierre Legendre, *Sur la question dogmatique en Occident*,

Fayard, 1999, p. 222〔『ドグマ人類学総説――西洋のドグマ的諸問題』西谷修監訳、平凡社、二〇〇三年、一九八頁〕）、国家はこのシステムのなかで、ちょうど他の人類にとってのトーテムの位置についているのだ。

主体を生み出す法――精神分析的問い

『トーテムとタブー』のなかでフロイトは、人類学者が繰り広げたトーテムおよびタブーについての議論を、みずからの臨床経験から築き上げたエディプス・コンプレクスの理論と結びつけることによって、そこに主体を形成する普遍的な過程が機能しているのを見て取った。精神分析家としての顔ももつルジャンドルもまた、西洋のなかにトーテムやタブーの対応物を見出すことだけで満足することなく、その対応物つまり「法」が主体性の問題といかに関わりをもっているのかを問おうとする。ルジャンドルによれば西洋の法は〈禁止〉の制度として「人間たちを生み出し、彼らを死まで導く」（七七頁）という役割を果たす、主体の形成に関わる要素でもある。この点について少し詳しく見ておくことにしよう。

法律の主たる機能のひとつが「禁止」であることは言うまでもあるまい。フロイトの議論を引き継ぎつつルジャンドルは、その「禁止」が主体にとってはまずエディプス的な「近親姦」および「殺人」の禁止として作用するものだと捉える。だがここで父を殺し母と交わることを無意識的に願う子供、などといった物語をただちに連想してしまうことはひとまず差し控えておこう。むしろごくありふれた情景として生まれたばかりの子供のことを思い浮かべてほしい。他の哺乳類と比べるときわめて未成熟のまま生まれてくる赤子は、フロイトの言う「寄る辺なき状態」に置かれており、何者かの庇護のもとになければ生き延びることは許されない。赤ん坊にとって保護者（通例それは母親であろうが必ずしもそうである必要はない）は自分の生存を左右する死活的存在であり、赤ん坊がそれこそ命がけでその保護者に身を委ね、片時も離れまいと願うのは当然である。だが逆に保護者の立場からすれば、赤ん坊の傍らに四六時中つきっきりでいることは物理的に不可能だ。赤ん坊が泣こうがわめこうが、保護者は時として赤ん坊のもとを離れるだろう。たとえそれが短時間の不在であろうと、赤ん坊にとってはそのつどが言わば絶望的な経験である。この理解しがたい経験の繰り返しから脱却するには、「第三項」の出現を待たなければならない。だがここでもまたそれを足早に「父」と名づけてしまうことは控えていただきたい。赤子はみずからの力ではどうすることもできない保護者の不在を、いわば「第三項」へと責任転嫁する。「第三項」は赤子が見出した保護者の行先であり、こうして赤子は「第三項」へと向かう保護者の欲望を発見し、また同時にその欲望を欲望するものとしてのみずからの欲望を分節する。そのみずからの欲望を赤子が実現するには、みずからが「第三項」の位置につくしかない。しかし無力な赤子にはそれもまた不可能なことである。赤子はこの願っても叶わない「第三項」の乗っ取りを、禁じられた行為とみなすことにより今度は将来へと転嫁する。このとき初めてその禁じられた「第三項」は「父」、そしてそれを欲望する保護者は「母」となり、翻って赤子は「子」としての自分の位置を見出すのだ。「われわれは三てみずからもそのいずれかの場所に据わるべき者として、当座は禁じられているものの、やがて人で三項関係のなかに生まれる」（一五三頁）とはこのような事態を指したものであり、この三項関係はどれか一項が定まると同時に他の二項も自ずと定まるような、構造的な秩序である。

主体はこうした関係のなかに「生まれる」ことによって成立するのであり、そのためには単に子供が生物学的に誕生するだけでは不十分であるから、ルジャンドルはこれを「二度目の誕生」と名づけるだろう。そこで生み出された主体は、「子」としていずれ「父」または「母」の地位につくことを願う主体である。つまりこれは世代を超えて主体を生み出し続けるための系譜的な秩序であり、そこで生み出される主体とは「人間的な再生産に適した諸個人」（一〇四頁）である。「民法の文明」（二五〇頁）つまりローマ・カノン法に由来する産業システムにおいては、この秩序のなかの「父」、「母」はそのまま民法に記載される人格であり、結果として「父」の介在により主体に課される禁止が、より一般的な法的秩序への参入の契機となる。

蛇足ではあろうがここであらかじめ誤解の芽を摘んでおくべきだろう。ここで語られていることは「父親を敬うことが法を守る心を養う」といったプロパガンダとは無縁である。まず第一にここでの「父」とは生物学的な生みの親とは関係がない。ここでの「父」は主体が「母」の欲望の対象として仮想する、いわばフィクションであり、ルジャンドルが目指すのはむしろそういった象徴的な父と生物学的な生みの親を重ね合わせてしまった現代の西洋文化に抗して両者を分節することである。次にすでに見たように〈禁止〉は「父」の側からやって来るのではなく、禁止されたものとして主体が想定するのが「父」である。要するに「父」がいるから〈禁止〉が働くのではなく、禁止されているから「父」なのだ。だから「父の権威の失墜」などという形で語られる父は、ルジャンドルに言わせればすでに「父」ではない。そしてルジャンドルの仕事を承けつつわれわれが取り組むべきなのは、すでに「父」の機能を果たさなくなったその父に延命装置を取りつけて生きながらえさせることではなく、かつて父と呼ばれる者により担われていたはずの機能の現状を分析し、予想される「破壊的効果」の備えとすることである。

〈真理〉の言説

すでに述べたように、主体を生み出す三角関係の秩序は主体を再生産する系譜的秩序であり、西洋文化においてはその三項はそれぞれ民法に書き込まれることを通じて、「普遍的」な秩序に組み込まれる。だがなぜ法に書き込まれねばならないのだろうか？　一言で言ってそれは親子関係の「真理」を証明するためである。現代社会においてもなお、民法に則った戸籍に記載されている親子関係こそが「真の」親子関係であり、またその真理性を争う場は民事訴訟である。世界のあらゆる文化における多くの神話が語ってきたのは系譜物語であり、神話は系譜の神的な由来を語ることでその「真理」の後ろ盾となってきた。だから現代社会において親子関係の真理を証し立てる法も、ルジャンドルに言わせれば「西洋の神話」であり、世俗化したと言われる社会においても法は「書かれた理性」として君臨し、真理の最終的根拠の役割を果たしているのだ。

神話的真理とは儀礼的・美学的に語られるものである。西洋の法もまた laos（人民）、すなわちすべての者に宛てられたテクストとして典礼的に機能してきた（典礼〔liturgie〕の語源は laos である）。儀礼において真理は科学的に証明されるのではなく、目に見えるものとして提示される。このような真理を見せる働きのことをルジャンドルは、「見えるもの、見せかけ」という「ドグマ（dogme）」という語の語源に基づき「ドグマ的機能」と名づける。西洋においてその機能の一翼を担ってきたのは裁判である。ルジャンドルが裁判の儀礼性を重視するのはこのためだ。裁判において争われるのは真理であり、そこでは弁護士や検事がいかにして真理を見せつけるか、という技術を培ってきた。ルジャンドルはそのような裁判における知が、西洋の科学精神の形成にも影響しているという興味深い見解を示している（二三九頁以下参照）。科学が真理を明らかにしようとするものであり、しかもそれが典型的に西洋起源のものであることを考えれば、一考に値する見解だと言えよう。

しかしそのためか、産業システムの無軌道な〈真理〉を補強することにしかならないような科学に対して、ルジャンドルの言葉は手厳しい。みずからのことを「科学を愛していない学者」だと公言してはばからないルジャンドルの方法論はしたがって、通常の人文科学の「作法」からは遠くかけ離れている。たとえばローマ法とカノン法が今日の国家の概念を準備したというテーゼにしても、ルジャンドルはそれを歴史学的に論証するようなことはしない。よって研究者が一部を引用して論拠にするというような使い方は、本書には馴染むまい。言ってみればこれほど「使えない」本もまたとないのである。本書の魅力が明らかになるのは、そういった科学内の消費とリサイクルの運動から距離をとることができたときであろう。論理の展開もまた第一章から順を追って読み進めることを強いる性質のものでもない。おもむろに興味の惹かれる見出しから読み進め、そこにこれまでの通念を揺り動かすようないくつかの文言をアフォリズム的に見出すことができたとすれば、それだけで十分に本書を堪能することができたと言って差し支えないはずだ。

本書は Pierre Legendre, *Leçons II, L'empire de la vérité*, Fayard, 1983 の全訳である。著者ピエール・ルジャンドルの略歴については、本書冒頭の「『真理の帝国』への導入」に譲るが、「日本ドグマ人類学協会」のウェブ・サイト上では、ルジャンドルの現在までの完全な著作リストのほかインタヴュー、未邦訳書の部分訳などを読むことができるので、併せて紹介しておく（http://www.ne.jp/asahi/site/dogme/）。本書『真理の帝国』はルジャンドルが『講義』と題して刊行し始めたシリーズのなかで最初に出版された一冊である。初版からすでに二十年の月日が経過しているが、二〇〇一年には若干の修正を施された第二版が刊行されている。本訳書の底本としては初版を用いたが、第二版との異同をチェックし、変更点は翻訳に反映させた。ただし原文にある「第二版への序文」は、それに先立って著者により書き下ろされた「日本語版への序」と内容的に重なる部分も多かったため、あえて訳出することはしなかった。刊行に際しては編集を担当された松井純氏に、さまざまな面で大変にお世話になった。この場を借りて深くお礼を申し上げたい。（二〇〇三年八月）

人名索引

ア 行
アイヴィ，H.　Ivey, H.　160, 168
アイスキュロス　Eschyle　48, 222, 235
アイゼンク，H. et S.　Eysenck, H. et S.　140
アイヒマン，A.　Eichmann, A.　138
アウグスティヌス　Augustin　33, 125, 183, 191, 199, 215, 225, 260
アウグストゥス　Auguste　219
アクイリウス　Aquilius　273
アッボ（フルリの）　Abbon de Fleury　128
アリストテレス　Aristote　98, 262, 280
アルヴァ，D. de　Alva, D. de　293
アルバ・イ・アストルガ，P. de　Alva y Astorga, P. de　131
アルバース，J.　Albers, J.　62, 63
アルフォンソ・デ・リグオーリ　Alphonse de Liguori　261
アルベルトゥス・マグヌス　Albert le Grand　257, 259
アロースミス，J.　Arrowsmith, J.　211
アンブロシウス　Ambroise　226
イスラエル，L.　Israël, L.　130
インノケンティウス4世　Innocent IV　97, 290
インノケンティウス3世　Innocent III　242, 305
ヴァン・ヴォークト，A.　Van Vogt, A.　205
ウィンケンティウス（ボーヴェの）　Vincent de Beauvais　223
ヴェーバー，M.　Weber, M.　107, 157
ヴェルナー，K.　Werner, K.　236
ヴォス，W. E.　Voss, W. E.　114
ヴォルテール　Voltaire　243
ウルピアヌス　Ulpien　83, 84, 96, 197
エスコバル，A. de　Escobar, A. de　293
エッシャー，M. C.　Escher, M. C.　120, 126, 266, 267
エリオット，T. S.　Eliot, T. S.　173
エリクソン，E.　Erikson, E.　150
エンゲルハート，H.　Engelhardt, H.　275
オウィディウス　Ovide　167, 168
オーウェル，G.　Orwell, G.　79, 162, 205
オーティエ，J.　Authier, J.　160, 168
オリゲネス　Origène　101, 109, 201, 258
オレステス　Oreste　219, 220

カ 行

カイレ，F.　Cayré, F.　226
カステン，J.　Quasten, J.　167
カフカ，F.　Kafka, F.　79, 151
カプラロス，C.　Kapralos, C.　31, 120, 126
カペルラヌス，A.　Chapelain, A.　270
カントロヴィチ，E.　Kantorowicz, E.　63, 93, 109, 140, 167, 168, 200
カントロヴィチ，H.　Kantorowicz, H.　83
キケロ　Cicéron　83, 215, 240
キュク，E.　Cuq, E.　108
キュジャス，J.　Cujas, J.　209
キルヒャー，A.　Kircher, A.　157, 280
グーチ，P. W.　Gooch, P. W.　251
クットナー，S.　Kuttner, S.　165, 227, 274
クラウゼヴィッツ，C. von　Clausewitz, C. von　98
グラティアヌス　Gratien　157, 165, 192, 238, 274, 290
クリュソストモス，J.　Chrysostome, J.　226
クルティウス・ルフス　Quinte-Curce　132
クレヴィッツ，H.　Klewitz, H.　285
グレゴリウス（大）　Grégoire le Grand　226
グレゴリウス（ナジアンゾスの）　Grégoire de Nazianze　226
グレゴリウス9世　Grégoire IX　226
グロティウス　Grotius　98, 201
ケーニヒスヴァルテル，L.-J.　Koenigswarter, L.-J.　231
ゲラシウス　Gélase　216
ゲリウス　Aulu-Gelle　196, 197, 221
ケルゼン，H.　Kelsen, H.　109
コーイング，H.　Coing, H.　108
ゴーゴリ，N.　Gogol, N.　301
コンスタンティヌス　Constantin　192, 216
コント，A.　Comte, A.　82, 206
コンパレッティ，D.　Comparetti, D.　237

サ 行

サヴィニー，F. C. von　Savigny, F. C. von　192
ザキア，P.　Zacchias, P.　282
サド　Sade (marquis de)　165
G師　G (Maîitre)　83
シペール，K.　Schipper, K.　39
シャルルマーニュ　Charlemagne　216, 288
シュッツ，A.　Schütz, A.　164, 272
ショット，K.　Schott, K.　278, 281

シラー，F. von　Shiller, F. von　91
ジラール，P.-F.　Girard, P.-F.　108
ジラール，R.　Girard, R.　86
スアレス，F.　Suarez, F.　292
スターリン　Staline　50
スタムラー，W.　Stammler, W.　284
ストリケール，R.　Stricker, R.　174
ストリンドベリ，A.　Strindberg, A.　222
スピノザ，B.　Spinoza, B.　93
ソーンダイク，L.　Thorndike, L.　233
ソシュール，F. de　Saussure, F. de　161, 250
ソト，D. de　Soto, D. de　293
ソルヴェー，E.　Solvay, E.　311

タ　行

ダンテ　Dante　92, 285
チェトマイ　Cettomai　145, 146
チャンドラー，A.　Chandler, A　209
デュビー，G.　Duby, G.　270, 277
デュラン，G.　Durand, G.　103
デュルケーム，E.　Durkheim, E.　82, 96
デル・リオ，M.　Del Rio, M.　53, 158
トインビー，A.　Toynbee, A.　107
トゥキュディデス　Thucydide　141
トゥリアヌス，F.　Turrianus, F.　122
トマス・アクィナス　Thomas d'Aquin　131, 132, 259
トラヤヌス　Trajan　223
トリボニアヌス　Toribonien　196, 215

ナ　行

ニーチェ，F.　Nietzsche, F.　213, 220, 235, 245, 254
ネルウァ　Nerva　223

ハ　行

ハイデガー，M.　Heidegger, M.　38
パウルス5世　Paul V　255
パウルス3世　Paul III　291
バシレイオス（大）　Basile　226
パスカル，B.　Pascal, B.　254, 261
ハックスリー，A.　Huxley, A.　205
バッハオーフェン，J. J.　Bachofen, J. J.　102, 103, 109, 134, 184, 188, 211, 217-219, 222, 223
パトリディーズ，C.　Patrides, C.　267

パピニアヌス　Papinien　197
ハリソン，R.　Harrisson, R.　160, 168
バルドゥス　Balde (de Ubaldis)　285, 289
バルトルス　Bartole (de Sassoferrato)　246
ハルプレヒト，J.　Harpprecht, J.　124
ピウス6世　Pie VI　145, 146
ヒエロニムス　Jerome　226
ビオンド，F.　Biond, F.　96
ヒック，J.　Hick, J.　251
ヒトラー，A.　Hitler, A.　94
ビトリア，F. de　Vitoria, F. de　292
ビュトナー，M.　Büttner, M.　286
ファイヒンガー，H.　Vaihinger, H.　109
フーゴー（サン＝ヴィクトールの）　Hugues de Saint-Victoir　257
フーコー，M.　Foucault, M.　45
フェルメール，H.　Vermeer, H.　249
フォルツ，R.　Folz, R.　216, 288
フォンテンローズ，J.　Fontenrose, J.　227
ブグレ，C.　Bouglé, C.　82
ブトリオ，A. de　Butrio, A. de　246
ブニュエル，L.　Buñuel, L.　32, 142
プラトン　Platon　47, 122, 126, 197, 261
ブルース＝ブリッグス，B.　Bruce-Briggs, B.　87
プルタルコス　Plutarque　132
ブレイエ，L.　Bréhier, L.　259
フロイト，S.　Freud, S.　39, 45, 52, 62, 99, 100, 103, 104, 106, 111, 113, 124, 125, 148, 153, 156, 157, 160, 189, 200, 219, 237, 264, 300, 302, 303
フロマン，J.-C.　Frommann, J.-C.　92, 158
ヘーゲル，G. W. F.　Hegel, G. W. F.　174
ヘール，F.　Heer, F.　165, 169
ヘッセ，H.　Hesse, H.　301
ペトラルカ　Pétrarque　67, 285
ペニントン，K.　Pennington, K.　242
ペリー，M.　Perry, M.　168
ベルイマン，I.　Bergman, I.　173-175
ヘルベルガー，M.　Herberger, M.　56, 58, 248
ベンサム，J.　Bentham, J.　243
ヘンツェ，C.　Hentze, C.　47, 295
ボダン，J.　Bodin, J.　285
ボシュエ，J.-B.　Bossuet, J.-B.　310
ホスティエンシス　Hostiensis (Henri de Suze)　258
ポセヴィナス　Possevinus　87

ボッキ，A.　Bocchi, A.　146
ホッブス，Th.　Hobbes, Th.　66, 229, 246
ボニファティウス８世　Boniface VIII　226, 260
ホメイニ，I.　Khomeiny, I.　38
ホメロス　Homère　261, 262
ホラティウス　Horace　142
ボルニティウス，J.　Bornitius, J.　59, 63, 96
ボルヘス，J.-L.　Borges, J.-L.　103
ポンタリス，J.-B.　Pontalis, J.-B.　55

マ　行

マイヤー，C.　Maier, C.　303
マグドレン，A.　Magdelain, A.　151, 168, 227
マズリッシュ，B.　Mazlish, B.　150, 168
マフェイ，D.　Maffei, D.　216
マルケル，Ch.　Marker, Ch.　159, 160, 277, 278
マルドゥーン，J.　Muldoon, J.　293
ミュラー，W.　Müller, W.　294
ミル，S.　Mill, S.　107, 108
メランヒトン，Ph.　Melanchton, Ph.　46, 232, 241, 283
モーツァルト，W. A.　Mozart, W. A.　143, 174, 175, 177
モリナ，L. de　Molina, L. de　254, 288
モンテスキュー　Montesquieu　243

ヤ　行

ヤウス, H.　Jauss, H.　186, 228
ユスティニアヌス　Justinien　82, 85, 96, 99, 124, 149, 152, 161, 185, 186, 189-200, 203-206, 209, 214, 215, 218-220, 226, 230, 245, 249, 285, 304
ユスティヌス　Justin　132
ヨハネス８世　Jean VIII　192
ヨハネス22世　Jean XXII　236
ヨハネス（デオの）　Johannes de Deo　227

ラ　行

ラカン，J.　Lacan, J.　45, 52, 54, 55, 64, 69, 99, 100, 128-130, 156, 222, 303
ラプランシュ，J.　Laplanche, J.　55
ラブルデット，M.　Labourdette, M.　252
ランガー，W.　Langer, W.　151
リー，Ch.-H.　Lea, Ch.-H.　242
リッチュル，O.　Ritschl, O.　56
ル・ブラ，G.　Le Bras, G.　227
ルーシュ，J.　Rouch, J.　159, 173, 177, 265

ワ　行

著者略歴

Pierre Legendre（ピエール・ルジャンドル）

1930年生。法学，歴史学，哲学を修めた後，1957年に法制史とローマ法の教授資格を得て大学教員となる。これと並行して，精神分析の研究を開始，西洋法制史研究と精神分析をベースに，現代の「ウルトラモダン」な産業主義的社会における法制度の意味と機能を，「種としての人間」における「制度的なもの」の総体の根本的再検討を通して捉え直す壮大な企てを展開する。この徹底した西欧相対化の作業には，アフリカ新興諸国での産業整備や企業政策の指導といった実務経験が与っているが，自身「ドグマ人類学」と呼ぶ一連の仕事は，近代の哲学的理性が隘路に陥って久しい現在，きわめてアクチュアルで根源的な意味をもつ。パリ第１大学や高等研究実習院での20年来の研究成果は，本書を皮切りに刊行されたライフワーク『ルソン（講義）』シリーズに結実している。邦訳書に『第Ⅷ講・ロルティ伍長の犯罪』（西谷修訳，人文書院），『ドグマ人類学総説』（西谷修監訳，平凡社），『西洋が西洋について見ないでいること』（森元庸介訳，以文社）がある。

訳者略歴

西谷　修（にしたに・おさむ）

1950年生。東京大学法学部卒業，東京都立大学人文科学研究科博士課程中退。現在，東京外国語大学教授。思想文化論。著書に『増補　不死のワンダーランド』（青土社），『離脱と移動』（せりか書房），『戦争論』（講談社学術文庫），『夜の鼓動にふれる』（東京大学出版会），『「テロとの戦争」とは何か』（以文社），『世界史の臨界』（岩波書店），訳書に，ルジャンドルのほか，バタイユ『〈非‐知〉』（平凡社ライブラリー），ブランショ『明かしえぬ共同体』（ちくま学芸文庫），ナンシー『無為の共同体』，『侵入者』（以上，以文社），レヴィナス『実存から実存者へ』（ちくま学芸文庫），ベンスラマ『物騒なフィクション』（筑摩書房），シャモワゾー＆コンフィアン『クレオールとは何か』（平凡社ライブラリー）など多数。

橋本一径（はしもと・かずみち）

1974年生。東京大学大学院総合文化研究科博士課程およびナント大学博士課程在籍。表象文化論。論文に「人相書きの科学――アルフォンス・ベルティヨンの「口述ポートレート」」，訳書に，ルジャンドル『ドグマ人類学総説』（共訳，平凡社），ディディ＝ユベルマン『イメージ，それでもなお』（平凡社，近刊）など。

第Ⅱ講　真理の帝国　産業的ドグマ空間入門

2006年3月30日　初版第1刷印刷
2006年4月10日　初版第1刷発行

著　者　ピエール・ルジャンドル

訳　者　西谷　修
　　　　橋本一径

発行者　渡辺博史

発行所　人文書院
〒612-8447　京都市伏見区竹田西内畑町9
電話　075-603-1344　振替01000-8-1103
http://www.jimbunshoin.co.jp

装幀者　間村俊一
印刷所　冨山房インターナショナル
製本所　坂井製本所

落丁・乱丁本は小社送料負担にてお取替いたします

ISBN 4-409-03066-3 C3010

ピエール・ルジャンドル著　西谷修訳・解説

第Ⅷ講　ロルティ伍長の犯罪

――〈父〉を論じる

二八〇〇円

「政府は親父の顔をしている」――政府を殺そうとした男、ロルティ伍長。その狂気の犯罪の分析から西欧規範システムの根幹（法、系譜原理など）を明かすとともに、西欧それ自体を徹底的に相対化する。ドグマ人類学本邦初紹介。

表示価格（税抜）は2006年３月